未尽之美

华住十五年

秦朔 / 策划
戚德志 / 著

中信出版集团 | 北京

图书在版编目（CIP）数据

未尽之美：华住十五年 / 戚德志著 . -- 北京：中信出版社，2021.2（2024.5重印）

ISBN 978-7-5217-2437-0

Ⅰ . ①未… Ⅱ . ①戚… Ⅲ . ①饭店－企业集团－企业史－中国 Ⅳ . ① F719.2

中国版本图书馆 CIP 数据核字（2020）第 220987 号

未尽之美——华住十五年

著　　者：戚德志
出版发行：中信出版集团股份有限公司
（北京市朝阳区东三环北路27号嘉铭中心　邮编　100020）
承 印 者：北京通州皇家印刷厂

开　　本：880mm × 1230mm　1/32　　印　　张：12.5　　字　　数：312 千字
版　　次：2021 年 2 月第 1 版　　印　　次：2024 年 5 月第13次印刷
书　　号：ISBN 978-7-5217-2437-0
定　　价：50.00 元

目　录

不同寻常的开篇

2005

第一部分

2012

创业：汉庭时代

第一章　谁是汉庭？

第二章　悬崖边的反思

第三章　登陆纳斯达克

第四章　二次创业之路

2013
2019

第二部分

创新：全季盛开

第五章　提升组织力

第六章　多元开花

第七章　东方全季

第八章　为了加盟商

2020

未来

第三部分

创造：
华住已来

第九章　少年华住要再攀新高峰

第十章　成就美好生活

不同寻常的开篇

那些打不倒我们的，终将使我们更强大。

——弗里德里希·威廉·尼采，哲学家

在历史的长河中，2020 年注定是一个不会被忘记的年份。很多人由此明白，所有关于未来的预测，都必须为“意外”与“无常”预留一个位置。

2020 年 1 月 23 日，农历腊月二十九，春运最紧张的时刻。

忙碌了一年的人们，即将迎来最隆重的传统节日——春节。他们有的刚刚回到千里之外的家乡，有的正在舟车劳顿的路途上，看上去一切都井然有序。

但王旭东从华住会的数据上察觉到了异常。他身在武汉，是汉庭湖北分公司总经理。

1 月 20 日、21 日，不断有大量房间订单被取消。到了 22 日，订单取消量变得特别巨大。王旭东开始意识到，不期而至的新冠肺炎疫情，远比想象中更为严重。

同样嗅到明确的暴风雨气息的，还有身在上海的华住集团采购副总裁陈雨明。

1 月 21 日上午，陈雨明跟常年合作的供应商仇芸联系，平时几乎总是秒回信息的仇芸，一整天也没什么动静。到晚上 9 点多，仇芸给陈雨明回了电话："正忙着筹集口罩呢，跑了一整天，连口水都没来得及喝。"

陈雨明觉得事情有点不对劲，下意识地请仇芸给他留 2 万只口罩出来。话刚出口，他还有点担心，一下子买那么多，万一用不掉，岂不是浪费？

与此同时，密切关注新冠肺炎疫情进展的华住集团班委（最高管理层），决定立即升级应急管理小组，任命 14 个重点区域及城市的总指挥，以便灵活高效地调动区域内所有资源。

1 月 22 日下午 4 点多，华住集团总裁兼华住中国 CEO（首席执行官）金辉给王旭东打电话："武汉可能要封城，我打算过来看一下店面情况。"

差不多 3 个小时后，金辉再次来电："鉴于目前的情况，集团决定成立区域抗疫指挥部，委托你做湖北区域抗疫指挥部总指挥。"

作为服务行业的从业者，酒店人的假期基本上都在工作岗位上度过。除夕夜要巡店的王旭东，原本安排了大年二十八提前跟家人一起吃年夜饭，接到金辉的通知，他给家里打电话："晚上要加班，年夜饭吃不了了。"

随后，王旭东第一时间取消了大年初一出差福州的机票，接着给湖北区域的五六十个华住店长分别打电话。一个电话刚打完，马上就有新电话进来，即便在通话过程中，也不断有新来电话的提醒，整整一个晚上，手机打到烫手。

1 月 23 日上午 10 点，武汉封城，社交媒体炸了锅，所有关注的目光全部聚焦湖北，聚焦武汉。

狂风暴雨骤然袭来，无数人被淋成了落汤鸡，还有更多的人手足无措。只有少数人，在此前风和日丽时，已经悄悄加固了屋顶。

华住集团正是少数未雨绸缪者之一。

季琦连发四封内部信

华住集团董事长兼 CEO 季琦，是 2003 年进入酒店行业的，当时他参与创立了如家。再之前，1999 年他和梁建章、沈南鹏、范敏等人创立了携程。这位著名的连续创业者一进入酒店业，便迎面撞上了 2003 年的“非典”疫情。

2020 年 1 月 23 日上午 10 点 05 分，武汉封城之后仅过了 5 分钟，华住董事长办公室向 105 366 名员工发出了《季琦关于疫情的内部信》。

这是疫情期间季琦写给员工的第一封内部信。

信中说：“对于我们所有的员工，你们的安全健康是第一位的，作为董事长，我绝不会支持任何人出于业务原因，妥协员工的安全。……第一时间宣布支持免费取消春节期间华住相关酒店预定，对于我们的业务一定会有影响，但生意可以再找回来。绝不能只追求眼前的生意和业绩，‘以人为本，而轻利，事方可成’。”

1 月 27 日，华住集团班委在致全体员工的信中再次强调：“住客和员工的安全比生意更重要。”

2 月 2 日深夜 23 点，武汉封城第 11 天，季琦向全体员工发出了

第二封内部信，明确表示“不会通过裁员和减薪来应对危机”“我们应该坚持营业”“对武汉和湖北的加盟店免收封城后的加盟费，对其他城市的门店减半收取费用”。

在3月17日发出的关于新冠肺炎疫情的第三封内部信中，季琦给出了租金减免、积极销售、积极拓店、强化数字化、推进组织变革和宣讲企业哲学等恢复生产、恢复正常生活的措施，并呼吁华住人“活下去，更要为这个世界创造美好”。

为了抗疫，举国行动。在严厉的隔离措施下，出行人群骤减，酒店出租率跌至低谷，人心也在雨打风吹中摇曳不定。

针对这种情况，武汉封城120天后的5月22日，季琦在关于新冠肺炎疫情的第四封内部信中表示：“疫情的影响是一过性的，会影响到我们的当期收益。但是未来人们还会旅行、度假、出行，任何技术都无法替代人类移动的需求，任何灾难都无法阻止人类面对面地交往。”

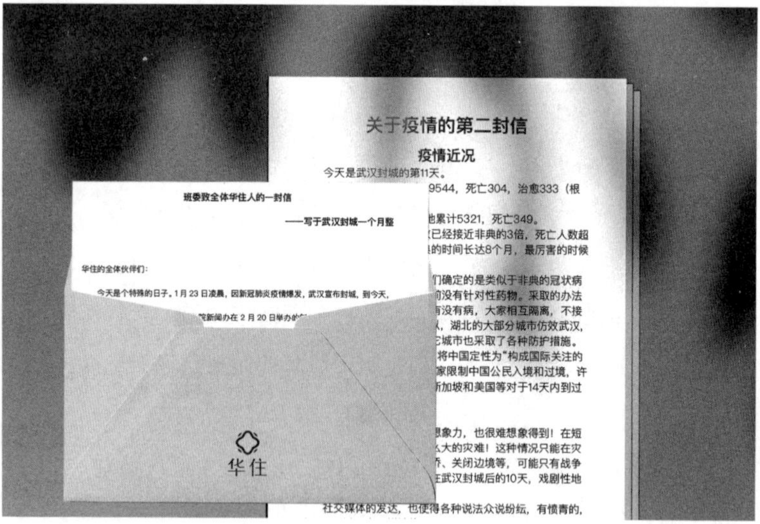

疫情期间，季琦及华住集团班委致华住人的内部信

裁员降薪是很多企业应对疫情的自然之举。华住的应对之策是，季琦本人零薪酬，班委薪酬打对折，合伙人薪酬打7折，副总以上干部参照执行，同时承诺不裁员，而且一线员工不减薪。旗下门店坚持营业，减免加盟商相关费用。

“我当然知道，这个时候坚持开店，开一天亏一天，最省事的办法就是关门歇业，万事大吉。但那些需要我们的人怎么办？那些漂泊在外没地方睡觉的人怎么办？那些从全国各地支援武汉的逆行者怎么办？”季琦说，“华住的价值观不允许我们干这样的事情，越是在疫情这样的灾难面前，越要回归我们生意的本质：给旅途中的人们提供一个安全放心的居所。”

2020年1月初，华住集团刚刚更新的企业哲学中，最重要的是六方面价值观：价值创造、平等共生、奋斗为本、取法乎上、结果导向、美好生活。

明代思想家王阳明主张：“人须在事上磨炼，做功夫乃有益。若只好静，遇事便乱，终无长进。”

季琦推崇王阳明“心上学、事上练、知行合一”的理念，将始料未及的新冠肺炎疫情视为考验华住价值观的关键时刻，“价值观要在事上磨炼，而不只是停留在口头、张贴在墙面的标语”。

疫情肆虐，风雨如晦，但季琦在四封内部信中传递的大爱、责任与担当，不仅引领了华住的疫情防控战，而且通过华住的示范效应，加深了整个酒店行业对企业、社会和文明的理解。

被誉为“西方兵圣”的克劳塞维茨在其巨著《战争论》中说：“战争打到一塌糊涂的时候，高级将领的作用是什么？就是要在看不清的茫茫黑暗中，用自己发出的微光，带领你的队伍前进，就像希腊神话中的丹科一样，把心拿出来燃烧，照亮后人前进的路。”

四封内部信，正是季琦发出的“微光”，为华住的大部队照亮前行之路。

金辉、刘欣欣、郑洁、赵汝泉组成的新一届华住集团班委，从大年二十八开始，始终战斗在一线，电话 24 小时保持畅通。

运营部牵头公关、IT（信息技术）、工程、人事、法务、加盟等多部门，进行防疫防控的指挥与调度。

加盟部与加盟商积极沟通，共商防疫计划与安排。

人事团队放弃春节休息，紧急制定员工关爱政策，为门店员工联络协调抗疫物资，提供支持保障。

财务部根据“非典”时的情况推演了各种可能发生的场景，并考虑好了把资金分散转入多人支付宝的机制，以应对春节期间可能出现的大额资金需求。

华住大学的小伙伴组成志愿者团队，为一线的同事持续开展心理辅导。

人事、市场、公关团队共同组建“战地报道团”，对内报道集团关怀政策、提供防护硬核知识，对外传播华住正能量，累计发布文章 1.3 万篇次，阅读量超过 3.3 亿人次。

……

400 多万只口罩背后

王旭东跟店长们打了一圈电话，发现当下最紧缺的就是口罩。“一夜之间，武汉的口罩一个都没了。门店要营业，没有口罩怎么行？”他只能打电话向陈雨明求救。

现在的陈雨明，即便有再多口罩，也不用担心浪费了。可问题是，口罩已经变得奇货可居。

仇芸原本答应提供的2万只口罩，因为被征用而无法发货。1月24日，农历大年三十，仇芸死缠烂打从杭州客户那里匀了1万只，又从自家工厂的用度里挤了1万只，优先发货给华住。

2万只口罩很快就被分光，但需求仍然排山倒海般涌来。

采购出身的陈雨明决定两条腿走路。他一方面发动朋友圈里的所有人寻找熟悉的口罩货源，另一方面找来全国700多家口罩厂的联系电话等信息，分配给部门里的十四五个同事，每人联系二三十家，不问价格，只问有没有货。

很快有消息反馈回来，听上去都不太妙。

700多家口罩厂，要么电话打不通，要么没有货。倒是有两个N95口罩的货源，上海有1万来只，天津有2万来只，但都是朋友介绍的朋友，之前从没打过交道，而且条件极为苛刻：最多保留半小时，必须先付钱，只接受现金，没有发票。

陈雨明四面焦虑：一方面担心拿不到货，另一方面又担心被骗；一方面担心口罩质量不好，另一方面还担心运送过程中出各种意外。

无奈之下，陈雨明打电话给华住集团首席数字官兼华住中国总裁刘欣欣。刘欣欣让他先不用考虑钱，而是要考虑：接下来的口罩需求能不能跟上？还有没有其他的选择？

大年初四，把门店坚持营业看得无比重要的季琦，在跟集团班委的电话会议上明确表示：“如果没有口罩，宁可不开店，也不能让我们的员工‘裸奔’上阵。”

这句话，让陈雨明如芒在背。他知道，如果采购部这时不能顶上去，在物流爆仓、武汉封城的情况下，华住旗下门店肯定没法正常营业。

一度有点走投无路的陈雨明，动过给加盟商摊派任务的念头，“华住毕竟有 6 000 多家加盟店以及将近 1 万个投资人，就算每家提供 1 000 只口罩，那也是一个很大的数量”。

但他很快打消了这个念头，“这不符合华住与供应商、加盟商‘平等共生’的价值观，而且容易人为制造恐慌”。

虽然华住没有给加盟商、供应商发命令下任务，但加盟商、供应商感佩于季琦信中传递的温度和担当，自发行动起来。

“温暖、信心，这是我看到季琦第一封信之后的最大感受。我经历过 2003 年的‘非典’，当时觉得无助、孤独，头发大把大把地掉。但这次，有华住这个靠山在，我心里一点都不慌。”目前运营着 20 多家华住加盟酒店的北京业主刘兰荣说。

“我们遍布全国各地的供应商、加盟商，有多少力出多少力，少的 1 000 个，多的 5 万个，积少成多，帮助我们一起挺过了那段时间。”陈雨明掰着手指头，一个一个报出合作伙伴的名字和事迹：

天津的供应商李锋，大年初一就跑到口罩厂为华住提货，前前后后自掏腰包垫付了近 50 万元货款。

上海的加盟商张旭没有特别渠道，却坚持把仅有的 1 万只口罩捐赠给华住。

广州的总包叶荣，每天无偿帮华住伙伴提货、发货，确保抗疫物资供给到位。

南京的供应商柯琪跑到超市买了自封袋，把几万只口罩五个十个地一一打包好，发给各地的华住门店。

……

“我们的合作伙伴，不顾危险寻找货源，二话不说帮忙垫款，却从没开口跟我提过钱的事情。”陈雨明说。

人在新加坡的季琦，介绍了韩国和新加坡的口罩货源。陈雨明刚开始还担心境外的口罩能否顺利到货，后来被逼得没办法，横下一条心付了钱，最后竟然顺利收到了几万只口罩。

“当时的感觉是，口罩永远不够。”那段时间，陈雨明每天从早上五六点钟一睁开眼，到晚上十一二点上床睡觉，不敢放过任何一条信息，唯恐错过一个可能的口罩货源。

“以前在电影中看到的交易场景，不夸张地说，我们这次都经历了。同事之间高度信任，合作伙伴无私无畏。虽然过程很艰难，但我感受到的是整个团队的凝聚力和战斗力。”笑眯眯的陈雨明，云淡风轻地概括了所有惊心动魄。

从 1 月 21 日到 4 月 7 日，华住旗下酒店累计发放 406 万只口罩、3 000 箱洗手液。

当很多酒店同行受困于防疫物资短缺时，华住供应链支持中心不但保证了持续不断的物资供给，并且在配送速度上至少领先同行 10 天时间，为 6 000 多家华住酒店的正常运营提供了必不可少的防疫保障。

金辉的两轮巡店

虽然在筹集口罩等防疫物资的过程中，陈雨明总有左支右绌之感，但在一线总指挥王旭东的印象里，“好像全世界就没有采购部和雨明买不到的东西。并且，其他同行遇到的物资运送不到武汉等情况，我们也从头到尾没有遇到过”。

1 月 26 日，大年初二，华住平台发出的第一批防疫物资顺利运抵武汉，里面除了最紧缺的口罩，还有免洗洗手液。

王旭东看到里面几瓶 10 毫升儿童装洗手液时，眼泪一下子没控制住，“这肯定是后方同事们不知道费了多少气力才弄来的”。

防疫物资到位后，王旭东不得不面对另外一个问题：当时大家对于这种新型病毒并不了解，众说纷纭，很多员工都非常恐惧，尤其是一些 95 后、00 后独生子女，受家庭影响，不愿出门上班。

本来计划到武汉巡店的金辉，因为航班停飞而不得不作罢。他委托王旭东看望华住旗下汉庭、全季、桔子水晶、美居等所有品牌在武汉的门店。

金辉则抽空在上海巡店。他跟郑洁约好，大年初一上午 10 点钟来一次跑步巡店。喜欢跑马拉松的金辉，设计了一条经过华住旗下绝大部分品牌的跑步线路。起点是怡莱人民广场地铁站店，途经汉庭外滩金陵东路店、外滩豫园美居酒店、漫心 · 新天地店、全季新天地店、桔子瑞金南路酒店、海友大木桥地铁站店、城家大木桥地铁站店、徐家汇 CitiGO 欢阁酒店、徐家汇禧玥酒店、星程徐家汇田林店、宜必思虹桥古北店、桔子水晶虹桥古北路店，终点是新开的馨乐庭古北公寓酒店。

14 家门店中，8 家为加盟店，6 家为直营店。预计跑步巡店总里程为 15 公里左右。

金辉准备了一堆红包，还特意让人去银行取了一沓崭新的 50 元纸币，打算巡店时慰问坚守岗位的员工。

不巧，大年初一那天，上海下雨，路面有些湿滑。两人临时调整方案，郑洁将车子停在人民广场，金辉亲自开车，沿原定路线开车巡店。

正是通过这次巡店，金辉发现了两个非常明显的问题：第一，虽然集团班委已经发通知明确了具体要求，但仍存在不少防疫物资不标准的情况；第二，店长不在岗的门店，跟店长在岗的门店，防疫准备情况悬殊。

“所以，那天巡店一结束，我就立即要求，疫情期间，店长必须返岗。”金辉说。

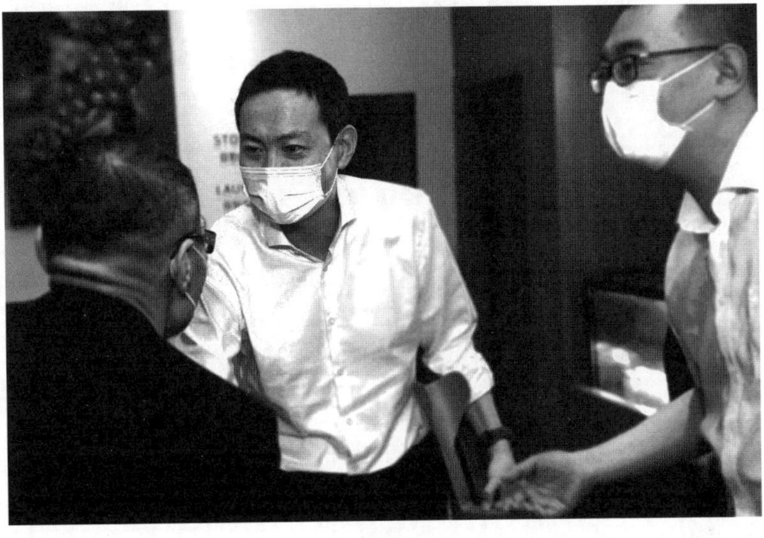

金辉巡店

从大年初五开始，金辉跟上海区域抗疫指挥部总指挥孙媚进行了第二轮巡店。

孙媚记得，这次持续到 2 月 19 日（农历正月二十六）的巡店分为三个不同的阶段："前期主要关注门店的安全物资保障状况，是否做好防护措施；中期除了安全物资保障以外，对门店的经营状况、经营方向及各项管理进行现场指导；后期则针对酒店经营管理的恢复、征用酒店的运营以及房租减免等工作展开部署。"

金辉在对 6 家全季、2 家桔子、8 家汉庭、2 家 CitiGo 欢阁、1 家美居、1 家城家、1 家海友共 21 家门店进行第二轮巡店的时候，发现第一轮巡店时提出的问题已经得到了很好的整改。

"全季长风公园店、桔子威宁路地铁站店、静安 CitiGo 欢阁酒店等，不仅做好了员工自身的防护，而且克服困难，对客人的防护和关心也做得非常到位。在宜必思沪青平公路店，刚上岗不久的员工都是经过精心培训的。这些工作的扎实推进，为后期酒店业绩的复苏打下了很好的基础。"孙媚说。

"我们华住同学们的执行力，还是可以的。这一轮巡店的时候，我心里就比较踏实了。"金辉边说边点了点头。

成为行业标准的两份接待方案

在武汉、在湖北，从大年三十开始，王旭东带着刘东进、吴志峰、徐媛、徐巍四位区域经理，一家店一家店地巡查，一个员工一个员工地谈心。他们一方面根据公司规定，将发放给包括全部加盟店在内的员工的慰问金从此前的每人 20 元、30 元提高至 100 元，另一方面从企业担当的角度安抚大家坚持营业。

随着武汉的新冠肺炎确诊病例不断增多，全国各地纷纷派出精锐医疗队驰援，医护人员的住宿成为一个迫在眉睫的问题。

1月30日，大年初六，武汉市江汉区防疫指挥部给离武汉市红十字医院较近的汉庭菱角湖地铁站店、取水楼地铁站店打来电话："四川第一批援助医疗队需要住宿，你们能不能接待？"

一开始，员工们甚至店长基本上都是反对的，大家都觉得医生护士是高危人群。但王旭东坚持接待："作为一个土生土长的武汉人，在我们面临危险的时候，医护人员不顾个人安危，逆行前来帮助我们，我们为什么不能为人家提供力所能及的帮助？酒店人的本职就是提供住宿服务，医护人员的住宿需求我们没有考虑到，那是我们的失职，现在人家主动找上门来，我们有什么理由拒绝？"

王旭东给汉庭事业部CEO徐皓淳打了一个电话，讲了店里的基本情况，讲了自己的意见，徐皓淳在电话里当即拍板："接！全力为医护人员做好服务！"

有了公司的支持，王旭东又回过头去说服员工。"这一批医护人员，以中国医疗界'四大天团'之一的四川大学华西医院医生为主，他们都是顶尖专家。"他苦口婆心地说，"大家想想，我们普通本科读四年，而医学本科要读五年。虽然他们的工作地点比较危险，但他们的防护意识远高于我们普通人，他们不但不是高危人群，反而是最安全的人群。"

员工们想了想，确实是这个道理，然后又回过头去说服各自的家人。最终，四川第一批援助医疗队138人顺利入住华住旗下酒店。

一开始，店长根据房间情况，单间安排了一个人，标间安排了两个人。但住了两天之后，根据医生们提出的专业建议，为避免两个人同住发生感染等问题，酒店将一部分医护人员分流到步行可至的另外一家靠近地铁的酒店，确保每人一间房。

除了接待医护人员，还有多家华住旗下酒店被当地政府征用来隔离疑似病例。

在这个过程中，很多情况大家都是第一次遇到。如何与政府对接人员保持沟通？医护人员如果意外感染怎么办？房间如何消毒？接待疑似病例有哪些注意事项？所有用过的布草（床上用品，包括被芯、枕芯、床护垫）、巾类及床垫该如何处理？

为了解决这一系列问题，华住湖北区域抗疫指挥部结合实际接待过程中的具体操作，第一时间出台了《接待医护人员内部注意事项》《接待疑似病例流程》两份标准文件，大到门店总体准备，小到如何解决医护人员理发等问题，都做了明确而清晰的规定。

这是整个酒店行业最先出台的新冠肺炎疫情相关接待标准。当地政府后来援引过去，作为政府接待医护人员和疑似病例的流程参考，很多酒店同行甚至一字不改地将这两份标准文件作为自己酒店的接待

华住员工给酒店消毒

标准。最终，华住集团的企业标准不经意间成为整个酒店行业的执行标准。

那么多人的日常起居全部集中在酒店，华住人在非常困难的情况下，尽可能提供周全的服务。

四川大学华西医院呼吸与危重症医学科副主任罗凤鸣教授急需一台手机用于科研，但手机店都关门歇业了。汉庭取水楼地铁站店店长唐肖晶找到销售手机等电子产品的朋友刘希，辗转买到了一台手机。有了手机，没有电话卡，无法使用流量连接网络，大家又纷纷行动起来。汉庭区域经理徐媛家里有一张多余的电话卡尚未拆封，便拿给罗教授使用。

在照顾好住客的基础上，华住还努力通过多种方式为员工解决后顾之忧。

桔子武汉江汉路店客房阿姨李美容的妈妈出现新冠肺炎疑似症状，在医院排队两天等候检测，但没有床位，眼看症状越来越明显却束手无策。了解情况后，华住湖北区域指挥部想方设法帮忙安排了检测。妈妈顺利康复后，每月收入只有 3 000 多元的李美容提出向华住捐献 5 000 元现金表示感谢，但被桔子大区经理薛裕婉言谢绝。

从农村走进大城市的季琦，对基层员工一向有着质朴的情感，他说："我们的员工都不容易，很多是社会最基层的人，他们的受教育程度和收入水平低，生活非常辛苦。疫情来了，我最揪心的事，不是华住少挣钱了、股票跌了，而是这些人过得怎么样。"

"华住要'成就员工的美好生活'，疫情中，作为管理者，我们能不能做到'让自己难一点儿而不让基层的员工更难'？"季琦说。

住客留言：会一直选择华住

念念不忘，必有回响。

当一家企业用产品和服务不间断地向社会表达善意时，社会也会报以友好的反馈。这是善的循环。

华住在疫情期间坚持开店，为许多在路上无处落脚的人点亮了回家的路。

一位从疫情高危地区加拿大回来的留学生，在外面流浪了许久，没有酒店敢收留，最后是上海茂名南路全季酒店接纳了她。

云南省昭通市的八位老师和学生到湖北大学研学，遇到封城而无处可去。在多数员工都已返乡的情况下，汉庭湖北大学酒店店长陈香一人身兼前台、客房、保洁数职，还说服家人，一起把家里囤的米、面、鸡蛋拿到店里和大家分享。

有位学生给陈香留言："说实话，我们心里都很害怕（疫情），但这里真的像家一样，让我们非常安心。这一次，一生难忘，以后我会一直选择华住，谢谢！"

桔子武汉江汉路店店长于雪梅的父亲于年前不幸去世，按照当地风俗，亲人去世第一年，子女必须回乡祭拜。事先已经请好假、安排好工作的于雪梅，本已返回重庆老家。在得知武汉封城的消息后，她到父亲的墓碑前磕了几个头，一个人用一整天开车 1 000 多公里回到武汉。高速公路封闭，导航失真，于雪梅下了高速换国道，国道不通走村道，提前在春节假期结束前返回工作岗位。没有人要求她必须回来，但于雪梅说，自己只有一个想法，就是把住店客人服务好。

武汉封城的第 14 天，桔子武汉光谷杨家湾酒店接到了中建三局雷神山医院施工团队王强主任的电话，希望酒店可以接待施工团队，最少需要 50 间房，假如全部人员安排过来，预计需要 100 多间。此时，客房岗位只有王莹和领班何云芳两人在岗，而周边绝大部分酒店都已关门歇业。

最终，施工团队入住了 124 间客房。王莹和何云芳每天 6 点 30 分起床，7 点吃完早餐进入楼层进行清扫和消毒工作。每天早上，满满两车的垃圾从这 124 间客房中被清理出来。到了中午，每一间客房的门把手都会被用消毒水擦得锃亮。不怕吃苦的王莹和何云芳将华住的“奋斗为本”理念演绎得淋漓尽致。后来，王强特意给店长打电话说：“谢谢你们细致、专业的照顾，大家都觉得这是我们最近住过的酒店中最好的。”

疫情期间，这样的故事还有很多。

观察到入住的医护人员中 60% 是护士，考虑到年轻女孩子喜欢喝奶茶，华住跟武汉所有加盟商沟通，只要医生护士点单，全部免费提供，集团会统一补货。

考虑到四川人喜欢吃辣，有的员工去超市买了辣椒酱送给医护人员，有的员工直接把自己家里还没拆封的辣椒酱带到店里……

从 1 月 21 日开始，到 4 月 8 日武汉“解封”，华住旗下全品牌开业率达到 90%，店长在岗率为 100%，累计提供房间数量超过 1 333 万间夜[①]，接待住客超过 629 万人次，其中包括医护人员 3.5 万人次，有 781 家酒店被征用，无接触服务（如自助入住设备“华掌柜”和服务机器人）累计使用超过 361 万人次。

---

① 间夜：酒店在某个时间段内，房间出租率的计算单位。间夜量 = 入住房间数 × 入住天数。

美国诗人 W. S. 默温说："我们的希望，不是未来的东西，它是看见此刻的方式。"

在风雨交加的"此刻"，华住看见了那些手足无措的人，并在每个人的心里埋下了一粒叫作"善"的种子。

未来的每个春天，600 多万颗种子，会生长出一片又一片希望。

令人惊叹的高强度执行力

疫情期间，金辉的作息很规律。

早上 7 点钟醒来，一睁开眼，先看两组数据，外部疫情数据和公司内部统计反馈。9 点钟准时开全国门店疫情沟通会，一般持续一个半小时。接下来是围绕员工和加盟商的分会议、主题会议，雷打不动。

每天下午，或者隔天下午，抽一点时间巡店。金辉跟刘欣欣做了分工，刘欣欣负责松江、青浦那边的门店，金辉则负责上海地区其他门店。

"从上海第一家被征用为隔离点的长征汉庭，到最远周浦那边的门店，我都去看过。"金辉说。疫情期间，他总共巡查了 100 多家门店。

金辉跟刘欣欣还每天坚持到公司上班，他说："要求店长必须返岗，要是我自己不返岗，那怎么行？"

那一阵，金辉因为受伤做了膝盖手术，不得不在家休息。他特意买了一张桌子，躺在床上开视频会。稍微能够活动，金辉就拄着拐杖，一瘸一拐地到公司上班了。

之所以坚持上班，金辉说：“一方面是通过行动，给大家传递信心——别慌，我们都在一条船上；另一方面，通过开会，能够发现很多问题。”

“开区域会议的时候，可以很清楚地看到，不同的人有不同的焦虑和恐惧。有的人明显想退缩，有的人还在犹豫中。”金辉觉得，面对从未遇到过的困难，出现问题并不可怕。他最担心的，是员工的思想状态出问题，甚至因此引发不必要的冲突。

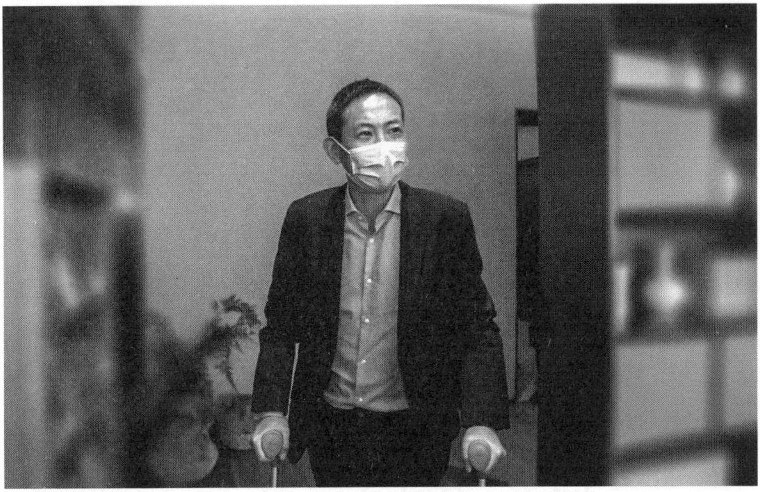

金辉拄拐上班

学心理学出身的金辉，后来给不少员工做过心理辅导，还主导了“如何面对焦虑状态和抑郁情绪”的匿名调研。金辉说：“做这些事情的目的只有一个，就是要激发团队的正面情绪，让整个团队保持从容、淡定。”

截至 2019 年 12 月 31 日，华住集团在全国有 5 618 家门店、105 688 名员工。疫情发生后，集团管理层需要快速掌握每一家门店的最新情况，以便迅速调配物资，或者出台针对性措施。

如何做到这一点？必须提高各门店反馈情况的频率。为此，华住集团班委快速出炉了“一日两报”的管理要求，同步给出了相关的解释和说明。

出台这项要求时，各个门店正人手紧缺，却有大量防疫及服务工作需要处理。大家会有多强的执行力，班委们心里其实没什么底。然而，在武汉封城一个月之后的管理例会上，“一日两报”的统计结果显示，集团平均填报反馈率达到了 99.88%，这种高强度的执行力令人惊叹。

正因为如此，才保证了疫情期间的信息通畅，为防控指挥部更好更快地进行工作调度提供了依据，为华住打赢防疫战奠定了坚实的数据基础。

把损失变成投资，收获信任

疫情期间坚持营业，除了武汉门店有两起员工在家感染的案例，华住旗下全部门店，没有发生一例感染。“这也许是上天的眷顾，更是华住科学理性地做事情的结果，也是我们综合实力的体现。”其实，季琦和华住已经做好了接受可能发生的巨大损失的准备。

疫情之初，季琦算过一笔账：正常情况下，门店一线员工每月的人力成本为 6 000 元左右，10 万员工就是 6 亿元。假如疫情持续 6 个月，就是 36 亿元。如此一来，不管加盟商和华住再怎么省钱，都负担不起。所以，季琦的想法是，首先保证坚守在一线的员工的薪酬。如果疫情进一步恶化，超过 3 个月，用工可能需要调整，如调休、部分上班、发基础工资、暂缓支付社保等。

季琦说："华住作为一家在美国纳斯达克上市的公司，股东对公司业绩是有明确要求的。我们旗下有那么多家酒店，不可能提供免费服务，我们扛不住。但我的判断是，如果疫情持续三四个月，按照我们的成本支出，是扛得住的。"

"既然没有钱赚，我们索性就把损失变成投资，投资员工、投资住客、投资加盟商，让他们和我们的关系更近。"季琦说，华住在疫情期间推出的所有举措，都是经过深思熟虑的，绝非意气用事的鲁莽之举，"这些投资的回报，不是金钱，而是信任。"

从 2020 年 1 月 21 日到 3 月 19 日，疫情对华住和加盟商的财务产生了巨大影响，全连锁损失潜在营业收入约 38 亿元人民币，开店亏损约 25 亿元人民币。但华住在疫情期间展现出来的价值观、执行力、品牌力和系统建设，赢得了包括住客、员工、加盟商、合作伙伴、股东乃至整个社会的所有利益相关方的信任，品牌资产得到了极大提升。

负责全季北京和东北市场的大区经理石小雷，对此有非常直观的感受。"2 月、3 月、4 月，在疫情形势最不确定的时候，大家的情绪都比较低落，因为不知道疫情会持续多久。"但随后，5 月、6 月的时候，很多加盟商前来咨询，怎样才能加盟华住旗下品牌。

"一方面，国内疫情防控取得阶段性重大胜利。另一方面，作为行业领头羊，华住在疫情期间表现出来的责任与担当，赢得了口碑。"石小雷说，不同品牌的加盟商之间平时会通过各种方式交流、沟通，有的加盟商本身就加盟了不同的酒店品牌，"疫情期间，很多其他品牌的加盟商，对华住加盟商实名表达羡慕。"

而华住遥遥领先于整个行业，迅速反弹的出租率，更能说明问题。2020 年 5 月 25 日，在古都西安举行的“行业复兴计划”启动仪式上，华住发布《安心 360 白皮书》，成为中国酒店行业首份防疫消毒标准。

金辉在分析了相关数据之后，语调平和却信心十足地表示：“5 月 19 日、20 日，华住已经实现了 85% 的入住率。尽管 RevPAR（revenue per available room，每间可销售客房收入）相比正常状态还不甚理想，但目前来看，最艰难的日子已经过去。如果疫情防控持续向好，整个行业将持续反弹，而华住集团的发展会再次提速。”

到 7 月和 8 月的时候，华住集团旗下品牌的整体出租率已经达到 85%~90%，9 月出租率（过夜）更同比增长了 1.4%。

同样在这次启动仪式上，季琦引用了尼采的名言：“那些打不倒我们的，终将使我们更强大。”

在这个频繁被“意外”和“无常”冲击的年份，在这场新冠肺炎大流行中，“事上磨炼”的华住人经受住了一切。

2020 年 7 月 30 日，“致同行，赢逆战”华住疫情工作表彰特别活动举行

了解华住的人知道，“欲戴皇冠，必承其重”，这一切都是拼搏努力之后的水到渠成。

但更多不了解华住的人，会迫不及待地发出“灵魂之问”：

华住是谁？

华住如何一路走来？

华住到底要去向何方？

所有这些，要从15年前的那个夏天开始。

让我们一起穿越时光隧道，回到2005年8月。

2005

第一部分

2012

创业：汉庭时代

所谓经济发展，
并非在于为女工提供更多丝袜，
而是在于使丝袜的价格低到工厂女工都能购得。

——约瑟夫·熊彼特，经济学家

第一章

谁是汉庭?

对时任如家 CEO 季琦来说，2003 年的春天充满了意外，“非典”疫情暴发了。

如家董事会决定，迅速收缩阵线，停止新项目，裁员降薪。季琦的任务是执行好董事会的决定，将损失最小化。

暴风雨来临时，有人看到的是风险，有人考虑的是机会。在注定赢得未来的乐观主义者和稳稳猜对当下的悲观主义者之间，横亘着一道天堑。作为一位有着出色商业敏感度的创业者，以及不怕吃苦的拼搏者，季琦恰好是前者。

季琦出生于江苏省南通市如东县的一个普通农家，很小就到田里插秧挑粪。在如东县高级中学，他的成绩一直是班上前三名，1985 年考入上海交通大学工程力学系。

本科毕业后，季琦接着攻读机械工程系硕士，毕业后在长江计算机集团上海计算机技术服务公司工作。1994 年 7 月至 1995 年 3 月到美国游历学习期间，他接触了互联网。回国后，他一直从事跟计算机系统相关的工作。

创业时期的季琦

被逼入绝境的创业教父

1999年，季琦和梁建章、沈南鹏、范敏等人一起，创办了携程旅行网，他们几人号称“携程四君子”。

携程网最初的创意，来自季琦、梁建章、沈南鹏等上海交大校友在一次聊天时，吐槽订机票很麻烦，要跑到专门的票务公司，去了还不一定能订到。

季琦突发奇想：“能不能把订票搬到网上，把出行时间、地点、票价、余票数量都公布出来，这不是很方便吗？”

时任美国甲骨文（中国）咨询总监的梁建章接过话：“做一个专门的旅游网站怎么样？看这经济发展形势，以后旅游业肯定能火！”

沈南鹏当时刚从德意志银行出来，他的财务和资本运营能力很强。三人又把懂酒店管理的范敏请来一起创办了公司，租了200平方米左右的办公室，季琦和梁建章是联席CEO，沈南鹏任董事长，范敏任执行副总裁。

携程四君子（自左向右：梁建章、季琦、沈南鹏、范敏）

1999年5月，上海徐家汇气象大楼17层，携程网起步。

有一天，季琦在网上浏览关于携程的消息时看到一个帖子，说在携程预订宾馆的价格太贵，很多人附和。他一惊，带着本子、尺子和一台老式佳能相机就出去了，他要实地看看，为什么人们会觉得房价贵。

他忙活了好一段时间，早出晚归，访遍几乎所有连锁酒店，把每家酒店的房价、房间数量、床和房门的尺寸等，都记在本子上。

一番分析之后，季琦发现，市面上高档酒店不少，但面对普通工薪阶层、每天吃住开支控制在300元左右、干净舒适的经济型酒店少之又少。

携程创业团队老照片

2001 年 8 月，携程确定发展经济型连锁酒店项目，起初打算叫“唐人”（Tang’s Inn），2001 年 12 月正式将“如家”（Home Inn）定为品牌名。

2002 年 5 月，第一家如家酒店——上海世纪公园店改建工程开工。6 月，携程与首都旅游集团合资成立如家酒店连锁公司，首旅下属的原“建国客栈”4 家连锁店统一翻牌为“如家酒店”。

2002 年年底，如家开通全国免费预订电话。2003 年 1 月，如家第一家特许经营店签约。

即使有“非典”疫情影响，如家的平均入住率也在 50% 以上，远高于绝大部分同行。2004 年，如家酒店达到 35 家，并且还在迅速扩张。

尽管如此，董事会对季琦的认可度却在摇摆。一些董事会成员酝酿引进职业经理人担任 CEO，这等于向季琦投下了一张不信任票。

一位有创意、肯吃苦、能战斗、立战功的创业者，为何得不到董事会青睐？主要是董事会认为，季琦的背景不够专业，没有读过

MBA（工商管理硕士），没有在大公司待过，管理经验有所欠缺，处事比较急躁。

董事会判断，季琦作为跑第一棒的创业者已经完成历史使命，如家要进一步做大，需要引入职业经理人，最好是受过西方专业管理教育的经理人。

季琦很愤懑。但一番激烈斗争后，股权不占优势的他，终于在2004年被迫离开CEO的位置，还被逼签下竞业禁止协议，“两年内不得从事经济型连锁酒店行业”。

这是季琦生命中一段不堪回首的日子，他一度非常绝望：“人活着有什么意思呢？过去的伙伴、朋友，都在那个时候离我而去，这让我找不到存在的意义。许多原来和我联系最紧密的人都离开了，对我来说就像是对人生的一个彻底否定。那时候我不知道该和谁沟通，也不知道要做什么。”

世上没有绝望的处境，只有对处境绝望的人。季琦下定决心，他要再次创业。

当时季琦最想尝试的是中档酒店。他也对商业地产感兴趣，参与投资了上海的几个创意园区。他还购买了若干物业，想做如家加盟店。但可惜都不成功。

2006年夏天，季琦有一次跟吴炯吃饭聊天。吴炯曾任阿里巴巴首席技术官，后来转做投资。席间，吴炯问他：“中国未来能容得下几家大规模经济型连锁酒店？”

季琦答：“少说也会有四五家。”

“中国有人比你更熟悉经济型连锁酒店这个行业吗？”

“我不敢说自己是唯一一个，但我也是其中之一吧。”

拔剑四顾心茫然之际，投资人吴炯的这两个问题，不啻开启法门的钥匙，坚定了季琦重新杀回连锁酒店市场的想法。

“忽悠”来的002号员工

2005年2月，季琦再创业的投资主体——力山投资成立。

季琦对取名颇有心得。从如家最初的名字“唐人”，到“汉庭”，再到后来的集团品牌“华住”，季琦的心中，始终充满着中华气象和东方情怀。

“汉”取自《诗经》中的“维天有汉”，原指银河、宇宙。汉族是中华民族中规模最大的一支，汉唐又是令中国人永远骄傲的盛世。“庭”则是庭院的意思，给人安静美好的联想。汉庭的标志源于东汉青铜器“铜奔马”，寓意为自由驰骋于地平线上的非凡旅程。

季琦找几个要好的朋友做了小范围调查，反响都非常好，汉庭的名字就这样确定下来。

季琦的三段创业历程均与住宿有关。在某种意义上，这像是人本主义心理学创始人阿尔弗雷德·阿德勒所说的“用一生去治愈童年”：季琦小时候家里生活很苦，住的房子下雨漏水，冬天进风，他对于安全、可靠的家，一直非常渴望。

创办携程时，梁建章说：“以后我们在环游世界的时候，就可以免费吃住了，多好啊！”这句话打动了季琦。创办如家的时候，季琦想让那些奔波在路上的人有回到家的感觉。

等到第三次创业打造汉庭的时候，季琦已经摆脱了“再次证明自己”的狭隘想法，而对创业的价值有了更为深刻的体悟——让普通人享受到品质可靠的住宿服务，从根本上改变中国消费者的出行体验，进而塑造中国旅行文明。

季琦对经济学家约瑟夫·熊彼特的一段话印象深刻：“所谓经济发展，并非在于为女王提供更多丝袜，而是在于使丝袜的价格低到工厂女工都能购得。”季琦认为，商业机构就应该做这样的事，用市场化、普惠和有品质的商业力量，改变更多人的生活，进而助益文明的进程。

打什么旗帜、走什么道路的问题已经解决，接下来，就是钱和人的问题。

钱的问题，比较容易解决。有创办携程和如家两段成功经历在前，投资人和季琦之间已经建立了非常深厚的信任感。有一次在海南，IDG 资本合伙人周权跟季琦开玩笑：“你的下一个创业公司我们一定投，你卖狗屎我们也投。”

人的问题，解决起来就没那么容易了。虽然季琦在如家积累了很高的威望，但一方面他一度对未来做什么有点举棋不定，另一方面也有竞业禁止协议的约束，所以很长一段时间，他都按兵不动。

可一旦下定决心，季琦找人的动作明显加速。

当时负责如家南方区域开发的金辉，向直接领导打了辞职报告，如家创始团队成员王海军批准了。没过几天，王海军自己也选择了离开如家，加入季琦的初创团队。

金辉之所以进入酒店行业，他开玩笑说自己是被“忽悠”进来的。当时，金辉是典型的“张江男”，在一家日本企业负责销售。有两个身在如家的朋友劝说他加入：“你在那边只拿死工资，我们这边就不一样了。我们是甲方，首先发展好，其次奖金高，签一个项目能拿 5 万元奖金。”

2004 年 2 月，冲动之下的金辉，降薪三四成，来到如家，负责开发工作，正式进入酒店行业。

本指望进来拿奖金，结果初入行的金辉没有任何积累，季琦又从成本控制的角度，明确要求每平方米日租金“超过一块钱的物业就别看了”。有两三个月的时间，金辉是彻底蒙圈的，不知道从什么地方入手，不知道怎样才能拿到传说中的奖金，不知道该怎么办。

当时金辉的住处离公司比较远，每天上班下班都要乘很长时间的公交车。有次乘车的时候，他闲着没事翻报纸，偶然发现分类广告中有租房信息。此后，仿佛抓到救命稻草的金辉每天必买《新闻晨报》《新民晚报》等都市类报纸，乘公交车的时候，把所有的租房信息都整理好，到了公司就开始挨家打电话。

每天几十上百条租房信息中，有的是住宅，有的是仓库，很少有适合开酒店的物业。难得有一家合适的，金辉上午打好电话，当天下午必定跑去现场考察。

除了收集报纸上的租房信息，金辉还步行扫街，从当时如家办公室所在的上海徐家汇南丹路，一路走到中山公园，见到有合适的物业，就进去找人了解情况。

获得过诺贝尔文学奖的英国战时首相温斯顿·丘吉尔说：“坚持下去，并不是我们真的足够坚强，而是我们别无选择。”而生活又往往会告诉我们，没有选择，也许是最好的选择。

经过一段时间艰难困苦的积累，金辉的付出终于有了收获。从2004年6月到11月的几个月时间里，金辉接连签了6家如家直营店，成为当年的签约冠军。

“季琦大概就是因为这个看上我的。”金辉笑着说。后来季琦任命他为如家的华东区开发总监。

在季琦离开如家后，金辉也选择离开如家，跟随季琦。

2004年12月5日，包括季琦、金辉、王海军等在内的四五个人，在漕河泾季琦买下来的那栋二层小楼里，开了新公司的第一个会。

季琦让大家自己选工号，金辉选了 002 号。

汉庭初创团队成型

2005 年 3 月加入团队的曹娟，则选了 13 这个号码："我喜欢这个数字，我觉得 13 就是要升的意思。"

曹娟跟季琦 2002 年就认识。当时曹娟在锦江之星，季琦想挖她去如家，可曹娟正在升任大区经理的考察阶段，且是锦江之星最年轻的培养人选，她不想离开。

2004 年 11 月，打算再次创业的季琦又找来了："曹娟，你就是个穷命！再给你一次机会，要不要来跟我一起创业？"

曹娟正处于职业生涯中略感倦怠的时期，便答应加入，但跟季琦提了一个条件——马上就到春节了，能不能拿完年终奖再过来？季琦答应了。

王晨 2004 年就认识季琦了，此前他自己承包了一家酒店，收入相当不错。但遇上"非典"，承包的酒店从赚钱变为亏损。后来又遇上拆迁，自己的事业没有了。冲着对季琦的经济型酒店新模式的好奇，王晨到如家参加了第二期店长班，听了季琦的课后成为他的铁杆粉丝。

最初，王晨帮金辉做一些招聘和招投标之类的事情。有一天，季琦自己开着吉普车，从上海跑到无锡。他打电话给王晨说："我就在你酒店对面，你出来一下。"

王晨立刻下楼，跨过马路的横栏，到吉普车里。季琦看到他的第二句话是："王晨，你没有骄傲吧，现在业绩做得怎么样？"

还没等王晨回答，季琦紧接着说了第三句话："你知道的，兄弟蒙难，想重新开始，你愿不愿意跟我一起干？"

那是王晨内心十分期待的一刻，他一直在等这一天。他知道季琦早晚会来找他，就像伯牙的高山流水，必遇钟子期的峨峨洋洋。

但此刻，王晨却故作矜持地说："好的，我回家问问老婆。"

这些人加上后来加入的张拓、张敏，汉庭慢慢聚拢了一批干将。季琦不止一次说过，初创时期的汉庭团队完全可以和携程当初的创业团队媲美。

在汉庭的股权结构设计上，季琦吸取此前痛失主动权的教训，确保创始团队持有较大股份，即便未来公司上市，其持股比例仍超过 50%。

同时，汉庭创立初期，不再将上市作为目标，而是将上市看作实现目标的手段。季琦如此描述这次创业的理想：一群志同道合的朋友，一起快乐地成就一番伟大的事业。

那时候团队人数不多，经常一起搞团队活动。季琦带着大家去普陀山爬山烧香，比赛划皮划艇时经常有人落水。

有一次搞拓展活动，所有人要从十几米高的台子上跳下来。团队中有人恐高，拒绝上高台。季琦在下面喊："今天你要是不跳下来，回去就写辞职报告！"做了两分钟的心理建设后，伴随着一声惨叫，那个人跳了下来，大家笑着闹着滚成一团。

第一家店选址昆山

第一家汉庭是按照美式连锁酒店做的标准店，名字叫"汉庭商务酒店”。季琦对中档酒店的看好，从汉庭一起步便展露无遗。

汉庭的第一家门店选在了昆山火车站对面。整幢楼是L形的，共有10层，面积大约为12 000平方米。这处物业，是现任魔方生活服务集团CEO柳佳牵线找到的。

选址在昆山火车站对面的第一家汉庭商务酒店

彼时，“新四大发明”（高速铁路、移动支付、共享单车和网络购物）尚未诞生，后来享誉颇多的中国高铁尚以“客运专线”或“城际轨道交通”的名义立项。“昆山火车站那时非常非常小，我们的物业就在火车站对面，过条马路就是。”季琦说。

真正介入之后，金辉才发现，这是自己开发过的最复杂的一处物业。

这幢楼的所有权结构很复杂，当地政府有一半，上海铁路局有三分之一，剩下的在一些零零散散的村民手中。好不容易跟这方谈好了，另外一方的领导却有不同意见，还有第三方的分歧，按下葫芦浮起瓢，折腾了快一个月，汉庭才最终拿下这幢楼。好在当时业主的经营理念没有那么强，租金比较便宜，客房面积也很大。

汉庭一出生，就是中档酒店的模样，“书香汉庭”里面放了莫奈的画。

相对于如家“干净、经济、温馨”的口号，汉庭以“现代、舒适、超值”的特点与之区分。汉庭通过提供更宽大的床和办公区域、豪华淋浴、免费宽带等设施，拉开与经济型酒店之间的差距，开拓中档酒店的新市场。

酒店的设计和施工，邀请了全筑建筑装饰公司来做，但后来双方闹得很不开心。因为季琦修改了全筑的很多设计：设计师大量采用大理石，季琦觉得大理石成本高，施工维护麻烦，还容易有辐射，他认为台面只要干净漂亮就可以了；设计师一定要用实木家具，这一想法也被季琦否决了。

全筑当时已经有一定名气，负责人对季琦抱怨：“我们的设计，还从来没有被这样修改过。”

做完开发就要进行经营。完成装修后，金辉发现一楼的空间利用率很低，就找了几十个商家来谈，最后把拐角最好的位置租给了中国联通做营业厅，一间租给了做餐饮的豪享来牛排，还有一间租给了喜士多超市，回收了大约三分之一的租金。

一楼保留了一部分空间用作大堂，餐厅在二楼，再往上是客房，这便是第一家汉庭的基本格局。

2005 年 8 月 28 日，汉庭昆山火车站店开始试营业，首任店长是曹娟，副店长是钱新锋。

之所以把汉庭第一家店开在这里，季琦认为：“昆山就是个三四线城市，当时没有特别多的旅游和商务人群，如果汉庭在昆山没成

早期汉庭酒店的大堂

早期的汉庭工服

功，也不奇怪。昆山不成功，搬到上海可能就成功了；可一旦昆山成功了，那汉庭就可以在其他任何地方成功。”

每当有火车停靠昆山站，曹娟就带上一帮兄弟姐妹去发单页，如果季琦碰巧在店里，一定会跟大家一起去。

创办过携程的季琦深知流量的重要性，也明白 OTA（在线旅游）企业的赢利模式。所以，从第一家店开始，季琦就在修炼汉庭的核心能力——推出会员卡，打造汉庭会员系统，积聚属于自己的流量池。

在国际豪华酒店免费赠送会员卡的时候，汉庭却在以每年 28 元一张普卡、128 元一张金卡的价格售卖会员卡，并且卖得还不错，原因何在？

“这是基于我对人性和国情的深入了解，经过精心测算之后才推出的举措。”季琦说，每个人都喜欢“免费的午餐”，汉庭就推出买会员卡送早餐的活动，大家原本对经济型酒店没有早餐已经习以为常，现在忽然提供早餐，而且不额外收费，会员有了预期之外的获得感。

同时，季琦深入研究了一、二、三、四、五线城市不同的报销标准，汉庭的房间定价正好卡在标准线上，赢得了商务人士的青睐。更妙的是，汉庭可以将买会员卡的费用计入房费，如此一来，住客不用自己出钱，便解决了早餐问题，费用也符合报销标准，公司没有多花钱。

通过这些方法，汉庭在满足住客需求的同时，积累了大批忠实拥趸。

季琦责问金辉、曹娟

曹娟、钱新锋和前厅经理杨耀辉都是酒店行业出来的，对于消费者的核心需求有很深的了解，他们把自己模拟为商务客人思考问题。

三人对汉庭第一家店的要求是，一切标准源自客人需求，并且高于客人需求。

住客对酒店的基本诉求就是干净和安心。曹娟提出，肉眼可见的地方不能摸到灰尘，看不到的地方更不能。每天检查的时候，店长和副店长都带着一包餐巾纸，净找些犄角旮旯的地方擦拭，比如电视机背后，然后拿着胶带纸在地上粘头发，一粘一个准……就像玩“爱找碴儿”游戏。

这看似简单，但长此以往，汉庭赢的不是游戏，而是住客的认可。

当年 Wi-Fi（无线局域网）还没有普及，上网需要用网线，有小伙伴脱口而出：“如果我想在床上躺着用电脑，怎么办？”一语点醒梦中人，经过测量，汉庭定下了“3.5 米超长网线”这个标准。

就这样，曹娟和小伙伴们挤在狭小的店长办公室，在草稿纸上改了一版又一版，终于定稿了汉庭史上第一份“运营规范”。

杨耀辉除了完成前台工作，还负责销售。昆山的六七月，非常闷热。杨耀辉辗转拿到昆山厂区各大厂商负责人的联系方式后，带着小伙子们，靠电瓶车和公交车，每天拜访十几家客户。大家都开玩笑说，天天骑着“小电驴”，被骄阳晒出了“阿胶皮”。团队几个人配合作战，在短短 90 天时间里签下了 400 多份合作协议。

汉庭一开始就是奔着成为“行业领头企业”去做的，钱新锋说：“没有标准，我们定的就是标准。”那句“让全中国布满汉庭”的豪言壮语，要从昆山开始落实。

经过两个月的爬坡期，门店几乎天天满房。每年 10 月、11 月是阳澄湖大闸蟹上市的季节，前来游玩的人很多。曹娟就跟小伙伴们商量，现在客源稳定了，一切都已步入正轨，生意好了，是不是房价也可以做一点调整了？于是，前台房价牌上的数字，就从 300 多元涨到了 500 多元。

季琦知道之后，不仅没有兴高采烈，反而拉下脸来，责问道：“谁让涨价的？”

那一刻，曹娟和小伙伴们都傻眼了，不明白怎么好心就办了坏事。

后来通过几次交流，大家理解了为什么这些“做收益”的念头是短视的。季琦做汉庭的初心是什么？是志同道合的朋友们快乐地成就大事业。什么是大事业？显然不是为了蝇头小利，而是打造真正令住客放心、安心，体验一致、价格一致，让每个汉庭人都感到自豪的大品牌。

大品牌是靠口碑传播出来的，如果第一家店给人“动不动就涨价”的印象，这样的口碑能创造出大品牌吗？

事上磨炼，统一大家思想的同时，季琦加速推动将汉庭开遍长三角。开店、选址、巡店，他基本上每天都在高速公路上度过。

有一次，金辉拉着苏州一家银行的行长到南京去谈项目。金辉当时对吉普车的高油耗还缺乏了解，快上高速公路之前，司机问他，油不多了，要不要先去加点油？金辉唯恐耽误了行长的时间，瞄了一眼油表，觉得油还有不少，就对司机说：“这些油够用了，你开吧。”

在高速公路上开了一半，烧到一滴油不剩，吉普车抛锚了。前不着村后不着店，怎么办呢？司机翻过高速公路的栏杆，穿过旁边的庄稼地，找油去了。两三个小时之后，他拎着一塑料桶汽油回来，才给吉普车续上命。

那段时间，大家天天在昆山、上海、苏州、无锡等城市间辗转，每当坐上车子，金辉都能清楚地知道到下一个出口需要几分钟。有时候车子开得慢了一点，时间到了而出口还没到，金辉头也不抬地嘀咕："出口应该到了吧？"

有车开，其实还是幸福的。在成军把自己的桑塔纳拿出来一起用和季琦买吉普车之前，金辉都是骑着助动车看项目的。

"那时候虚荣心还挺强的，生怕人家看到我一个堂堂开发副总裁只能骑助动车看项目，我都是把车停在离项目几百米外的地方，然后走过去。"金辉不好意思地笑着说。

但这些事情，比起季琦劈头盖脸的批评，其实都不算什么。

当时，金辉跟进上海田林路好又多的项目，也不知道问题出在哪里，反正最后没能拿下。季琦非常失望，把当时负责开发的四五个人召集在一起，厉声责问："速度这么慢，你们到底行不行？"

"季琦对工作目标要求极高，对产品细节要求极高。"金辉认为，正是这两条高标准、严要求，推动了华住最早一批人的成长和成熟。

"新物种"如何颠覆行业

从招商局蛇口工业区，到四个经济特区，到自由贸易试验区，中国的改革开放进程一直有一个特点，就是先在局部试验，总结经验后再在更大范围内推开。这些先行先试的"窗口"、"排头兵"和"试验田"的探索结果，决定了中国改革开放的方向。

昆山火车站店就是季琦的第一片"试验田"，包括上海程家桥店、上海复旦大学店、苏州观前街店、无锡学前街店、无锡解放西路店、南京北京东路店、无锡火车站店在内的长三角门店，就是季琦的第一批"排头兵"。他要用自己熟悉擅长的 IT 和互联网风格，改造传统酒店业。

在产品研发方面，汉庭有自己的明确要求：不符合要求的就改；坚决控制成本，着眼于解决住客的核心需求；电话免费、上网收费的模式是不合理的，应该颠倒过来……

在公司管理方面，引进风险投资，运用计算机技术管理，引入现代管理工具和手段，倡导速度和效率……

2005年推出的汉庭1.0产品，以“比招待所更好，适合商务出行的你”为卖点，使汉庭成为国内首家真正解决商务消费者痛点的连锁酒店。

华美酒店顾问机构首席知识官赵焕焱1992年进入酒店行业，见证了国有酒店集团的诞生，也见证了国际豪华酒店品牌的一路发展。对于以汉庭为代表的连锁酒店的快速崛起，赵焕焱认为，这是对酒店行业的管理再造：“酒店行业的本质与核心是什么？是洗澡、睡觉、上网。汉庭针对这些核心需求提供有限服务，打出了‘洗好澡、睡好觉、上好网’的口号，精准击中了消费者的内心。”

怀揣着“用技术改造传统服务业”梦想的季琦，是以中国酒店行业颠覆者的身份出现的。

建立在技术、流量和品牌基础上的连锁酒店，打破了传统酒店业的常规，成为让很多人耳目一新的中国酒店行业“新物种”，开创了中国酒店业的一个新时代。

2007年8月5日，在佘山举行的“汉庭07战略会议”上，季琦展示了一份雄心勃勃的战略规划：

> 第一阶段用时两年半，以“英雄、激情、创新、艰辛、粗放”为主题，实现“从井冈山到延安”的目标。
>
> 第二阶段准备用3~5年，以“团队、理性、创新、从容、

精细”为主题，围绕长三角、珠三角、环渤海湾三大重点区域开展“三大战役”，实现“解放全中国”的目标。

第三阶段用10~20年时间，布点主要发达省市，并在重要城市进行密集布点，成为中国酒店行业领导品牌，跻身世界酒店集团前十行列，实现“大国崛起”的目标。

在经过分解的“三大战略”规划中，季琦测算了从2005年到2011年每一年的直营酒店数量、特许管理酒店数量、总计酒店数量，甚至还预言了每一年的里程碑事件：

2005年开业4家，签约14家。里程碑事件为成立第一家汉庭酒店，提出品牌细分概念。

2006年开业22家，签约30家，特许率达到5%。里程碑事件为建立一定知名度，打造有竞争力的团队，布局华东。

预计2007年开业80家，签约130家，特许率达到10%。里程碑事件为成为中档酒店主要品牌，布局全国，私募融资。

预计2008年开业150家，签约230家，特许率达到15%。里程碑事件为建立全国性品牌网络，成为有限服务酒店品牌四强之一，上市。

预计2009年开业250家，签约330家，特许率达到20%。里程碑事件为成为有限服务酒店品牌三强之一。

预计2010年开业400家，签约550家，特许率达到30%。里程碑事件为成为有限服务酒店品牌两强之一。

预计2011年开业600家，签约750家，特许率达到40%。里程碑事件为成为有限服务酒店品牌第一、最强中国酒店集团。

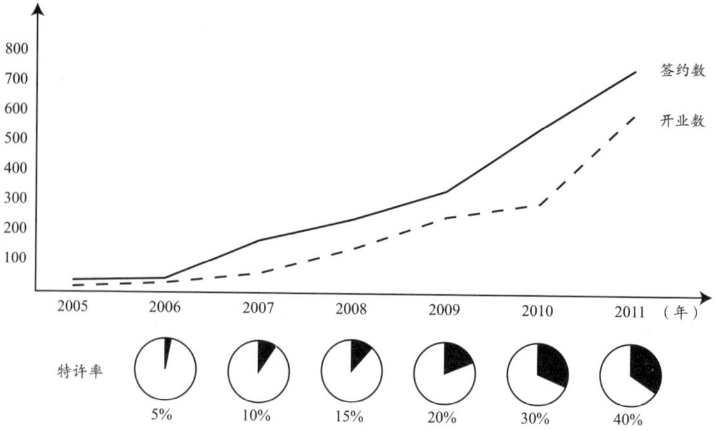

季琦预言的 2005—2011 年汉庭发展里程碑

精准把握宏观发展趋势，并在最为合适的时间节点付诸实践，是企业家身上极为宝贵的品质之一。但像季琦这样，在创立汉庭之初就提出详细的三年规划、五年规划，什么时候开多少店、什么时候上市都对应准确的时间进度，并且后来被实践结果逐一验证，绝不是一句“简单巧合”能解释的。

季琦将之归结为长期的思考和经验的整合。创办如家时走过的弯路，折射到规划汉庭时的图画中，环境发生了哪些变化，产品要做哪些调整，都很清晰。有了产品，哪一年开多少店，投入多少钱，需要多少人，需要多少资金，自身能产生多少现金流，这个账马上就能算出来。账算好了，融资的节奏也就有了，上市的规模和日程随之浮现出来。

实践中，有时落后于规划，那就需要加油；有时速度太快影响了产品质量，那就控制一下节奏。“有一个阶段，我们在一线城市的扩张太快了，就马上把一线城市的投资减少。就这样来来回回，加速减速，整个企业有张有弛地往前走。”季琦说，预想能够成功，是因为自己在这件事情上投入了全部的心力。

当一个人很专注，而且专注的时间足够长的时候，他就没有什么解决不了的问题。读书的时候，再难的几何题季琦都能做出来。不是因为他绝顶聪明，而是因为他一直在想，吃饭时想，上厕所时想，睡觉前还在想，想不出来绝不放弃。季琦说：“几何题无非就那几种模式，一直想总能想出来。这跟商业很像。”

连锁酒店也是商业模式之一，但既然是“新物种”，自然就有很多人没见过，更谈不上了解。所以，当季琦一遍遍描述他对汉庭未来的规划时，几乎没有一个人相信，这种模式会遥遥领先于整个行业。很多刚刚加入汉庭，尚未完成向连锁酒店经营者转变的同事，都觉得季琦的预测是不可思议的。

2006 年 1 月底，正读大学四年级的张嘉鋆到汉庭来实习。2 月 11 日，公司开全员大会，季琦对着总共十几名员工说：“我们 2008 年要开到 200 家店，2009 年要上市。”说了这番话之后，台下鸦雀无声。

季琦环视了一下会场，看到了这个稚嫩的面孔，他对着张嘉鋆说：“小伙子，新来的吧？我刚才说的话，你相信吗？”

张嘉鋆站起来说：“信！”

“我当时被点了名，不可能说不信啊。”回想当年的情景，张嘉鋆说那时候肯定是不信的，“当时汉庭只有两家店，如家都还没上市呢，这个老板可真会忽悠。”

荀玉莲是桔子水晶品牌运营部运营总监，2006 年她作为值班经理加入汉庭。2007 年，荀玉莲用三个月时间，攻下了一家“堡垒店”——汉庭无锡新区店（现汉庭无锡新区宝龙广场酒店）。堡垒店是行业内对那些位置不好，出租率更不好的门店的通俗叫法。

2007 年年底，她被请到上海开会。季琦讲话的时候说，汉庭已经有接近 80 家店，2008 年要开到 200 家店。荀玉莲默默地在心里算了一下，一年开 120 家店，平均三天开一家店，她说：“那时候还不知道连锁酒店是怎么回事，觉得这个人就跟说书一样，闹着玩呢！”

2006 年年底，汉庭共开了 34 家店；2007 年年底，汉庭第 74 家店开业；2008 年年初，汉庭在全国的签约门店数达到 180 家……

当现实以一种高度吻合的方式印证了往日的预言，所有的怀疑都烟消云散，进而转变为无条件的信任与支持。

创业员工人手一本“雅高故事”

中国的酒店行业，是跟随国际酒店管理集团的脚步发展起来的。在这个过程中，中国酒店人获益良多，季琦是其中最为典型的代表之一。

雅高酒店集团（ACCOR）是季琦心中的酒店标杆，他对 1967 年创立了雅高的保罗 · 杜布吕和杰拉德 · 贝里松进行了深入细致的研究。事后回溯，季琦和汉庭早期的每一步发展规划，都受到了保罗 · 杜布吕、杰拉德 · 贝里松和雅高集团的影响。

保罗 · 杜布吕、杰拉德 · 贝里松都出生于法国的普通家庭，他们抱着必胜的决心，白手起家。他们最重要的成功要素，是身后出色的团队，是让身边聚集有才能的人，并且信任他们。

若干年后，执着于让华住成为世界级伟大企业的季琦说：“我个人说不上多么聪明，我的智慧肯定也比不上整个团队加在一起的智慧，幸运的是，大家都相信我说的话。我们一群志同道合的朋友，一起为了同一个目标而努力。”

雅高发展初期，发生过一幕颇有象征意义的场景。

第二家酒店刚刚打好地基，保罗·杜布吕和杰拉德·贝里松就考虑修建第三家酒店。但董事会认为“最好还是谨慎一点”，更有一位董事直接提议：“要不先进行一次正式的市场调查吧！”

两位年轻的老板认为，这种调查根本就是浪费时间，但为了尊重董事会的决定，他们还是委托第三方机构进行了调研。

几个星期后，调查结论出来了：这项投资风险很大，建造一座拥有 40 间以上客房的酒店非常冒险。

保罗·杜布吕和杰拉德·贝里松对这份报告付之一笑，旋即决定将第三家酒店的房间数量增加至 80 间，并立即申请施工许可证。

与保罗·杜布吕和杰拉德·贝里松不谋而合，季琦不轻信咨询公司和市场调查的结果。“做市场调查，能找多少人去回答问卷呢？再者，找的人对吗？如果找的不是我的目标客户，那肯定问错了对象。如果调整调查参数，完全可以得出不一样的结论。”

季琦认为，一个企业家的优秀之处，就是切身的感受能力，所以需要做决策的时候，他更相信自己长期专注之后的直觉判断。

汉庭刚刚起步时，如家已经有 200 多家店，就连金辉当时都觉得，要追上如家是一件非常吃力的事情。就像跑步时，每当看上去要逼近对手了，人家却忽然加速，再次将你远远甩开。

但季琦不信邪。

他一方面在选址布点的时候，将汉庭开在竞品对面或者隔壁，另一方面更是明确提出了“两个 10% 策略”：在营建成本基本一致的情况下，经营成本比竞品低 10%，但 RevPAR 比竞品高 10%。

这一策略，同样可以在雅高集团的发展中找到先例：离开了保罗·杜布吕和杰拉德·贝里松的贝尔纳·米纳尔，新创了一个三星级连锁酒店品牌美居，1973 年 5 月第一家美居酒店就开在了巴黎北部一家诺富特酒店的正对面。

汉庭创业初期，季琦送给每位创业员工一本《雅高：一个银河系的诞生》，他希望用雅高成为世界酒店业霸主的故事，激发创业团队的雄心壮志。

万豪式亲力亲为的升级与强化

万豪酒店集团（Marriott）则是季琦心目中的另外一个酒店标杆。季琦不但翻译校印了万豪集团的《服务精神——马里奥特之路》，还自己上阵结合亲身体会给大家讲解。

《服务精神——马里奥特之路》的第一章就不厌其烦地介绍了亲力亲为式管理的好处。其他人有没有从这本书中汲取足够的养分不得而知，但可以确定的是，季琦的管理风格完全就是马里奥特式亲力亲为的升级与强化。老马里奥特几乎每天都到餐厅查看客人情况，并关注他们对产品的反馈。1961 年，万豪在美国费城的第一家酒店开张前一个星期，马里奥特还跪在地上，粘贴大厅里的塑胶踢脚板。

季琦此前在接受第一财经《波士堂》节目采访的时候说，自己出差住酒店的时候，总是带着一把尺子，量人家书桌的尺寸、行李架的尺寸、床板的尺寸，《波士堂》主持人袁鸣听后大呼“不可思议”。

外人觉得很难想象的事情，却是季琦极其普通的日常。时至今日，季琦最喜欢做的事情，还是巡店。

第一次跟季琦去巡店的时候，华住集团CSO（首席战略官）郑洁着实吃了一惊：“到了店里，他就直接趴在地上，伸手去摸床底下有没有灰尘。”

入住广州天河店感受不好。

到天河店前台登记，登记人员应该是值班经理，有些紧张（通常知道是我，都有些紧张）。看得出业务不熟练，问我是否住三天，不知这“三天”从何而来，登记完还忘了还给我汉庭卡。旁边还有一位客人，在和另一个前台人员争论找不到订单的事情。

登记后去客房，仔细观察所见（这也是老毛病了）：

1. 电梯前面的墙壁非常脏。

2. 外墙渗水，靠外墙的家具和墙壁皆有污点和霉斑。

3. 卫生间渗水，墙壁有水迹。

4. 洗澡的时候水从门缝里漏到外面。

5. 厕所冲水要一直按着。（是否是新的节能设计？）

6. 没有房卡套，说是用完了。

7. 早上起来用电脑，旁边一个用电脑（在打“网络80分”）的客人在抽烟，大堂里一股烟味。

8. 电脑的收藏夹也乱七八糟，没有通常的搜索、新闻收藏，屏保也不是汉庭的屏保。（不知有没有统一？）

9. 2楼、3楼在做外立面装修，搭着脚手架，客人要穿过钢管脚手架才能进入我们的大堂，给人不安全和乱的感觉。大堂里也没有致歉信立牌，客房里也没有，关于电梯施工的倒有。

10. 电梯周边过道非常普通、简陋。

参见我拍的照片：http://gallery.me.com/jiqi/100017。

据说外立面要重做，不知是什么方案？东面正在造一栋大楼，应该很高，造好后我们的东侧外立面应该会被挡住，东侧墙上的标牌应该看不到了。

一个位置这么好的店，外立面颜色、窗户［我没有住在南面（临马路），肯定很吵］、外墙渗水、电梯、装修质量、服务等等不利的因素全部集中到一起了，说它是个大招待所不为过吧？

这是季琦某次巡店之后发出的邮件。试想，假如你是这家汉庭酒店的店长，收到季琦发来的这样一封邮件时，你做何感想？

除了亲力亲为，季琦对待员工的态度跟万豪也有异曲同工之妙。

新冠肺炎疫情期间，华住采取的措施是季琦零薪酬、高管薪酬打7折，奖金缓付，同时承诺不裁员且一线员工不减薪。

万豪历史上，也有类似情形。

1991年年初，在万豪业务蒸蒸日上的时候，海湾战争爆发，伴随着美国经济萧条和房地产崩盘，万豪必须采取紧缩措施。

以“关心你的员工”为企业文化基础的万豪集团，从20多万名员工中只裁减了1 000多人，并随即颁布政策，计时工的工资奖金等收入不受任何影响。

与此同时，大约1 100位高级主管被冻结一整年的薪水，有些人还同时牺牲了年终红利；大约5 000位中级主管被冻结6个月的薪水；其他经理以及行政人员则被冻结了3个月的薪水。

最终，员工们不但帮万豪将所需的流动资金减少了1亿美元，还帮助公司坚韧地渡过了整年冻结薪资的难关。

发展初期的中国酒店行业尚处于“师夷长技”的阶段。比照国际酒店管理集团的标杆，以“拿来主义”的态度将其加以本地化改造，是后发者追赶并最终实现反超的必经道路。

雅高、万豪等国际酒店管理集团的经验和教训，都深刻地影响了季琦和汉庭。

很多人不知道的是，汉庭这个名字里的“庭”字，除了意味着中国乡村田园式的安静庭院，还隐藏着一层向领先的国际酒店管理集团致敬的含义。

在确定汉庭定位和考察产品设计的时候，季琦看了很多欧美酒店，其中万豪旗下的一个中档酒店产品——万怡（Courtyard）引起了他的极大兴趣。他说：“万豪正是凭借这个品牌一炮打响，一举奠定了它的酒店业根基。我一开始想做的，也是这种中档酒店产品——价格适中，有格调，商务功能很强。”

而 Courtyard 对应的中文意思，正是“庭院”。

与腾飞的中国经济共舞

经过长达 15 年艰苦卓绝的努力，2001 年 12 月 11 日，中国正式加入世贸组织，成为其第 143 个成员。世贸组织取消了对中国的出口配额限制，中国成为平等参与、公平竞争的一员，加速融入全球化进程。

经过改革开放的前期积累，具备良好的制造业基础、人口红利依然明显的中国，迅速抓住机遇，吸引外资，加快国际化发展，打造了无数工业门类齐全的产业集群，并逐渐形成了长三角、珠三角、京津冀等重要的城市化经济带。

加入世贸组织为中国经济插上了腾飞的翅膀。国家统计局发布的数据显示，中国 GDP（国内生产总值）在随后几年取得了爆发式增长：2002 年的增长率为 9.13%，2003 年为 10.04%，2004 年为 10.11%，2005 年为 11.4%，2006 年为 12.72%，2007 年为 14.23%。

2013 年，中国首次超越美国，成为世界第一大货物贸易国。2014 年，中国外汇储备达到创纪录的峰值 3.99 万亿美元。

繁盛的商贸流通促进了中国与世界的相互交流。一方面是出入境游客的连年增长，另一方面是国内游客数量持续高位增长，推动中国步入大众旅游时代和国民休闲新阶段，成为世界上最具吸引力的旅游目的地之一。

同时，随着国民经济的快速发展，居民可支配收入大幅增长，购买力大大增强，消费结构开始升级换代，服务消费成为新的热点，这一切使大型规模化连锁酒店的迅速发展成为可能。

“假设在一个风平浪静的环境中，像我这样的人，估计没什么大作用。而中国这样一个有着太多变化的环境，需要我这种人。”季琦说，“我们这些人的特点是什么？就是危机感非常强，而且极其敏感——危机，就是危险和机会。我们对商业环境非常敏感，这种敏感，是长期思考和不断在生与死、在困难与折磨中煎熬，练成的直觉。”

汉庭生逢其时。

沉静平和的温馨设计，简约的专利卫生间，光纤接入双网口的升级互联网服务，房卡、会员卡、门禁卡“三卡合一”的一卡通，不用退房的“无停留离店”……每一个小小的创新，都解决了住客的一个痛点。当这样的创新积累到足够多，汉庭的产品本身已经自带光环。

更何况，季琦还打造了一支充满狼性的初创团队。王琦、夏菲兰、荀玉莲等一批国有酒店集团老将，摇身一变成为连锁酒店新人，满血复活地开始拓展汉庭版图。

狼性团队初试牛刀

2005年，时年36岁的王琦脱下四星级酒店餐饮总监的一身行头，加入汉庭。12月1日，王琦到汉庭第五家店——无锡学前街店报到的时候，现场刚开始施工，一片狼藉。

她的心情，跟无锡的初冬一样，凉意顿生。

王琦随后问自己，这不就是自己的选择吗？如果一切都是准备好的，那我王琦的价值在哪里呢？和此前又有什么区别呢？

心里有了答案，也就觉得暖了起来。

王琦和项目经理一起进行开业前的筹备，做市场调研、招聘、了解工程进度、地毯式扫楼、签公司协议……那段时间，她几乎吃住都在店里。

100天后的2006年3月6日，拥有122间客房的无锡第一家汉庭开业。王琦当时的身份是助理店长。

协议客户只能满足基础出租率，酒店要满房，还得有大量散客入住才行。无锡火车站旁边有几十家小旅馆，要有住客，就得虎口夺食，跟黄牛签协议。

开业第一天，王琦迎来的第一批客人，是黄牛介绍来的一对朝气蓬勃的小夫妻，为此她还给了黄牛50元钱的佣金。

经过没日没夜的努力，王琦把造价6万元左右的一间房的RevPAR

做到 138 元，仅用一年半时间就收回前期所有投资。

“哇，原来我有这么大的潜能，我怎么不早一点知道呢！”王琦说，“公司把价值 2 000 多万元的资产交到我手里，是对我的信任，我不能辜负了这种信任。”

2007 年 9 月，王琦接了南通中城店，成了汉庭第一个跨两个城市（无锡、南通）的双店店长，就此开启“打堡垒”之旅。

南通中城店的物业此前与酒店相处得不好，经常以各种理由上门挑起纠纷。刚到南通，不等人家上门，王琦就先去登门拜访。几次三番的主动和坦诚，反倒让对方有些不好意思了。

带着店长助理跑销售，带着值班经理做服务，自己站在前台手把手教员工操作电脑系统；晚上睡不着，就一个楼层一个楼层查看管道井，担心老物业的管道漏水影响客房，碰到设施设备问题就向物业求助……物业也看出了王琦的真诚和想把门店做好的积极态度，就开始配合她的工作。

两个月后的 2007 年 11 月，南通中城店的月平均出租率达到了 92%，王琦向公司交了一份“打堡垒”的满意答卷。

南通 1 家店、无锡 3 家店、杭州 2 家店、上海 2 家店……经过几次不同情况的攻坚，王琦从“菜鸟”升级成小有名气的“打堡垒”专家。

季琦的开店计划一家接着一家。除了“打堡垒”，王琦还得不断找人。

没有正式办公场所，就随便找个角落。没有条件打印，就在 A4 纸上手写。“那时候大家都很单纯，看到手写的‘招聘’就会相信，要是放到现在，这样做还不得被人当成骗子啊！”王琦开玩笑说。

2006 年 5 月 18 日，被当时所在的国有酒店公司安排转岗的夏菲兰路过无锡商贸城的时候，看到一张 A4 纸上写着很不工整的“招聘”两个字。她就当打发时间一样，走进去看看是什么情况。刚刚跟前面一个应聘者聊好的王琦，看到有人进来，把烂熟于心的公司规划说了出来：“我们是一家连锁酒店公司，今年准备开 8 家店，2008 年准备开到 20 家店，2009 年准备开到 35 家店，我们的目标是成为中国酒店业的领先品牌。我们会以最低的成本，为顾客提供最好的服务，为员工提供良好的环境和就业机会。”

不知道哪句话打动了夏菲兰，她连工资都没问，就说了一句话：“行，你看我合适吗？”那一年，夏菲兰 39 岁，比王琦还大两岁。

入职汉庭无锡站前店后，夏菲兰一个人负责 205 间房的销售工作。每天一早到酒店，她拿着单页、协议就出去跑各家公司。公司的人下班了，她又拿上单页，带着前台、保安到无锡火车站拉客人。她每天忙到晚上 10 点甚至 11 点多才回家，连续两个多月没有休息。

付出就有回报，在夏菲兰的努力下，酒店在开业后的一个月内就做到了满房。

5 月 18 日面试，5 月 28 日到上家公司签字走人，老同事们对夏菲兰的选择惊讶不已：明明是财务岗位和行政岗位“二选一”，她为什么偏偏选择了第三个选项？

“第一个原因，是我发自肺腑喜欢酒店行业，不断遇到新的客人，不断遇到新的事情，每天都充满了挑战。第二个原因，是我喜欢这家公司的理念，有明确的奋斗目标，我愿意和他们一起尝试。”夏菲兰这一试，就是 14 年。

2006 年 1 月 17 日加入汉庭的荀玉莲，当时申请的岗位是店长助理，但面试官说，目前没有这个岗位，你要不要从值班经理开始干？荀玉莲就这样“降级”来到汉庭。

2006 年 12 月 31 日开业的汉庭无锡新区店经营非常困难，开业后的两个月出租率分别仅有 11%、19%。2007 年 3 月 1 日，荀玉莲正式接手这家店后，发现由于土地性质（工业用地）问题，该店无法获取经营证照。

荀玉莲和王晨分别与当时分管这一地块的消防、公安、工商、新区管委会、建委等接洽，与各个环节达成谅解备忘，业主也承诺在未来的数年内解决土地性质问题，为后续土地性质变更、办理经营证照打下良好基础。

在跟职能部门接洽的过程中，荀玉莲通过工商和消防的关系，打开了无锡新区各外资企业的大门，签订用房协议，新区 100 多家外企成为汉庭的一类优质客户。到了 5 月，汉庭无锡新区店的出租率持续走高，甚至经常满房。

荀玉莲特别擅长攻打堡垒店，2007 年获评集团最佳店长，并被邀请到总部参加年会。

但生活的勋章，背面都是受过的伤。忍受别人的冷嘲热讽，承受着身体和心理的双重压力，在工作和生活中疲于奔命……之后被安排去攻打堡垒区域的时候，有一天，荀玉莲骑着自行车路过江苏宿迁的幸福大道，不由得在心底反问了自己一句："走在幸福大道上，我怎么就没感受到幸福呢？"

后来，她顿悟："幸福时刻，是看到业绩达标的那一刻。"

蓬勃发展的中国经济，为酒店业发展提供了良好的外部条件。季琦的远见卓识和亲力亲为，引领了公司的发展方向。一支充满狼性、敢于拼搏、勇于奉献的队伍，则将所有纸面上的规划变为现实。高效、奋斗、战功，已经融入了汉庭的基因。毫无疑问，在中国这片土地上演绎的创业钢琴奏鸣曲中，汉庭是其中最为高亢的旋律之一。

第二章

悬崖边的反思

汉庭在中国酒店市场攻城略地。会员、加盟、融资，所有事情都严丝合缝地按照季琦的规划往前推进。

看上去一切都很美好。

公元 1076 年中秋之夜，北宋词人苏轼欢饮至次日清晨，醉眼蒙眬之际，对着皎洁的明月，发出千年一叹："人有悲欢离合，月有阴晴圆缺，此事古难全。"

月亮不会一直圆下去，因为盈亏有序，也因为它很快就可能被乌云遮蔽。

2008 年，在次贷危机影响下，金融海啸进入断崖时刻。

加入世贸组织之后，和世界经济越来越深度融合的中国也面临各种挑战：出口急剧下滑，投融资市场一片凄风苦雨，市场信心动摇，资产价格低迷。

汉庭拟定中的融资进程突然遇到了问题，投资人原本答应的资金无法到位。季琦蓦然发现，汉庭竟然站到了悬崖边。

继续向前？前面可能是万丈深渊。紧急刹车？巨大的惯性让人身不由己。

季琦和汉庭何去何从？

中国服务业首轮最高融资

和很多创业者不同，季琦创立汉庭，是一个成熟创业者的超越式创业，超越过往，开辟行业新局。虽筚路蓝缕，但一切也在掌控之中。

在汉庭大事记中，有很多如下列一样有条不紊的记录：

2006 年 4 月，汉庭网站开通；7 月，预订电话 4008-121-121 开通；9 月，汉庭酒店管理学院成立；9 月，汉庭常旅客俱乐部“汉庭会”成立。

2007 年 5 月，汉庭开放特许加盟；6 月，汉庭北京第一家门店——汉庭酒店北京丽都店开业，汉庭进入华北市场；10 月，汉庭广州第一家门店——汉庭快捷酒店广州中山一路店开业，汉庭进入华南市场。

2008 年 2 月，汉庭酒店连锁改名为汉庭酒店集团，确立汉庭酒店、汉庭快捷、汉庭客栈三大产品线，成为国内第一家多品牌经济型连锁酒店集团；6 月，北京王府井店开业，汉庭开业门店数突破 100 家；12 月，汉庭新机房完工，搭建了业内最先进的 IT 平台。

这些文字，看似一笔笔流水账，但稍加分析就会发现汉庭的特别之处——它不仅同时向多个区域开疆拓土，而且一开始就推进会员体系、开放特许管理、搭建 IT 平台。

没有一家酒店集团会在起步阶段如此布局。显然，仅仅开几家门店，绝对不是汉庭的志向所在，其背后是连锁天下的企图心。

2007 年 7 月，汉庭酒店连锁完成首轮私募融资，包括鼎晖创业投资、IDG-Accel 中国成长基金、成为基金、北极光创投和保银资本等五家知名 VC（风险投资）在内的豪华黄金阵容，联合向汉庭投资 8 500 万美元。

汉庭后来上市时的招股说明书显示，五家 VC 的股权比例分别为鼎晖 8%、成为基金 8%、IDG 4.63%、北极光创投 3.43%、保银资本 1.16%。这是截至当时，中国经济型酒店行业溢价最高的一次融资，也是中国服务业历史上首轮融资最高的一次。

这是汉庭的首轮正式对外融资。之前汉庭只有过“天使投资”——创业之初，季琦和另外两个创始人吴炯、赵彤彤以及 IDG 的周权投资了几千万美元，相当于自己给自己当了天使。季琦本以为这些钱足够用，没想到市场非常好，并且竞争异常激烈，所以在专业人士王烈 2007 年进入汉庭出任 CFO（首席财务官）之后，融资被正式提上议事日程。

汉庭最初便确定好是要赴海外上市的，季琦最希望引进国际顶级 VC，因为它们名气大、对企业的估值合理、投入的资金多，利好上市。但接触了几轮后，季琦对它们的烦琐手续苦不堪言，决定改变策略，最终选择了以鼎晖为首的五家投资机构。

季琦说：“首先，他们都非常了解中国，了解中国的文化、政治和经济，了解中国的企业家，甚至企业家个人的性格及弱点，这样的合作才是知根知底的。其次，他们都是比较成熟的投资者，不是喜欢赚快钱的那种，可以专注于长期的事业发展。最后，我跟这五家公司都有长期的交往，已经建立了足够的信任关系。”季琦认为，从正式接触 VC 到资金入账，之所以仅用时 6 个星期，这三个是根本原因。

鼎晖是此次的领投方，鼎晖合伙人黄炎被季琦的一句话就打动了：“老季说，这是他下半辈子准备干的一项终生事业。”

而季琦则是被鼎晖创始合伙人吴尚志的一句话打动的。第一次见面，吴尚志对季琦说：“鼎晖在中国投了几家企业，还算比较幸运，都比较成功，挣了点钱，现在心态也比较平和，想真正找个好企业和中国一起成长。”

季琦害怕那些以上市为第一目标，而不管企业怎么发展壮大、怎么占领市场、怎么成为行业第一的投资者。吴尚志的话让他觉得，这个人和这家企业是真正懂中国的。

当然，季琦与鼎晖的合作，有其渊源。主持该项目的鼎晖合伙人王功权当年曾作为 IDG 的合伙人面试过季琦，他们交情颇深。若干年后，季琦还入股了王功权的公司，最后并购了王功权投资的花间堂，可谓缘分不散。

此轮投资了近 1 000 万美元的 IDG 是唯一一家连续三次投资季琦创业的 VC。“IDG 要投资汉庭，我会毫不犹豫。不管从运气角度，还是从个人关系角度，我都觉得 IDG 是最好的。”季琦说。

2007 年 7 月，刚刚完成融资的季琦便接受时任《第一财经日报》总编辑秦朔主持的《会见财经界》电视节目专访。季琦在专访中说：“简单点看一个东西是很容易的，但是要把这个产业做起来，实际上真的就是攀登一座高峰，你必须爬过去。”

谈及融资金额以及未来目标，穿着黑色西装、打着天蓝色领带的季琦说："我们确实考虑了很久，大前提是公司股权不能被稀释得太多，同时又要使公司保持较快的发展速度，所以 8 500 万美元是一个比较理想的折中数值。融资的目的并不是加速我们的开店节奏，而是保证我们继续有足够的稳定性和空间性。"

在这次采访中，季琦判断，中国连锁酒店市场时下正处于一个快速发展的时期，未来 5~10 年会朝着集团化、品牌化方向发展。"全球前十大酒店集团旗下基本都拥有 10 个左右的细分品牌。从商务连锁走向经济型酒店，甚至发展更为低端或高端的品牌，国外酒店集团已经给了我们很好的学习范本。"

季琦认为："国际酒店集团的经验，强在高端市场，但那些经验无法复制到低端市场。从全球范围来看，低端市场一定是本土化品牌的天下。未来，中国市场可以容下 20~30 家集团化连锁酒店。"

季琦的"至暗时刻"

首轮 8 500 万美元融资到账，汉庭拥有了充足的资金，开始大范围"跑马圈地"。

此前的 2006 年 10 月 26 日，如家在美国纳斯达克上市，融资超过 1 亿美元。如家的发行价为 13.8 美元，开盘报 22 美元，收盘报 22.50 美元，涨幅高达 63.04%。

一家非互联网、非 IT 类的纯消费品公司，演绎出股价大涨、一夜之间造就四个亿万富翁（指沈南鹏、梁建章夫妇、季琦四人）的神话，这让经济型酒店的话题瞬间有了极高热度。

供求关系的改变，以及快速上升的酒店物业租赁成本，证明了这种热度。

以上海为例，2002 年如家位于世纪公园的第一家店物业日租赁价格仅为 0.7 元 / 平方米，在季琦创办汉庭并于 2005 年开出第一家门店时，物业日租赁价格已经上升到 1.5 元 / 平方米。而如家上市之后，在上海城区，季琦发现，没有 2 元 / 平方米的日租预算，已经租不到房子了。

四年左右的时间，物业租赁成本翻了 3 倍以上，这意味着原先能租 100 个房间物业的预算，现在只能租到 30 多个房间。

在经济型酒店的成本构成中，各类运营成本相对固定的情况下，物业成本是最关键的一项。但蜂拥而至的品牌和资金已经杀红了眼，导致很多一线城市的物业成本远超合理水平，很多酒店管理者甚至经常在没有现场看过物业的情况下，就拍板敲定。

季琦坦承，那段时间，汉庭也曾有一个礼拜签下 8~10 个项目的纪录。“这种感觉，很像当年的互联网泡沫。”1999 年创办携程并完整经历了美国科技股泡沫周期的季琦，很清楚这意味着什么。

但季琦没料到的事情发生了。

2007 年 2 月 13 日，美国第二大次级抵押贷款机构新世纪金融公司（New Century Financial）发布赢利预警，次级抵押贷款风险开始浮出水面。此后一年多，人们一直不太相信次贷风险会发展成一场重大金融危机，但整个过程正不断朝着危机方向演变。

2007 年 4 月 4 日，裁减半数员工后，新世纪金融公司申请破产保护。7 月 19 日，贝尔斯登旗下对冲基金濒临瓦解。8 月 9 日，法国最大银行巴黎银行宣布卷入美国次级债，全球大部分股指下跌。

尽管美联储、欧洲央行、日本央行采取了多项救市措施，但无济于事。进入 2008 年，危机更一发不可收拾。

2008年3月14日，贝尔斯登向摩根大通和美联储寻求紧急融资，三天后摩根大通同意以2.4亿美元左右的价格收购贝尔斯登；美国3月新屋开工数量急剧下降11.9%，降至17年来最低水平；各大金融巨头发布的第一季度财报纷纷报亏；7月，通用汽车股价跌至50年来最低，隐现破产危机……

次级抵押贷款机构破产，投资基金被迫关闭，股市剧烈下滑，金融风暴席卷美国、欧盟、日本，并波及新兴经济体。

汉庭当时正在进行第二轮融资。有一天，季琦的一个好朋友请他到上海兴国宾馆吃早饭。两人刚坐下，那个朋友说："老季，我们的基金这个时候不能再投了。"

晴天霹雳。

投资协议都已经签完，按计划，资金那几天就要到账的，投资人却忽然说不投了。开酒店用的原料都采购好了，项目签了，员工也招了。万事俱备只差东风的时候，东风却说自己不来了。

季琦容易把情感和生意混在一起。紧要关头，当一个好朋友亲口说出"不好意思，兄弟"时，他的绝望超出一般人的想象。

事后反思，季琦觉得，如果自己是个纯粹的生意人，内心大概不会有太多的痛苦。可当时，他的脑子里一片空白，甚至连发怒或者责备的心情都没有。

狂风暴雨到来的时候，所有人都可以选择躲避，只有创始人不能。他是企业最后的屏障，哪怕硬着头皮，自己也必须顶上去。

在所有公开场合，季琦都表现得无比镇定，一如往常，私下却急如星火，找了一切可以找到的资源。

首轮融资时投资人摩肩接踵的盛况不见踪影，痛苦周折的季琦，一家一家地找，一家一家地谈，一家一家地讨价还价。

危急时刻，有两份合同摆在季琦面前。一份是 1.2 亿美元的债权融资，一份是 5 500 万美元的股权融资。

那天晚上，从来不失眠的季琦失眠了。

选择债权融资，对股权的稀释最少，季琦也最有面子，“你看这时候汉庭还能借到这么多钱”。

当时，外界关于汉庭资金链断裂的流言四散传播。季琦曾经的老部下郑南雁 2005 年创立了 7 天连锁酒店，他刚刚对外高调宣布，7 天连锁酒店拿到 9 500 万美元债权融资。

如果季琦接受著名国际投行提供的 1.2 亿美元，可以轻松攻破谣言，狠狠地掌掴那些不了解真相之人的大嘴巴。

而如果选择 5 500 万美元的股权融资，差不多只有 7 天连锁酒店融资额度的一半，数额说出来有点丢人。同时，为了保证自己的股权不被稀释，季琦还得拿出一大笔钱投进去。

一夜的辗转反侧之后，顶着黑眼圈的季琦做出了一个艰难的决定：不接受任何债权融资。

“压力来自斗争，和自己的斗争，虚荣和责任的斗争。最终，责任战胜了虚荣。”季琦说，“第一，不能只看我自己；第二，不能只看眼前。如果金融风暴持续两年甚至五年以上，接受债权融资的话，也许我的债权就要以很低的价格卖给投资人。这种可能性虽然不大，可我赌不起，我不能为了短期利益签卖身契。确实有不少对赌成功的案例，但失败的案例更多，我不会总是最幸运的那一个。”

季琦选择了股权融资。

2008 年 7 月，与季琦相识十几年的 IDG 的熊晓鸽和鼎晖创投，送来了雪中之炭——5 500 万美元股权融资。

钱还不够用怎么办？季琦决定卖掉自己名下的如家股票。“当时我持有如家15%的股票，是第一大个人股东。股票价值几千万美元，那时股价已经跌了很多，选择卖掉肯定不是好时机。”但季琦做这个决定只用了20分钟，他说：“因为我有非常确定的价值观和经营哲学，通过前两次创业，我已经不再单纯想要实现财富梦想，而是有了更高的目标：做一家伟大的公司。”

“伟大”，就是你得有财富以外的形而上的追求，季琦说。

现在再回想那个心有余悸的“至暗时刻”，季琦的感悟是：“危机给了我们机会。在大家都难的时候，你比别人更坚定一些，看得更远一些，就能用很小的力气，得到很大的回报。”

汉庭“悬崖勒马”

2008年的资金链危机也映照出季琦的“心魔”：憋着一口气的他，还是太想证明自己了。

离开如家时，季琦签订的协议规定，两年内不能从事经济型连锁酒店行业。恰好2005年、2006年整个行业迎来井喷式发展。等季琦2007年杀回经济型连锁酒店行业的时候，这个行业颇有种天下大乱、群雄逐鹿的感觉：已经在纳斯达克上市的如家自不用多说，7天也已经有100多家门店，莫泰168、格林豪泰、速8同样以一年新开几百家门店的速度跑马圈地。

“那时我脑袋中的目标，就是要把汉庭做成世界级规模的公司，而要实现我的愿景，就要让企业迅速膨胀、做大。”季琦说，这是自己对一家优秀经济型连锁酒店的误读，“我一直在想，到底能不能赶上市场？看到自己离目标越来越远，别人却离目标越来越近时，我特别着急。一着急自己就乱了阵脚，就开始拼命扩张。”

彼得·德鲁克是季琦非常喜欢的一位管理学家，但斯时斯刻，他恰恰忘记了德鲁克说过的一句话：“想一下子做成很多事情，是商界人士最容易犯的错误。”

事后复盘，季琦认为自己至少做错了三件事情，而且错得非常明显。

第一件错事是盲目收购。当时季琦和汉庭手上的钱不多，收购不起大的公司，只能收购一些小的连锁酒店。有的只有三四家店，租期也就是八年十年，很多设施并不完善。片面追求规模之际，他根本没有考虑收购这些小连锁酒店的性价比，因此直接后果就是财务成本飞涨，最终差点失控。

第二件错事是进入了一些不该进入的城市。汉庭在南宁、桂林、义乌等三线乃至四线城市以很高的成本签了不少物业，结果房费上不去，房租下不来。很夸张的是，在义乌签的高价物业，一平方米租金一块钱，非常贵。这些城市的门店后来都进行了调整。

第三件错事是频繁换将。当时只顾规模，不顾商业规律的季琦，2007年一年换了三个CFO。一方面，心态失衡的季琦对CFO不满意；另一方面，在公司一味追求速度和规模的时候，很难有CFO能承受得了这种压力。

美国橡树资本（Oaktree Capital Management）联席董事长霍华德·马克斯在其《周期》一书的中文版序言中说：周期的特点是，市场要么过于悲观，要么过于乐观。

当整个市场都过于乐观的时候，身处其中的每个人，很难不被周围的情绪感染和裹挟。在那种狂热的氛围里，大家都认为，每多开一家店面，就可以多去资本市场上套一笔钱回来。

季琦和汉庭这一仗，就像一个刚开好账户便迎面撞见大牛市的小散户，冲动有余，理性不足，在买进有些股票时，完全忘记了基本的价值逻辑。

正如美国经济学家约翰·加尔布雷斯所描述的，当经济处于过度繁荣状态的时候，没有人不相信泡沫会继续膨胀，人们不是找出理由使自己理性，而是找出理由使自己相信盲目冒险的正确性。

暴涨之后往往是暴跌。

2007 年 10 月 22 日，如家宣布以 3.4 亿元人民币的价格收购七斗星商务连锁酒店 100% 的股权。随后不久，如家财报出现亏损，引发股价暴跌。

除如家之外，众多经济型酒店亦不能幸免。成本虚高以及快速扩张给资金带来严峻考验，市场甚至一度出现了“经济型连锁酒店面临拐点”的论调。

人在不冷静的时候，是看不清自己的，甚至危险逼近也浑然不觉。好在有两个人及时拉了季琦一把。

第一个人是时任汉庭 CEO 张拓。他曾经在百事可乐和欧倍德等成熟公司供职，有极为出色的履历，喜欢用数据、行业规律说话，他及时的判断提醒了季琦。

第二个人是雅高酒店集团创始人之一保罗·杜布吕。2009 年 4 月见到杜布吕那天，季琦问了他几个自己最困惑的问题：你怎么看中国市场同行拼命发展？如果都做直营酒店，市场规模、品牌影响力是不是太小？杜布吕全部用“速度不重要，质量最重要”这句话作答。

季琦说，杜布吕这句话，“像打雷一样印在我脑子里”。

意识到自己要踩刹车的季琦，还必须为整个汉庭踩下刹车。他带着汉庭管理人员学习《从创业型企业到成熟管理方式的转变》。这是季琦在长江商学院读书时很喜欢的一本书。管理人员人手一本，季琦分享体会，大家分组讨论，撰写读书笔记，然后由张拓、COO（首席运营官）张敏两个人负责实践，就这样把公司内部盲目乐观投资的情绪、文化扭转过来，从管理上、组织上、文化上统一思想。

接下来就是战略调整。

汉庭在全国签退了20个物业合同，有的退了一些钱款，有的转为加盟店，总共损失了几百万元。

对于此前招聘的大量人员，汉庭采取了转岗等方式，而不是用裁员的方式简单粗暴地处理，只有极少部分不合格人员才被淘汰。

金融风暴之际不裁员，汉庭的处理方式赢得了员工的支持和社会的口碑。

汉庭学院首任校长的培训课

美国通用电气公司历史上最著名的CEO杰克·韦尔奇曾被誉为“全球第一CEO”。他推行的“六西格玛”标准、全球化和“数一数二战略”，对全球商界有着深刻影响。季琦的管理思想受韦尔奇影响很大，他曾经把韦尔奇的50条管理理念简化为“用人16条+竞争6条+管理6条”，并结合自己的体会对相关著作进行校译后，发给汉庭所有管理干部认真学习。

带领通用电气经历过多次危机的韦尔奇说：“所有危机，不管你再怎么讨厌它，都能给人提供很好的教训，你应该尽最大可能挖掘每一次危机的价值。”季琦深得个中三昧，他自称一到刮风下雨就会兴奋，几天风平浪静就会觉得没劲。

金融风暴带来的剧烈冲击，让季琦体验了“危”，同时也嗅到了“机”。

他趁机延揽人才。时任 CEO 张拓、当时担任 COO 后来也担任过 CEO 的张敏等一大批优秀的专业化管理人才，都是那时候引进的。

他趁市场不景气的时候，低价出手优质物业。后来汉庭在上海的店面，大部分物业都是金融危机时签下的。

同时，季琦还对企业进行系统性的流程改造，推动汉庭苦练内功，立足于内在提升。

这段时间，季琦和汉庭花了很大力气搞培训。季琦担任汉庭学院的首任校长，直接上讲台授课。

关于培训，很多人一开始不理解。大家认为，眼下最要紧的事情就是开疆辟土，都忙得热火朝天呢，哪里有时间参加培训。还有的人觉得，只要把业绩做上去了，培训不培训又有什么区别？而且，汉庭的培训从来不脱产，都是利用周末时间，外地的同事只能周六凌晨出发，周日晚上赶回，疲惫不堪。

王琦参加培训就是这种情况。那时还没有高铁，坐绿皮火车从无锡到上海，需要两个多小时，而且都是过路车，王琦一般上了火车会趴着休息一会儿。每次周日深夜坐绿皮火车回无锡，始发站是上海，终点是乌鲁木齐，王琦很怕一不小心睡过头，醒来就到了新疆。

整整六个星期的周末，王琦都在上海虹漕路 461 号 57 幢 5 楼度过。季琦的培训，让她窥见了一个完全不一样的商业世界。

季琦结合汉庭的发展讲商业模型，教店长们提升 RevPAR 的方法，一点点分析为什么酒店的 GOP（营业毛利）率可以做到 70% 以上，怎样将酒店的出租率做到 100%……

“我是从星级酒店出来的，管理得很好的四星级酒店的 GOP 率也只有 30% 左右，但老季一下子就将 GOP 率提高了一倍还不止，而且他的方法都是被实践检验过的。”王琦说，“他的开放式思维，为我打开了一个新世界。我意识到这些课没有白上，每个周末的辛苦都是值得的。”

课程结束，本来最后一周安排的是毕业论文答辩。进去的时候，季琦说：“今天我不读你们写的毕业论文，我们就聊聊你实际是怎么做的。”

当时参加培训的几个人都蒙在那里：辛苦准备很长时间写好的两千多字的论文，说不用就不用了？

“但在跟季琦聊过，他一一指出我们的问题之后，大家才体会到，做店长不仅要会写、会算，还要会说，更要会学。”王琦说，汉庭学院这种学以致用、学战结合、事上磨炼的基因，一直延续到后来的华住大学。

如今，王琦还将那份毕业证书珍藏得好好的。她觉得，那是自己职业生涯的一个里程碑。

是“危”，更是“机”

在企业价值观的“价值创造”这一点上，季琦的注解中有这么一条：不做红艳一时的玫瑰，要做春华秋实的稻谷和麦子。

秋季播种、越冬后第二年夏季收获的冬小麦，最喜欢的是冬天的大雪。皑皑白雪不但可以帮助麦苗抵御严寒、补充水分，还能冻死各种害虫，为小麦消灭病虫害，所以农谚常说“今年雪盖三层被，来年枕着馒头睡”。

从这个意义上，季琦认为，金融危机就是一场非常及时的冬雪，会成为整个行业发展的转捩点。“这个行业充满了资本游戏和兼并收购，危机能推动行业重新洗牌，首先退市的将是那些投机者，真正立足于长远发展的价值创造者会迎来更多更好的发展机会。”别人眼里避之不及的风险，成了季琦心中的良机。

季琦创办携程的时候遇到互联网泡沫破裂，倒逼携程实现了业务模式转型；创办如家的时候遇到“非典”疫情暴发，在一片风声鹤唳中，拿下了租金最高的上海徐家汇地盘，如家最好最便宜的那批物业，都是在“非典”疫情期间低位买进的。

汉庭时期遭逢金融危机，季琦还是持同样的观点。2008 年 10 月 27 日，在新虹桥举行的 2008 年第三季度例会上，季琦以“抓住机遇，脱颖而出”为题，分享了自己对金融风暴的看法与心得：“国际上几乎每个酒店集团的大变化，都是公司发展节奏和宏观经济周期发生冲突而引发的。每一次危机后，都会冒出一批规模企业和优秀企业，那些敢于在危机中把握机会的人，会是最后的胜利者。”

季琦以非常感性的语言说：“冬天验证了那些缤纷的昙花一现，但地里的种子却在积聚和孕育，准备在春天冲破冰冷坚硬的泥土。”

一个月后，季琦提出了汉庭的变革设想。

汉庭要成为行业翘楚，打造高效组织成为共识。高效汉庭在于专业、细致、精确。

汉庭的创业团队要向专业化转变，没有人可以成为例外。汉庭会永远将人才的大门敞开，不断吸纳新鲜血液，以保持年轻和活力。

目前的布局，汉庭在布点、赢利能力、资金、高层团队等方面，都处在一个较好的位置，但在规模、系统、一致性、基层团队、效率等方面，处于劣势。“但汉庭不同于其他企业的根本特点，也是别人缺乏的优势，就是我们要做一家‘百年老店’。我们有远大理想和长远目标，更有与这一目标相匹配的价值观和文化，从创始人到管理层，再到大部分高层经理，都有这样的想法。”季琦说。

季琦感慨，汉庭发展的节奏和经济危机正好碰在一起，对汉庭来说实在是一件非常幸运的事情，“如果还像之前一样疯狂，汉庭也不过是众多投机分子中的一员，那将是充满危险和不确定性的一条道路”。

配合战略变革，汉庭对组织架构进行了调整：成立北方区，王海军出任北方区总经理，缩小管理半径，加强北方业务发展；重构项目管理体系，加强项目开工前的规划，由张拓直接负责；建立集团培训体系，加强城区和新店员工培训能力，汉庭学院向张敏汇报。

12 年后的 2020 年，新冠肺炎疫情再次成为“黑天鹅事件”。季琦则在“行业复兴计划”启动仪式上态度鲜明地表示：“情怀民宿、纯挂牌连锁、非市场因素驱动落地的楼堂馆所、浮夸铺张的匆忙入局者等四类酒店，大多熬不过这个寒冬。而与此相对应，只有当一些害虫被冻死，第二年的收成才会更好。”

“任何一个泡沫、危机，都应该是买东西的好机会，也是企业发展的好机会。别人怎么干你就怎么干，永远没有机会。”季琦总结道，“我跟很多投资人发生过碰撞，他们说我是赌徒型的，我却认为这是企业家精神；他们认为投资要安全、理性、可计算，我却认为创业本身就有很多不确定性，没有公式可循。”

商业世界中确实不存在什么可以通用的万能公式，但季琦在危机时刻敢于出手、勇于出手，则是企业家精神的表现之一，即承担风险和不确定性。

季琦发现，在世界酒店业历史上，于市场低谷“冒险”求胜，反而是“可靠”的策略。

1991 年 1 月海湾战争爆发，当时雅高酒店集团和索迪斯酒店集团在市场上激战正酣。战争对旅游业产生的影响，剧烈冲击了雅高的入住率，雅高的资金链开始出现问题。

当其他酒店集团纷纷裁员、关店以收缩阵线的时候，保罗·杜布吕和杰拉德·贝里松却认为这是一个新的发展机会，他们决定逆潮流投资，以当时只有 108 家门店的美居作为突破口，通过特许经营继续扩大规模，目标是在 2000 年前拥有 1 000 家特许经营的美居酒店。

当有人对两位创业者的思路提出质疑时，杜布吕很快回应道：“如果你有这种想法，说明你不是我们想要的人，应该另外给你找个相对四平八稳的差事。”

在正确决策的引领下，从 1992 年开始，美居品牌的酒店数量每年平均增长 21%。虽然“2000 年前拥有 1 000 家美居酒店”的目标并未实现，但雅高酒店集团成功地将美居酒店从 108 家增加到 749 家。这种增长势头一直持续到 2002 年，其时美居品牌酒店已经增加到 835 家。

海湾战争同样冲击了四季酒店的出租率和 RevPAR。但当整个行业跌落低谷时，四季酒店创始人、董事会主席伊萨多·夏普却顶着来自董事会、股东、合伙人和员工的压力，决定拿下丽晶酒店集团 15 处资产的控制权，这些资产大部分位于亚洲最好的地区，正好可以填补四季酒店在该区域的空白。

斯时正是日本泡沫经济崩溃之后，《远东经济评论》直言，现在进入亚洲市场不是一个好时机。加拿大皇家银行旗下的债券评级机构多美年（Dominion Bond Rating Service）更是对四季酒店的优先债务发出了警告。

可最终，1992 年，四季酒店在美国市场亏损了 410 万美元，在欧洲的收益补偿了一半多一点的损失，但凭借丽晶酒店 520 万美元的盈利，四季酒店顺利度过了历史上最糟糕的一年。

海湾战争吓退了不少酒店经营者，却成就了雅高和四季的传奇。面对 2008 年金融危机和 2020 年新冠肺炎疫情，季琦选择了积极进击，公司的快速发展是对季琦企业家精神的最好褒赏。

让汉庭像苹果那样“好”

大肆扩张的时候，是来不及精耕细作的，影响住客体验的事情并不少见。有一个阶段，汉庭的新店还没装修好，甚至在漏水、有霉点时就仓促开业。

当脚步放慢之后，季琦开始推动汉庭打磨产品。

酒店行业的产品是包括客房等“硬产品”和人员服务等“软产品”在内的一个整体，甚至前台人员的衣着、服务人员的态度、早餐的品质、Wi-Fi 的速度，都是这个整体中不可或缺的一环。

季琦曾经写过一篇文章，叫《酒店十宗罪》，列举了他心目中欠缺节制的酒店设施和服务。

季琦认为浴缸是典型的累赘：浴缸的边是斜的，容易让住客摔跤，有安全隐患；多人使用并与身体直接接触，消毒、水电需要很大的维护成本；商务酒店只有不到 10% 的人使用浴缸，度假酒店也只有 20%~30% 的人使用，使用率极低；好的浴缸要好几万元，造价过高。季琦还批判了那些特别大的酒店大堂和公共区域。

在创办汉庭的过程中，季琦是按照自己的标准来设计产品的。

不用地毯，因为地毯太贵，而且不容易打扫。严控造价成本的汉庭，也用不起实木地板，而是选用复合地板。但复合地板噪声太大，水滴上去之后容易变形。

汉庭后来选了一种波绒地毯，不怕滴水变形，不怕被烟头烫坏，地暖容易透上来，没有噪声，没有味道，价格也可以接受。

类似的独特方法，汉庭还使用了很多。

传统酒店以房间面积大小界定档次，但走经济型路线的汉庭支撑不了太大空间，于是就全力营造小空间的温馨与舒适。为马桶加上电热垫圈和自动清洗设备，在洗脸台上加化妆镜，用屏幕更大的电视，用各种设施提升住客的幸福感。

“汉庭的特色就是一个‘好’字，在每个细节上，我们总是比同行好上那么一点。”崇拜乔布斯的季琦，喜欢用苹果的产品来类比汉庭：服务更好一点，设计更漂亮一点，价格比同类产品稍微高一些。

双面荞麦枕的由来

季琦从用户体验角度出发，对细节高度关注。他认为酒店业是细节制胜的行业，是微若沙砾的细节在决定成败，汉庭对细节的追求要永不停止：床头多设置一个宽带接入口，住客冬天可以窝在被子里使用笔记本电脑；考虑到商务人士的颈椎问题，从一家五星级酒店的枕头得到启发，设计出一面是荞麦、一面是海绵的双面枕；还有申请了专利的汉庭卫生间——淋浴房和座厕合用一扇门，取消卫生间的隔断，看上去别致而通透，且平衡了花费在透明洗浴间上的成本……

在携程创业的时候，由于携程北京公司总经理王胜利和天伦王朝宾馆的关系很好，所以季琦出差经常住在天伦王朝。每次在天伦王朝，季琦都睡得特别好，第二天精神也非常好。后来仔细研究，他发现他们的枕头很特别。

季琦的颈椎不太好，天伦王朝大床房配置一个长长的荞麦枕头，睡上去和颈椎非常贴合，而且还可以改变形状，高矮也能调节。

第二天退房时，季琦想把枕头带走。最初的想法是打电话给王胜利，让酒店送一个新枕头。可那天因为赶飞机，季琦起得特别早，大早晨打电话给同事让他帮忙讨枕头，实在有点说不过去，季琦就厚着脸皮扛着枕头下楼去退房。到了前台，季琦主动“交代”，准备把这个枕头带回家。前台人员第一次碰到这样的客人，说要打电话询问收多少钱。折腾了好长时间，把季琦急坏了，生怕赶不上飞机。后来好歹弄清楚了，说要收 200 元。虽然觉得挺贵，但季琦顾不上更多，赶紧付钱了事，上车赶赴机场。

回家枕了这个枕头后，颈椎果然舒服很多，经常落枕的情况也没有发生，季琦后来就一直用荞麦枕头。

打磨汉庭产品的时候，考虑到许多客人经常使用电脑，大多颈椎不好，季琦就想起了那个荞麦枕头。他安排采购部询价，发现荞麦枕头的价格居然并不比当时采购的枕头高多少，于是他决定在汉庭推广这种枕头。后来有个供应商提出建议：可以一面做成荞麦枕芯，另一面选用普通枕芯，这样一来，不但成本下降，而且客人也多了一个选择。大家都觉得这个建议很好，汉庭的特色之一——双面荞麦枕就这样诞生了。

住客对这款枕头好评不断，季琦自己也喜欢将汉庭的双面荞麦枕作为礼品送人。后来有一次做客第一财经的《波士堂》节目，季琦大

汉庭的双面荞麦枕

说特说这款枕头的好，主持人曹启泰顺水推舟，请季琦“送”了一个枕头。

每个酒店人都必须是产品经理

汉庭的卫生间则是受到智选假日酒店（Holiday Inn Express）的启发而设计的。

有一次，季琦入住香港时代广场边上的智选假日酒店，发现卫生间的一门二用设计非常巧妙。将卫生间的门和淋浴房的门合用，既节约了一扇门，同时也不会破坏客人的隐私。据说这个设计是有专利的。

季琦查看了大量设计书籍寻找答案。在翻阅一本欧洲精品公寓设计书时，看到巴黎市中心的小型现代公寓的卫生间根本就没有墙壁分隔，洗脸台盆就在床的旁边，于是他有所顿悟。

季琦设计出淋浴房和卫生间合用一扇门的创意，而且还做到了高档宾馆才有的干湿分离。为了处理水汽和味道的问题，对排气扇做了加强，这样使开放式卫生间不会影响客房质量。

后来，汉庭也将经济型连锁酒店行业最有特色的卫生间申请了专利。

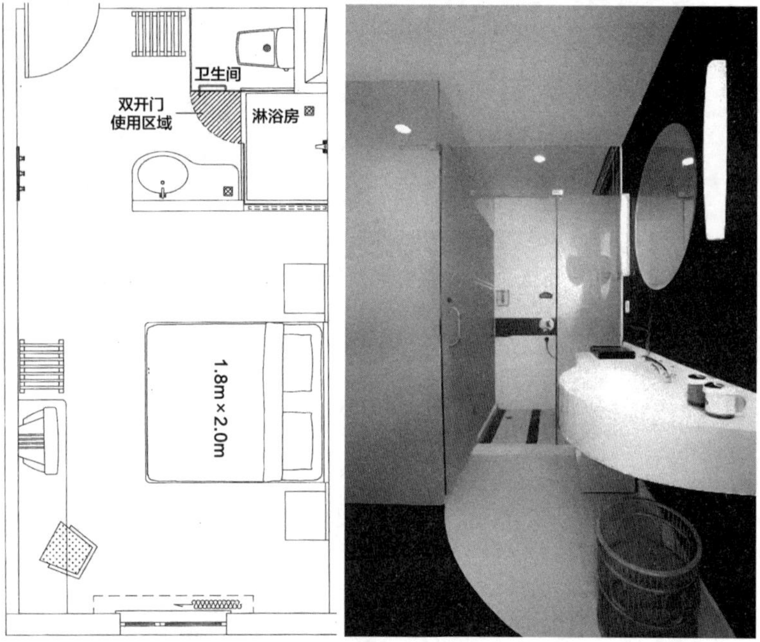

淋浴房和卫生间合用一扇门的设计

产品好不好，住客的体验是最精准的，每一个细节都疏忽不得。比如马桶的高度和前后长度，东方人和西方人用起来有差别，马桶太高了，得踮着脚上厕所。比如旅游住客需要大的衣柜，方便将各类衣服摊开，但商务住客需要的是一目了然，没有柜门的衣橱最合适，这样就不容易忘记。

季琦是学机器人专业的，所以他对技术系统的理解，从一开始就高屋建瓴。

创业初期，很多管理干部看到了人的力量，但单靠人是不够的。互联网时代，科技是杠杆，可以将人的主观能动性以惊人的倍数放大，折算成高效率，给客人更好的住店体验，形成汉庭品牌的优质口碑。

2007 年，季琦在一次会议中提问："是不是可以不查房就让客人退房？"所有的人，包括运营人员、大区经理，几乎都持反对意见。

2008 年，季琦实在憋不住了，再次提出要"零秒退房"。然后在武汉等全国 30 多个城市试点，从"金会员"开始，试行"零秒退房"。

后来，这成为汉庭会员权益中让人非常有自豪感的部分。汉庭早期的金卡会员常常会骄傲地说："我是汉庭的金会员！"

产品的重要性，怎么强调都不过分。产品实际上是商业模型在住客身上的落地，因此季琦一直强调，每个酒店人都必须是产品经理。从人性出发，用极客精神做好产品，让住客在体验过程中发自内心地喜欢和认同，从而形成迅速传播的口碑，进一步形成品牌，有了品牌才能连锁推广。

产品创新力折服加盟商

刘兰荣加盟汉庭的故事，完美印证了季琦的这套逻辑和路径。

2003 年，刘兰荣从国务院军转办转业军官培训中心出来，开始自己创业。到2006年，她已创办两家单体酒店，但经营吃力，业绩不理想。

刘兰荣找到一位携程的朋友，单刀直入地问："为什么那些连锁酒店能一家接一家地开？这是怎么做到的？"她迫切地想加盟一家连锁酒店，学习对方的运营和管理经验。

朋友建议："加盟汉庭吧，是季琦创办的，就是创立了携程和如家的季琦。"

出于对创始人的信任，2007年，刘兰荣加盟了第一家汉庭，自此开始了与汉庭酒店近14年的精诚合作，并像滚雪球一样不断加盟扩展，如今她已投资6家汉庭。

2007年的北京，奥运会的举办进入最后"冲刺"阶段，北京的经济型酒店也迎来黄金时代，刘兰荣新开张的汉庭门店赶上了这波大潮。

她时常看到，训练有素的店长在有条不紊地指导着店员协同分工。"他们特别有序，有贴标签的，有出去发宣传册的，有招聘服务员的，有打扫卫生的。我一个投资人站在那儿都不知道自己应该干什么。当时特别好奇，他们为什么干得那么带劲？是谁监督了他们？"

10年后，她在季琦写的《创始人手记》中找到了答案。"汉庭有内部排名，每一周、每一个月，排名垫底的员工当众剖析自己遇到的问题，其他员工会帮他一起寻找原因。找到原因后，继续铆足劲头往前冲。"这股冲劲，是同期单体酒店和其他连锁酒店的员工都难以比拟的。

加盟汉庭的十几年来，刘兰荣在创富的同时，每年为国家纳税几百万元，解决了许多下岗职工再就业的问题，并先后当选人大代表、工商联副主席等。

刘兰荣的两家老店，分别在2019年和2020年完成了2.7版本的升级。在她看来，汉庭的卓越竞争力不只表现为成本竞争力、管理竞争力、效率竞争力，还表现为喷薄而出的产品创新力。

原本门店可以在不停业的前提下分层改造，但刘兰荣却坚持停业改造。损失不可避免，但她想让客人享受更好的入住体验，不想把不完美的产品呈现在用户面前。

对刘兰荣来说，汉庭已经不仅仅是一门生意，更是一项终生事业。“做事业，就不能局限于眼前的这点得失。”

在冬天憧憬春的浪漫

一直以来，季琦对自己的要求，是创始人要深度沉浸于产品。汉庭过去所有的直营店，季琦都到现场看过。

汉庭在上海吴中路的门店，楼中间有个天井，结构相对复杂，排房特别困难。季琦创造了一种拐弯排房的方法，充分利用每处空间，把其中一个特别长的房间变成套房，在里面放了一张 2 米宽的床，替代了一般房间使用的 1.8 米宽的床。

后来，那个房间是整个门店中卖得最好的。

季琦说：“经济酒店行业，‘做’和‘做好’的差别很大。原来我就是‘做’，客人来了，能睡觉，能上网，也能洗澡，但是‘做好’就非常不容易。为整个酒店铺设无线网络，在床头设置网线，包括我设计的卫浴双开门，每一项成本投入都很大，但当这些细节累积起来，客人来了感觉肯定就会不一样。”

汉庭内部的调查显示，2007 年末、2008 年初是住客满意度最低的时候。回归汉庭的本质之后，住客满意度才逐步回升，并且后来在

老汉庭客房照片

行业内始终保持前列。

2007 年到 2010 年，在汉庭发展史上被定义为成熟期。十几年后的今天，季琦评价称："我们的转变非常及时，如果没有那一次转型，就没有汉庭的今天。"

2007 年 8 月 5 日，汉庭高层战略会议召开，主题叫"砸破枷锁"。2009 年 1 月 19 日，在新虹桥店举行的汉庭 2008 年年会上，季琦将主题词定为"信念"。

他感激危机将行业从浮躁中拉回，感谢最初一起创业的同事、后来加入汉庭的同事，尤其感谢那些勠力同心与他一同渡过了危机的团队成员——

曹娟，从昆山到苏州到上海到北京，毫无怨言地承担每一个需要的岗位，并且成功地突破了一个个困难。

地震发生后的徐皓淳和成都全体同人。

以艾春霞、王琦、荀玉莲等为代表的全体江苏优秀团队，取得了压倒性胜利。

许乐在金融危机的困难时刻，为公司争取到宝贵的大额银行贷款。

张拓、张敏成功地领导汉庭，果断应对危机，从而使汉庭顺利完成向专业化管理的创业型公司转型。

成军领导的开发团队成功实施了汉庭“占领中心城市”的战略。

朱芳骅、朱贺、华浩峰、芮习宁、张培根、田晨等许许多多杰出的“汉庭英雄”……

季琦在分享的最后，以一首诗——《在这个冬天》表达了对于未来的信念：

在这个冬天 / 我们不是祈求生存 / 而是 / 畅饮着肃杀死亡的肥沃。

在这个冬天 / 我们不是仰天叹息 / 而是 / 快乐地迎受漫天的雪花。

在这个冬天 / 我们不是猥琐地冬眠 / 而是 / 憧憬着春的浪漫，夏的狂野，秋的充实。

在这个冬天 / 如果有一个风向和我作对 / 那我就乘着那风 / 扬帆！

第三章

登陆纳斯达克

按季琦最初的规划，汉庭要在2009年实现上市目标。但2007年中国经济型连锁酒店行业的盲目扩张，以及随之而来的2008年金融危机引发的经济衰退，打乱了汉庭的发展节奏，甚至一度将汉庭推至危险的边缘。

悬崖勒马之后，季琦引领汉庭重新回归基本面：打磨产品，关注体验；引进人才，完善梯队；调整架构，重新布局。

美好的事情终会发生。2010年3月，汉庭成功登陆纳斯达克，季琦因为连续创立三家赴美上市公司而被誉为“创业教父”。2010年的上海世博会，更是助力汉庭业绩爆发式增长，一时镁光灯聚集，汉庭风光无限。

正是在这一阶段，季琦开始广泛阐发“中国服务”的概念：“过去30年，中国制造业造就了一大批富翁。未来30年，唱主角的一定是‘中国服务’。”

季琦说：“很多年前，我就在说中国服务。如果大家要问，下一

汉庭登陆纳斯达克

个创业机会在哪里？我可以非常自信地说，下一个创业机会在服务业，中国的服务业必将崛起。”

上市带来了成功光环，提升了品牌形象，但上市所产生的财富效应也意外地引发了团队内部的一场分歧。“不患寡而患不均”是一种普遍性的心理现象。季琦则意识到，企业的价值观和团队的价值观出了问题。

前所未有的加盟政策组合拳

汉庭在起步阶段，为了保持风格一致、品质一致、体验一致，主打的是直营店。

经济正常发展的时候，直营店的高营收、便于管理等优势发挥得淋漓尽致。但在金融风暴的冲击下，直营店需要大量资金投入，资金乏力的弊病暴露出来。

在集体跑马圈地的经济型连锁酒店行业，一家酒店的前期投入通常为 100 万 ~200 万元，收回成本往往需要三四年时间。如果以直营店为主，按当时流行的“千店”目标估算，意味着需要大量资金投入且流转周期极为漫长。

资金投入大，投资周期长，意味着企业抵抗风险的能力弱。但如果都是加盟店，酒店的质量又很难把控。这又是一道避不开的选择题。

季琦的选择，是以质量保证为前提，采取直营与加盟平衡发展的战略，通过特许管理加快发展。

之所以采取特许管理的方式，同样是基于季琦对中国国情的深刻认识。“国外的很多业主都是经过专业训练的，但中国的业主很少接受专业训练，只是把加盟做酒店当成一种投资方式，还有的业主嫌日常管理太过烦琐。在业主专业度不够的前提下，全面放开很容易出大问题，所以我们只做特许管理。”季琦说。

2007 年 5 月，汉庭开放特许管理的加盟方式。2007 年到 2009 年这三年，汉庭旗下逐步拥有 67 家、167 家和 236 家酒店。其中，特许管理酒店分别为 5 家、22 家和 63 家。显而易见，特许管理的比重越来越高，分别占到 8%、15% 和 36%。

值得注意的是，2009 年接连推出的加盟政策组合拳，意味着汉庭从主打直营转为大力发展加盟。

2009 年 3 月 26 日，汉庭酒店集团宣布出台全新捆绑式“零风险”加盟政策，品牌加盟费约 30 万元，管理费与加盟酒店实际经营业绩直接挂钩。

如果加盟店的经营业绩没能达到预期目标，汉庭将根据实际业绩按比例减免加盟管理费，直至不收取费用。反之，当业绩超出目标设定，汉庭将享有超额利润的分成。

10 月 11 日，汉庭酒店集团与渤海银行达成合作协议，渤海银行为汉庭品牌加盟商提供融资方面的帮助。

渤海银行当时已在天津、北京、太原、成都、济南、杭州、深圳、上海等全国主要城市设立分支机构。汉庭向渤海银行推荐与汉庭签订《特许管理合同》的加盟商，加盟政策规定所有的加盟店都由总部直接运营管理，汉庭并不提供任何形式的担保，银行的贷款审批也不会因此就放松政策。

2008 年汉庭第二轮融资的规模仅为 5 500 万美元，不但低于同期如家、7 天等竞争对手的融资额度，更远低于汉庭首轮 8 500 万美元的规模。

导致这种结果的首要原因，固然是金融风暴冲击之下的资金面紧张，但其实也有汉庭基于发展策略角度的考虑：汉庭准备调整经营策略，并不需要太多资金；即使公司需要资金，但投资人有投资回报周期的要求，公司不想承担过多的融资压力，希望在可控状态下发展。

现在回头来看，特许管理正是季琦和汉庭的重要战略选项。

2007 年到 2009 年这三年，汉庭收入分别为 2.5 亿元、8.1 亿元和 12.9 亿元。其中前两年分别亏损 1.1 亿元和 1.4 亿元，到 2009 年已经赢利 4 300 万元。

即便考虑到 2008 年和 2009 年的 2 700 万元及 8 000 万元负债，比起 7 天酒店集团上市时就要面对 2010 年 10 月到期的 8 000 万美元高级债券，以及 1.1 亿元短期和长期银行借款，汉庭在财务方面的压力并不算高。

创新加盟店管理

汉庭大力发展加盟业务，将加盟店作为直营店的有益补充，能扩大汉庭品牌的区域覆盖率，为公司评估新市场提供极有价值的运营信息，从而帮助公司以更少的资金拓展更大的市场份额。

对于加盟店，汉庭要求其店面的设计和装修必须与直营店保持一致，以确保产品质量及住客体验一致。哪怕在经济最低迷的时候，这一条规矩也是季琦绝不松口的底线。

“当时很多人争论，是不是要给加盟商打折？我们不打折。因为一打折，很多质量差、品质差的东西就会进来，最后损害的是住客体验，归根结底损害的是我们品牌的口碑。”季琦说，加盟店不是业主选择品牌的单向过程，而是品牌同时选择业主的双向过程，“我们会选择那些专业的理性投资者，而不是投机型的投资者”。

汉庭推出的是一站全包式加盟服务：任命并培训加盟店店长，店长负责招聘员工、日常运营，培训酒店员工以确保加盟店的高质量及一体化服务；为加盟店提供技术专家并为其提供供应商清单；为加盟商提供中心预订、销售与市场支持、质量监控、其他运营支持和信息。

加盟商主要负责酒店的装修和建设。加盟商需支付一次性加盟费，基于该加盟费，汉庭为加盟商提供酒店设计、建设、系统安装及人员招聘方面的帮助。

此外，加盟商承担的后续加盟与管理费用还包括：占每月收入5% 的持续管理服务费；每间房每晚通过中心预订系统预订的预订费；通过加盟店加入汉庭会员忠诚度计划的会员登记费；酒店经理月度服务外包费，该费用涵盖酒店经理工资、社保和其他零星费用支出。

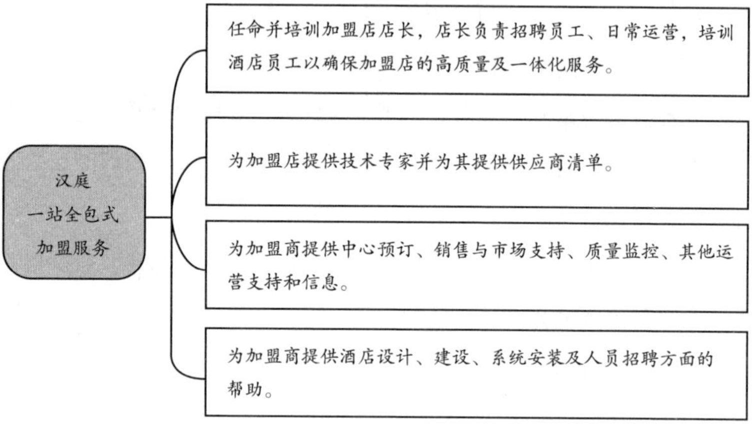

汉庭一站全包式加盟服务

新的加盟政策在市场上表现出了惊人的竞争力：截至 2009 年年底，汉庭正在建设中的 144 家门店中，有 123 家是特许管理的加盟店。

加盟店基本通过两种模式进入：一种是投资者自己拥有物业项目，主动申请加入，公司会评估物业的各项维度，从而确定它是否符合要求；另外一种则是公司派出地面开发人员主动出击，挑选公司想要的物业。

拓荒者“南沈挺、北朱贺”

现在担任开发南区首席发展官的沈挺、担任开发北区首席发展官的朱贺，都对当时开疆拓土的场景记忆犹新。

沈挺 2009 年 11 月加入汉庭的时候，开发团队只有四五个人。沈挺曾经做过化妆品、期货、服装面料、房地产等行业，他来面试的时候反问金辉：“公司想不想发展？公司收入最高的人是谁，收入为多少？”

之所以问这两个问题，沈挺有他自己的逻辑：第一个问题，因为自己做过很多行业，所以清楚地知道，如果公司没有发展意愿，个人就很难有什么大的成就，毕竟胳膊拧不过大腿；第二个问题，自己想找一个收入方面的追赶目标，一定要追上甚至超过他。

作为面试官的金辉碰到过形形色色的应聘者，但像沈挺这样的人并不多。描绘了公司的发展规划之后，金辉问：“你不想知道工资、福利待遇这些问题吗？”沈挺回答：“只要公司一直发展，总不会亏待我吧？”

沈挺原本觉得，自己在汉庭最多能待 3 年。没想到，汉庭为他提供了太多尝试的机会，加上自己的努力，如今沈挺已经工作到第 11 个年头。

沈挺特别喜欢钻研市场。2010 年前后，汉庭进入三、四线城市，经营效果却不好，他就一个城市一个城市地跑，找当地人聊天，后来发现了真正的原因——三、四线城市的消费习惯跟一线城市完全不同。“一线城市的顾客都是外来的，而三、四线城市百分之七八十的顾客都是本地人。”沈挺说，本地客源首先喜欢新的、刚开的酒店，他们愿意去尝鲜；其次喜欢豪华的感觉，他们觉得坐在雍容华贵的大堂里抽根烟，喝杯茶，都是一件很体面的事情。

这些不同的消费特点导致的结果就是三、四线城市的单体酒店生意非常好，而汉庭这种连锁化标准酒店，哪怕价格便宜，可如果消费者觉得不够档次，他们也不会选择。一句话，三、四线城市的消费者到酒店里去，不是为了住宿，而是为了面子。

为了加深团队对下沉市场的理解，2019 年 8 月，沈挺带着团队里的 20 多位成员，考察了河西走廊、豫北、苏北等三、四线城市密布的区域，让大家贴近市场、感受市场。

“三、四线城市酒店的 RevPAR，往往是第一年 100 元、第二年 90 元、第三年 80 元，逐年下降的。但汉庭的 RevPAR，却正好相反，都是第一年 80 元、第二年 90 元、第三年 100 元。”沈挺认为，只有理解了这些特点，在选择布点城市和布点区域的时候，汉庭才能更有方向感，避免走很多弯路。

汉庭确实没有亏待沈挺，而沈挺也随着公司的发展一路成长。

沈挺入职后接手杭州市场时，汉庭只有 8 家店，如今杭州已经有 250 多家店。沈挺则从个人单打独斗的开发，成为负责整个公司南区开发的首席发展官。

公司的快速发展，也让沈挺有了越来越多的自豪感和成就感。2018 年，他要去跟一家大国企谈一个合作项目，刚开始的时候，沈挺有点犹豫，觉得对方毕竟是大国企，自己是不是有点不自量力？

“我在做功课的时候发现，华住的市值早已突破 800 亿元人民币，而对方的市值只有 200 多亿元。我的信心一下子就上来了，我是代表华住来谈合作的，怕什么呢？”沈挺说。后来他是直接跟对方老总谈的，双方谈得非常顺利。

现在回想自己当初反问金辉的那两个问题，沈挺说，他早已找到了答案。“公司这些年的发展，给我以及每个像我这样的员工，提供了太多的机会，既包括职业发展的机会，也包括内部创业的机会。”沈挺说，这也正是他来了就没有离开的最主要原因。

朱贺曾在北京工作过，因为更喜欢上海，所以 2006 年 4 月 18 日选择入职汉庭。

刚入职一个多月，有一天，季琦问大家，谁对北京熟悉？朱贺凭着记忆，顺手在 A4 纸上画了一张北京地图，约略标注了二环、三环以及这个桥、那个门等城市地标。

没过几天，快到午饭时间了，季琦忽然打电话过来说中午要和他一起吃饭。丈二和尚摸不着头脑的朱贺，就这样在同事们艳羡的目光中，跟季琦吃了一顿不明所以的饭。吃完之后，季琦说："我想开拓北京市场，你去吧！"

就这样，逃离北京没多久，朱贺又孤身一人被外派了回来。

"我是北方区第一名员工，当时没地方住，就住在地下室里。"朱贺每天扫街，一周要看 70 多个项目，并一一记录在自己的工作报表上。

有一次，朱贺跟中国钢铁集团的物业业主约好谈事情，快到午饭时间了，就在路边买了两个馅饼、一瓶可乐坐在楼前吃。吃完香椿馅饼，白菜馅儿的刚咬了第一口，就被提前到达的业主看见。业主被朱贺的敬业精神和吃苦耐劳打动，也认可了汉庭的企业文化。最终，汉庭在北方区无一家门店的情况下，战胜了四十几家重量级对手，一举中标。

中国钢铁集团的领导后来把朱贺的故事作为典型案例讲给公司员工听，以至后来每次朱贺过去，很多钢铁集团的员工都会跟他打招呼。

这个项目，朱贺从 2006 年的 6 月跟到 9 月，直到 9 月 26 日才签好合同。之所以如此大费周折，是因为房租非常昂贵。其他酒店品牌报的价格都是每天每平方米 1.2 元、1.3 元这样的市场价，唯独朱贺报了远高于市场价的 1.6 元。

回到公司上会内审，大家都觉得这个价格太高了，不同意。着急上火的朱贺直接拉着季琦去了北京两次。每去一次，季琦对这处物业的认可度就增加一分。后来经过综合评估，公司终于批准了这个项目。

这是汉庭在北方区的第一家门店，成为公司开拓北方市场的根据地。后来汉庭所有的北方领导，都是从这家门店走出去的。

从第一家店开始，朱贺后来还负责东北、内蒙古、山东等地的开发，为汉庭在北方开疆拓土立下了汗马功劳。如今，朱贺是负责整个公司北区开发的首席发展官。

正是有了一批像“南沈挺、北朱贺”这样的拓荒者，季琦和汉庭管理团队的构想才得以在每一座城市落地。

整个团队身上这种不惧挑战、迎难而上的狼性精神，引领汉庭迅速走出金融风暴导致的行业低迷状态，展现出令人耳目一新的王者气象。

向美国证券交易委员会递交 IPO 申请

悬崖勒马之后，汉庭重整旗鼓，回归正常发展节奏。

第 41 届世界博览会即将在上海举行，官方预计的前所未有的大流量，以及民间对世博会的热情，通过酒店预订等方式火爆地传递出来。以上海为大本营的汉庭，是世博会的直接受益者之一，资本市场对酒店行业的关注和逐渐变暖的天气一样，日益升温。

经过金融危机的延宕，季琦在创业之初就规划好的上市，终于姗姗而来。

2010 年 3 月 5 日，汉庭连锁酒店集团向美国证券交易委员会递交了 IPO（首次公开募股）申请书，准备登陆纳斯达克。公司计划以每股 10.25~12.25 美元的价格，发行约 900 万股美国存托股票，预计融资额逾 1 亿美元，上市代号为 HTHT。

敏感的投资者很快就在招股说明书中发现了一个关键数字：62.67%。2019 年 11 月上市的 7 天酒店创始人何伯权和郑南雁总计持股 48.7%，但在汉庭，仅季琦一人的持股比例就高达 62.67%。

季琦对汉庭拥有决定性的话语权和决策权，并在创新产品、开拓市场方面会发挥更大的影响力。

更重要的是，在金融危机引发的经济衰退处于最低谷的时候，季琦坚持投入自己的全部身家，这才保证了他的大股东地位，并赢得了风险投资的跟进。这也印证了此前季琦在多个场合说过的“汉庭是我一辈子的事业”并非虚言妄语。

季琦在企业治理方面有建立在丰富实践经验之上的深刻思考：“所有的企业，根子上都是股权结构。VC、PE（私募股权投资）股份占 70% 的公司和创始人股份占 70% 的公司，在许多根本性问题上是不一样的。”

“有什么样的股东，就会有什么样的董事会，而管理层就是执行董事会决策的。相应地，公司的战略、经营目标、价值观和文化，也是和股东意志呼应的。”因此季琦认为，“一个理想的优秀企业，应该有一个压舱的大股东，结合专业管理，方能强大、持久和稳定。一个没有灵魂和理想的企业，只会变成冰冷的赚钱机器和造富工具”。

在准备上市的过程中，让季琦印象深刻的是繁重紧张的路演。

汉庭的路演先从香港开始，两天路演从早到晚都排满了会议。到美国后，从纽约、华盛顿、波士顿、芝加哥、堪萨斯、丹佛、洛杉矶再经旧金山回到纽约，大约 8 天的行程，汉庭团队每天从早上 6 点到下午 5 点，基本都在跟投资者会谈。而且每次内容基本一样，每天有七八场一对一的介绍会，总共六七十场。

一开始是时任 CEO 张拓和 CFO 张敏讲，他们英文很好，可以直接跟海外投资者沟通。有人向季琦提问的时候，季琦就用中文回答，张拓、张敏会帮忙翻译。相同的内容要重复上百遍，没有一定毅力和精神很难坚持。

投资者关心的问题主要集中在“你们和如家、7 天有什么差别”“携程为什么入股”“为什么连续创业”等方面。到最后，已经没有什么挑战性的问题来振奋精神了，加上人困马乏，再有投资者向季琦提问，张拓、张敏就直接代为回答了。

一荣俱荣、一损俱损的“耦合效应”，是季琦和汉庭管理团队在路演过程中的深刻感受。投资者看好的是中国高速增长的消费市场，你要说如家、7 天不好，那自己也好不到哪儿去。

季琦和汉庭管理团队不断告诉投资人：“如家、7 天是很好，但汉庭跟它们不一样，有自己独特的竞争优势。”

纳斯达克高光时刻

不过，当时的外部环境并不乐观。

一方面，美国股市行情不是很稳定。另一方面，针对即将上市的汉庭，《华尔街日报》发表文章称，中国政策紧缩影响酒店未来发展，中国经济型酒店正陷入“供过于求”的困境。

从来不关注股市日常涨跌的季琦，路演期间也开始每天关注如家股价走势。“如家股价一跌，我就心情紧张。”烦躁的时候，季琦只能靠听莫扎特的钢琴协奏曲缓解压力。

幸运的是，随着路演接近尾声，如家、7 天在纳斯达克的股价走势也由跌转涨。而季琦和汉庭管理团队的辛苦付出也得到了很好的回报：在香港的第一天下午，就得到了一个2 000万美元且没有上限的订单；在一次视频会议上，一个早期就对汉庭有所了解的投资者，马上下了一个5 000万美元的订单；一对一的投资会转化率在80%左右，获得了十几倍的机构投资者认购金额，加上零售，有超过20倍的超额认购，使汉庭最后得以在估值上限定价。

2010年3月26日，季琦在美国纽约敲响了纳斯达克的开市钟，成立仅5年的汉庭，迅速登陆海外资本市场。

汉庭在纳斯达克上市

此次汉庭的承销商队伍颇为豪华，华尔街著名投行高盛和摩根士丹利同时担任此次发行的联席账簿管理人，奥本海默为副承销商。

投行是整个上市过程中最重要的中介机构，行业内通常将选投行称为“选美”，但季琦和汉庭在选择投行的时候，并不觉得这种“选美”有何浪漫可言。

季琦特地留在香港，和各家投行的董事总经理接触之后，最终选定高盛和摩根士丹利。

“在金融危机中，这两家投行受到的影响最小。高盛在美国住宿行业很有经验，曾经做过希尔顿的私有化，凯悦上市也是他们做的。而摩根士丹利在亚洲的团队给我留下了深刻印象，据说它是做过上市公司最多的一家。”季琦说。

路演的整个过程，证明这是一个非常正确的选择。

季琦说：“在美国接触的一些高盛销售代表素质很高，队伍很整齐；摩根士丹利的整个团队很强，每一个细节都处理得很不错。它们两家合作，让我们几乎见到了所有的重要投资者，这些投资者的拥护对汉庭的成功发行很有帮助。”

投资者对汉庭给予了足够的信任与支持，汉庭不仅发行时得以在估值上限定价，上市首日的表现也堪称完美：收于 13.92 美元，比发行价 12.25 美元上涨了 13.63%，汉庭市值超过 8 亿美元。

“汉庭 IPO 引起投资机构的极大兴趣，路演时一路受追捧，市场认购数量达到预期的几十倍。”IDG 合伙人熊晓鸽认为，“过去几年，中国酒店业一直保持着令全球惊叹的增长势头，这一行业正伴随中国经济的发展而持续升温。”

连续创办携程、如家、汉庭三家纳斯达克上市公司，季琦的成功心得是：“十年做了三家企业，能够这么顺利、这么幸运，第一要感谢党、感谢国家。这是真心话，我们是毛，国家是皮，正因为中国经济发展这么快、中国社会这么稳定，才让我们有机会做点事儿。第二，资本市场对我们帮助非常大，没有这个支持我就不可能在十年之内创办三家企业，而且规模都比较大。第三，专注。我在某一段时间之内非常专注，非常专一，不花心，我投入得可以住地下室。”

携程和如家上市的时候，季琦都没有到现场敲钟，这次汉庭登陆纳斯达克，季琦带了 CEO 张拓、CFO 张敏、CDO（首席发展官）成军、投资人吴炯等一起，到现场敲钟。

在纽约乍暖还寒的初春，大家兴奋而激动地欢呼着、跳跃着，在“世界的十字路口”纽约曼哈顿时代广场大屏前摆各种造型，抓起能找到的啤酒、葡萄酒和可乐干杯。

上市并非汉庭的终极目标

因为金融风暴的意外影响，最初帮助汉庭运作上市的团队已经更换过两次。2010 年好不容易上市成功，原本是件非常值得高兴的事情，却没想到团队中正暗流涌动。

普通员工觉得，工资没涨，奖金没多，上市和我有什么关系？级别较高的员工觉得，为什么别人拿到的期权比我多？合作伙伴觉得，连个纪念品都没有，我们就不配享受点滴回报吗？大家还普遍觉得，公司都上市了，是不是可以放松一下，不用像以前那样拼命了？

团队的创业激情消失了，取而代之的是失望和怨气。特别是后来汉庭股票四股合一股的时候，这些问题暴露得更加明显。季琦从美国打电话给王晨说：“我太兴奋了，我们终于上市了。”王晨回答说：“可我一点都不兴奋，股票打了那么多折扣。”

季琦意识到了问题的严重性。从美国一回来，他就召集分到了股票和期权的 50 多位团队成员开会。他一个人站在讲台上，毫不客气地开骂：“你们不是不满意吗？不满意的人给我站起来，现在就走！”

王晨曾在电话中对季琦表露过不满情绪，他暗自思忖：“季琦这话是不是冲着我来的？”后来想想觉得不对，难道只有我王晨一个人不开心吗？估计不是，肯定还有很多人不开心。

“当时我要是站起来，走了也就走了。可仔细想一下，觉得那好像不是我的本意。”王晨决定看看季琦葫芦里到底卖的什么药。

发泄过自己的情绪之后，季琦开始苦口婆心地跟大家科普起来：企业为什么要上市？上市有哪些好处？如何看待期权？上市对企业来说意味着什么？

——现代企业做到一定程度，上市是一个自然的步骤，主要目的是出让一部分公司股票给其他人，通过资本市场获得所需要的资金，解决竞争和市场占有率等问题。出让给少数机构叫“私募”，出让给大众叫“上市”。对于一家企业来说，上市需要付出很高的成本。除了一次性的投行、律师、审计等费用外，更多的是企业信息披露和合规，这些无形的成本比有形的金钱更加昂贵。

——上市只是我们通向目标道路上的一个里程碑。就像张拓说的，我们开车去北京，开了 3 个小时到达南京，是件很自然的事情。我们不仅要开到北京，还要开到欧洲，开到美国，开遍全球。上市只是公司的一个重要项目，外面人看似热闹，其实都是水到渠成的事情，并不是企业成功的标志，也不能证明企业的优秀卓越。

——中国目前在服务业出现的机会，是全球范围内千载难逢的好窗口。汉庭目前的发展速度和资金积累程度不足以跟上市场的发展速度，更不足以支撑我们远大的理想，必须通过上市打开国际资本通道，建立国际资本平台，才能实现我们的目标。我们不知道未来会发生什么，再一次金融危机？经济衰退？宏观调控的硬着陆？而那个时候往往是行业的整合期，如果没有这个资本渠道，汉庭虽然不会成为被整合的对象，但决计没有机会成为整合者。

——锦江之星、如家、7天三家经济型酒店都已经上市。如果汉庭不上市，客户、员工、加盟商、业主等对我们的感觉会不一样。说不定很多人会觉得汉庭做得不够好，上不了市呢。虽然不是因为竞争对手才上市，但上市对品牌确实是有好处的，尤其是在一个充分竞争的市场环境下。另外，上市还为VC、PE提供了退出机制，也为公司的期权激励找到了市场出口。

——上市会稀释股份，会带来更多的监管和披露，也会产生一定的额外费用，所有这些，都是为了实现我们的远大理想而不得不付出的代价和成本。牺牲小的、短期的利益，换取大的、长远的机会，应该是必须做和值得做的。上市带来的监管和透明度的增加，可以加强公司治理的规范化，让汉庭真正成为一家达到国际化水准的企业。

——公司除了给各位干部市场化的薪酬以外，最有价值的“报酬”是机会和发展。有些同事从前台做到店长，有些同事从店长做到区域经理，很多外企过来的同事从一个执行者变成了一个领导者和创造者。期权是对风险的补偿，期权是对奉献的奖赏，期权是企业成长的分享，期权是意外和惊喜，不是保证和承诺，更不是贪婪和欲望。

——在欢欣鼓舞的上市时刻，你们的未来充满了希望，你们的前途一片光明，你们有没有想到我们最广大的员工？有没有想到我们的客户？有没有想到我们的伙伴？上市给他们带来了什么呢？其实上市对于我们来说，是担子更重了，责任更大了。

“创立之初，汉庭并不像大多数初创企业那样，将上市作为企业终极目标，也不是为了追逐财富梦想，而是为了实现理想和抱负，是要建立一个持久的、卓越的企业，要成为全球酒店业的冠军。”讲到动情处，季琦不由得再次提高了语调，“如果有人还抱怨我们的股票是四股换一股，抱怨自己期权太少，抱怨自己的期权不值钱，抱怨天，抱怨地，那就让他见鬼去吧！这样的人永远生活在自己营造的不幸之中，被时代和潮流抛弃也是必然的！”

坐在台下的王晨，听着季琦这番话，慢慢从“心怀不忿”变成了如芒在背。“我开始思考自己来汉庭的初心，思考当初为什么愿意从如家出来，思考自己是否就定格在上市这一刻不用顾及未来了。”王晨说，当时台下一片寂静，没有一个人站起来离开，没有一点其他声音，“大家应该都在默默反思。”

季琦唯恐团队无法从机会主义的创业心态，转变为永续经营、做百年老店的心态，他又专门写了一篇叫《上市与期权》的文章，全面阐述自己对上市的思考。文中，季琦引用了一段毛泽东在解放战争取得全国胜利前夕告诫全党的讲话：

> 因为胜利，党内的骄傲情绪，以功臣自居的情绪，停顿起来不求进步的情绪，贪图享乐不愿再过艰苦生活的情绪，可能生长。……夺取全国胜利，这只是万里长征走完了第一步。如果这一步也值得骄傲，那是比较渺小的，更值得骄傲的还在后头。在过了几十年之后来看中国人民民主革命的胜利，就会使人们感觉那好像只是一出长剧的一个短小的序幕。剧是必须从序幕开始的，但序幕还不是高潮。中国的革命是伟大的，但革命以后的路程更长，工作更伟大，更艰苦。这一点现在就必须向党内讲明白，务必使同志们继续地保持谦虚、谨慎、不骄、不躁的作风，务必使同志们继续地保持艰苦奋斗的作风。（《在中国共产党第七届中央委员会第二次全体会议上的报告》，人民出版社，1967 年）

清醒认识大型活动的两面性

2010年5月1日至10月31日，第41届世界博览会在上海举行。经济腾飞、社会稳定的中国，综合国力显著增强，是世界上经济发展最快和增长潜力最大的国家之一。持续184天的上海世博会，共吸引了200个国家和地区及45个国际组织参加，累计参观总人次为7 308.44万，其中单日最高峰为10月16日的103.28万人次。

庞大的人流极大地拉动了酒店经营业绩。平均房价在世博会的带动下大幅提升，出租率保持在高位，RevPAR大幅提升，上海周边城市的经营业绩向好……2010年8月3日在南京举行的半年会上，张拓展示了一系列数据，显示世博会对汉庭连锁酒店的经营助益良多。

如同投资界的神话沃伦·巴菲特说的那样："在别人恐惧的时候贪婪，在别人贪婪的时候恐惧。"面对整个行业"抢钱"一样的业绩大跃进，季琦在一次与网友进行线上互动的时候，表达了他的担心与忧虑："奥运会、世博会等大型活动看上去是很美的，同时也能带动整个产业的发展，包括酒店上市公司、旅游上市公司、餐饮上市公司等。但是对我们这些产业经营者来说，大型活动在局部地区产生的作用，可能反而是不好的。"

季琦分析说，奥运会、世博会等大型活动要举行，大量的投资来自政府也好，投资商也好，使地价、租金大幅度上涨，反而加大了产业经营者的负担。

季琦以洛杉矶奥运会、巴塞罗那奥运会、悉尼奥运会为例，警告称："国际上，通常在大型活动之后，东道主城市的住宿、旅游设施远远供过于求，这意味着活动结束之后，整体经营状况不可避免会大跳水。如何把握好这个度，对我们来说是一个巨大的挑战。"

果然，世博会一结束，整个酒店行业的业绩像自由落体一样大幅下降。

覆巢之下，汉庭自然不能幸免。2011 年全年和 2012 年第一季度，汉庭都出现了季度性亏损，其中有几个月，汉庭股价甚至跌破了发行价。

“2008 年到 2010 年，汉庭在上海大量开店，当时是为了迎接世博会。但在世博会还没有举办之前，老季就明确告诉我们，世博会之后整个市场会明显回落，因此他很早就在布局‘后世博’了。”徐皓淳记得，当时季琦从江苏、浙江等地的团队中，抽调了一部分精英骨干，由他领衔，重新组建了一个团队。这个团队的任务，就是攻坚后世博危机。

决战后世博的汉庭精英

王琦正是被抽调的人员之一。

2010 年 12 月，王琦从无锡来到上海，和徐皓淳一起战斗。在汉庭程家桥店的一间客房里，徐皓淳展开一张上海地图，上面用红绿黄等不同颜色的水笔标出了当时所有汉庭门店的位置。

当时汉庭的房间里用的是 7 瓦的节能灯。那款节能灯在取电卡插上去的一刹那，发出的灯光是不怎么亮的，得过一会儿才慢慢变亮。徐皓淳等不及节能灯完全亮起来，就顺着地图开始布置任务。徐皓淳很容易出汗，大冬天里，他额头上的汗珠在节能灯下一闪一闪的。

王琦被安排去接管静延“战区”，也就是静安和延安板块。那边的店面全是大房量，其中有一家非常令人头疼的堡垒店，叫瑞丰公寓。这家店房间面积很小，总房量却有400多间，因为年代已久，里面经常会看到老鼠、虫子。

来不及害怕，王琦一头扎了进去，带着小伙伴们从最基础的卫生做起，在街头派发单页，培训大家接待规范、如何与客人沟通等。

“我这个人就是这种性格，你越是信任我，越是给我压力，不但不会打倒我，反而让我越有挑战的欲望，更想去做好它。在整个公司，这样的人很多，这就叫物以类聚、人以群分。”王琦说。

现在担任汉庭品牌上海分公司大区经理的许雁，也是王琦所说的“这样的人”之一。

许雁当时是拥有200多间客房的汉庭新虹桥店店长。她接任的时候，刚刚离职的前任店长和店长助理带走了一批人，没有什么员工，她就自己把酒店的每个岗位都做了个遍，在维持日常运营的同时，说服带教留下来的老员工，然后不断招聘新的人员进来。

平时，许雁都是跟员工在店里一起吃工作餐。在她看来，这是一个非常好的跟员工深入交流沟通的机会。

做事细腻的许雁经常能从工作餐中发现很多问题。她说：“其实每个人的行为都是他思想的反映。就拿吃工作餐这件事情来说，有的人不愿意吃，会找出很多借口来，而这些借口往往就是问题所在。”比如，有的人会说自己不饿。许雁对此的解读是，这个员工要么是工作量不足，要么就是嫌弃这些饭。她说：“如果忙活了大半天，我们的工作量那么大，不可能不饿。而对于那些嫌弃工作餐的，就要仔细考察了，他也许跟团队不太融合，也许他的价值观跟我们的价值观不太一致。”

在许雁的持续努力下，团队的干劲很快提升，新虹桥店的经营也迅速转好。

有一天，上海下大雨，大堂有些地方积了不少水，许雁到店里的时候已经有员工在用水盆往外舀水了。许雁赶紧脱了鞋子，一起去舀。陆续到店的其他员工，有的帮着往外运水，有的帮着退房的客人提行李以免沾湿，很快就清理干净了。

“后来我们算了一下，那次被淹，整个店损失了不到5 000元。如果不是员工把门店当成自己家来照看，是不可能发挥这些主观能动性的。”许雁说。

差不多同一时间段，2009年加入汉庭的孙媚，被安排接管位于上海浦东杨高中路和芳甸路路口的一家有234间客房的大店。这家店各方面的设施都比较旧，差不多一半明房一半暗房。除了面对住客量大幅下降的挑战，刚刚上任店长的孙媚要面对的最大难题是，要带领前任店长留下的士气低落、人心不齐的团队。

孙媚说：“我是东北人，做事比较直接，有时候也比较急躁。当时我就想，店里生意那么差，不想着赶紧把生意做上去，瞎折腾什么呢？”

孙媚布置任务，发现没人配合。她这才回过头来开始找问题，花时间做了大量的培训，把八位前台人员分组，进行情景模拟，她自己也参与进去，演练怎么卖会员卡。慢慢地，大家发现这个新店长心直口快，一门心思想着干事而不是搞人，逐渐开始配合她的工作。

孙媚带着大家扫楼签协议，周末一起聚会吃饭聊天。她每天都是早上8点到店里，晚上10点之后离开。大概三个月之后，那家店的生意开始明显好转起来。

世博会后接管苏州门店的荀玉莲发现，苏州的门店面临的后世博危机一点也不比上海的门店小。

当时苏州有10多家店，荀玉莲带着团队，一家店一家店分析，找出问题到底在哪里，然后逐步改进。荀玉莲印象最深的，是苏州人民桥下面有家门店，最初是加盟店，但后来业绩不好，做不下去了，转给汉庭做直营店。荀玉莲第一次去的时候，开车走了好几个来回，愣是没找到店在哪里。后来才发现，店在桥下面，车子没法直接开进去，必须过了桥掉个头再绕回去。

“我就找到店长，跟他说，你不要埋怨住客少，人家连店都找不到，谁会来住呢？”荀玉莲给店长下了死命令，必须在桥上显眼的地方挂上店招，只有让所有的车子能够看到你，才有可能把住客引进来。

费了很多周折挂好店招，荀玉莲又教前台改变话术，如何给住客最方便的指引。“通过一系列方法，后来这家店的业绩有了非常大的改观和提升。”

经过公司上下差不多一年的努力，到2011年下半年的时候，汉庭连锁酒店的生意开始重回正轨。

力倡“中国服务”概念

汉庭在美国上市造成的轰动，是中国消费市场备受全球投资人瞩目的一个缩影。

季琦敏感地意识到了这一点，他在汉庭上市前后，结合自己一路从美国到中国香港、台北，又到日本，最后回到上海的感受，再次重复了自己很多年前就提出的“中国服务”概念，并在多个场合加以阐述。

在美国，季琦入住的都是顶级豪华酒店，服务不会有什么问题，规范、礼貌、中规中矩，却让人感觉不到那种发自内心的热情和亲切。

中国的香港和台北都有非常发达的华人社区，季琦入住的也都是城市里最好的几家酒店。香港香格里拉酒店的热情迎宾，台北一家不太著名的酒店的服务，让季琦体验到了人文感和温馨感。

而日本温泉旅馆的极致服务则让季琦感触最深。住客可以自由选择是在房间用餐，还是到餐厅用餐。如果在房间用餐，会有个老妈妈在旁伺候，客人不用挪动，一道道精美的日本佳肴就被送到面前。酒店知道客人是外籍人士后，会专门安排语言相通的服务员，甚至是跟外籍人士同一国籍的服务员。季琦印象最深的一幕是，“我们离开的时候，店长、给我服务的老妈妈、中国籍服务员，一起站在店门口鞠躬送行，确实像传说中那样，直到看不见客人了才离去”。

季琦深切感受到，如果能将香港的门童、台北的前台和日本温泉旅馆的极致服务结合起来，必定能打造出极具东方特色的“中国服务”。他说：“虽说汉庭在行业内赢得了‘最好客’的口碑，就连客房阿姨也会主动问好，但跟这些豪华酒店相比还有距离，它们的这种服务精神值得经济型酒店从业者们学习借鉴。”

听说汉庭是季琦第三次参与创业并在纳斯达克上市的企业，纳斯达克的CEO觉得他非常了不起。他十分肯定地说，季琦是纳斯达克历史上的第一人。

上市仪式上，一般人会感谢爸爸、妈妈、老婆，但季琦说，他第一要感谢祖国，第二要感谢毛主席。

“为什么？首先我们是在中国，在现在的中国。早一点不行，再早一点要搞革命，不能创业；晚一点不行，再晚一点机会少了，发展就没这么快了。所以我第一感谢祖国，如果中国没有邓小平的改革开放政策，我相信就没有在座各位创业的机会。所以说第一要感谢祖国，你在俄罗斯，在希腊，甚至在美国，都没有这样的机会。

“第二为什么感谢毛主席？中国有目前全球最大的人口基数，我们做的生意都跟这一群人有关，如果没有毛主席，如果没有这样的人口红利，不可能孕育出我们这样的公司，更不可能这么快就把这些公司做起来。”

季琦认为，中国式创新更多是继承式创新，借鉴欧美发达国家的商业模式，结合中国具体情况进行改造和应用。

在中国，过去的成功模式无非两种，一种是低成本的“中国制造”，另外一种是对传统服务业进行改造，将其升级为现代服务业，其中电子商务、先进管理、市场化机制都是升级的常用手段。

过去30年，中国制造业造就了一大批富翁，帮助政府解决了部分就业问题，创造了大量税收和外汇收入。但随着消费升级和审美提升日渐成为主流，单纯依靠土地、劳动力成本等低技术附加值的制造业，各种弊病暴露无遗。“中国制造”已经到达成长曲线的拐点，继续往上走的动能不足。

季琦预言：“未来30年，‘中国服务’会取代‘中国制造’，成为中国经济增长的主要引擎。如果大家要问，下一个创业机会在哪里，我可以非常自信地跟大家说，下一个创业机会在服务业，中国的服务业必将崛起。13亿中国人中一半左右的人收入逐步提高，为这些人提供衣、食、住、行、娱乐等增值服务，会成为未来中国服务业的主体。”

大市场造就大公司

汉庭的发展路径，在季琦的描述中逐渐清晰。“像我们汉庭这样的企业，未来的规模是大概有 10 000 家门店，目前国际上比较有实力的企业有 3 000~6 000 家门店，而真正算得上合格门店的有 4 000 家左右。”

“它们在发展，我们也在发展。我们 2010 年一年开业了 200 家酒店，这个速度跟排名全球前五的雅高集团一样。我们的速度还会提升，去年开了 200 家店，今年开 250 家，当然后年会更快。这样的发展速度，在其他地方是不可能达到的，甚至是不可想象的。”季琦当时说。

季琦形象地用了老母鸡和小公鸡的比喻说：国际上的大酒店集团是老母鸡，已经很难再长，能坚持下蛋就很好了；我们是小公鸡，吃得好，长得快，很快就能超过老母鸡。季琦说：“中国大概有 5 亿多城市人群，这些人群会支撑一些世界级的企业。随着中产阶层的崛起和服务企业的做大，许多世界级的企业会在中国诞生，而这些企业我觉得大部分会在服务业。”

季琦表示，在先进服务业，中国企业可以借助本土市场规模优势，获取包括国际资本在内的投资，风险投资、私募基金会越来越集中到这些领域，中国服务类企业在全球资本市场上的 IPO 也会越来越多。

对于中国企业如何与国际同行竞争，季琦有自己明确的观点：“我们可以利用对本土消费者的理解，抵御国际竞争者在品牌、资金等方面的先发优势。在服务和产品内容方面，做好对中国传统文化艺术的重新领悟与运用，融合现代的艺术审美与生活要素，必然是提升我们竞争力的重要部分。”

后来全季的异军突起，正是基于季琦的上述判断。而全季的大获成功，又反过来验证了季琦对中国消费市场的敏锐嗅觉和前瞻判断。

在某种意义上，季琦描绘的已经不仅仅是汉庭一家企业的发展蓝图，他从五个方面解析了处于高速发展期的中国，如何为大众提供了实现“中国梦”的机会。

第一，很多产业尤其是服务业，长期被体制和政策禁锢，跟不上市场的需求。现在等于是在开天辟地，产业整合和发展潜力巨大。

第二，经济的长期高速发展，带动了强劲的需求，而需求推动着市场和企业，制造业供过于求，服务业的情况却是需求远远得不到满足。

第三，政府的鼓励和推动，在招商方面不遗余力，在税收、土地、资金等方面大力支持。

第四，资本市场推波助澜，一个个 IPO 的财富故事，就是一个个“让一部分人先富起来”的生动样板。

第五，庞大的人口基数造就了全球最大的消费市场，最大的消费市场必然孕育全球最大规模的企业。

“中国服务企业必定会走向国外，至于实现的方式，未必是自己到国外去开店，也可以通过并购的方式进行。”“中国的高速成长，一定会在资本市场上通过高 PE（市盈率）体现出来。加上世界级的企业规模，中国企业未来并购欧美发达国家的企业会变得越来越轻松，实现的可能性越来越大，成功的案例也会越来越多。”季琦 2010 年、2011 年前后的这些判断，都在后来一一应验。

从 2010 年立足中国市场的远大前景到美国纳斯达克上市，到 2020 年并购 DH（Deutsche Hospitality，德意志酒店集团）开启国际化新征程，季琦和他的团队创造了一个又一个纪录。

这 10 年间，中国的经济总量从 40 万亿元发展到 100 万亿元左右。

水大鱼大，大市场造就大公司，2010 年中国进入《财富》世界 500 强的企业为 54 家，2020 年已有 133 家，超过美国的 121 家。

回望这个波澜壮阔的时代，你就会明白，季琦对时代和国家的感恩绝非矫情。

第四章

二次创业之路

汉庭上市后的开心，仅仅维持了很短时间。如何用持续增长的业绩回报投资者，成为季琦的新压力。

巴菲特的老师格雷厄姆曾说："股票市场，短期看是投票机，长期看是称重机。"

季琦希望汉庭的市场价值能够长期平稳地增长，至于短期的涨涨跌跌则不必在意。

"股票都分完了，期权也分完了，汉庭融了这么多钱，怎么让这些钱生出更多的钱来？"季琦开始琢磨汉庭新的发展规划。他感到"如履薄冰"。

2012 年，在上海佘山一间仅能容纳不到 10 人的小会议室里，几名汉庭的核心管理人员提出了一个决定日后公司发展方向的关键问题：汉庭要不要发展多品牌？对这个问题的回答，将直接影响汉庭接下来的发展战略。

2012 年 11 月 20 日，汉庭酒店集团正式更名为华住酒店集团。

华住是“中华住宿”的简写，简简单单两个字，蕴含了一个伟大的愿景：成为代言中华住宿业的世界级酒店集团。

从汉庭创立之初季琦就一直非常看重的会员体系搭建，在这一阶段开始加速。各种异业合作的广泛开展，助推会员数量爆发式增长。

基于对雅高等国际酒店集团的深入学习，季琦不断提出更高的战略目标，“取法乎上”，引领企业向前发展。

立足于广阔的中国市场，季琦明确提出，要先迅速做大，再逐渐做强。在汉庭打下的坚实创业基础上，华住开始孕育更多的创新可能性。

在世界酒店业旖旎多彩的舞台上，独具东方风情的华住故事粉墨登场。

星巴克为什么要“重新学做咖啡”

街的这头有一家汉庭酒店，街的另一头又有一个开店的位置，汉庭开还是不开？

对于这个问题，季琦的回答斩钉截铁：“开，必须开！汉庭不开别人就会开。如果一次又一次失去这样的机会，汉庭就会逐步丧失市场占有率，慢慢被边缘化。”

但恰恰在这个问题上，原来的汉庭管理团队选择“不开”，因为顾虑开了新店会影响原有那家门店的收入。

“缺乏蜕变的决心和魄力”，这是季琦认为时任管理团队存在的最大问题。

2012 年 1 月 3 日，汉庭宣布，任职三年的 CEO 张拓卸任，季琦兼任 CEO。4 月，神州数码原总经理解云航正式担任汉庭已空缺半年的 COO 一职。

“公司发展比较平顺的时候，季琦会往后退一些。每当公司面临重要转捩点的时候，季琦就会站上前台。”与季琦共同征战多年的金辉明白，季琦复出到一线，这是一个非常强烈的信号，新一轮变革箭在弦上。

季琦在 2009 年 9 月只保留了执行董事长的职位。当时汉庭成立了一个由四人组成的选址委员会，季琦是其中一员。对于选址，他基本上不再发言，区域老总、总部老总、管产品的负责人都会去看，他们三个人看过之后就很有把握了。

季琦有一票否决权，但除非迫不得已，否则他不会动用。他尽量不让自己的意见干扰整个管理团队的决定。一旦有了创新的想法，他也不再像以前那样，一声令下“同志们，我们改了”，而是把自己的想法告诉产品委员会，如果被否决了，他就选择忘记。

但经过 2010 年的波峰和 2011 年的波谷，作为一个准旁观者的季琦，发现了公司的很多问题，有的已经迫在眉睫，必须要解决。他果断站出来，捍卫自己创业之初的价值观和企业哲学。

季琦重新出任 CEO 之后 10 天，2012 年 1 月 13 日，就在佘山举行了汉庭集团战略研讨会。

季琦开门见山，批评了他所目睹的种种怪现状：整个企业的平庸化趋势；组织性保守；住客负面评价越来越多；团队缺乏激情和理想；自我欣赏，看不到同行优点；不但不自我批评，别人也批评不得；缺乏信任；争权夺利……

“当人们认为自己正在做的事情都是对的，并且不需要任何改变时，他们就处于自满状态。导致人们自满的最常见原因，就是以往的成功。”季琦无比犀利地表示，“世界正变得越来越快，在这样的环境下，自满不只是不好或者有问题那么简单，它的危害犹如癌症。”

企业创始人刀刃向内的剖析，其力量并不亚于纵横捭阖的扩张，不如此便不足以剜出“毒瘤”。

季琦推崇的全球最大咖啡连锁企业星巴克，其创始人霍华德·舒尔茨同样有过这样一段故事。

2007 年，星巴克在全球已经发展到 13 000 多家门店，同时将品牌扩展至咖啡之外的领域，成为风尚引领者，一时风光无两。此时的星巴克，扩张能力已经非常成熟，一天可以开 6 家新店。在这种只想更多、更快的经营模式下，增加自动咖啡机投放、提前磨好并包装好咖啡豆等“耍小聪明”的手段屡见不鲜。

霍华德·舒尔茨在巡店中发现了不少问题，他写信提醒时任管理层吉姆和他的团队，希望能及时纠正并回归星巴克的核心——“提供世界上最好的咖啡”，但吉姆对此不以为然。

顾客对于星巴克的品质下降，选择了用脚投票。2007 年 11 月，星巴克的财务报表显示其业绩跌到了前所未有的谷底。忍无可忍的舒尔茨重新回到领导位置，直接出手。

2008 年 2 月 26 日 17 点 30 分到 20 点 30 分，星巴克在全美的 7 100 家门店全部关门停业，13.5 万名员工统一接受了一次特别的公司内部培训，舒尔茨称之为“重新学做咖啡”。

这一行动不但让星巴克损失了几百万美元收入，给了那些靠低价和花样抢夺消费者的竞争对手机会，也等于承认了自己存在不足之处，必须直面来自社会各界的批评和非议。

在佘山会议上，季琦讲了这个故事，并把关于舒尔茨的两本书

《将心注入》和《一路向前》推荐给大家。之后，他问在场的每一个人："舒尔茨为什么要做这种吃力不讨好的事情？"

问完之后，季琦自己给出了答案："以前那些投机取巧的做法，逐渐丧失了自己的个性，丢失了创业时的初心，损害了顾客体验。"

"我们在座的几个人，都听得汗毛直竖。老季表面上是在说星巴克，实际上说的是我们汉庭自己。"回想当时那一幕，金辉说，"他用这种非常巧妙的方法让我们意识到，如果单纯追求开店数量，任由住客的差评越来越多，忘记了'客户体验第一'的理念，是做不长久的。"

佘山会议开启汉庭蜕变之路

伟大的领导者总是充满危机感。

季琦随后分享了平衡计分卡创始人罗伯特·卡普兰对于伟大领导者核心作用的界定：确立方向、团结员工、鼓励士气。他说："所谓确立方向，就是根据战略确立未来愿景，为实现愿景进行必要的变革；所谓团结员工，就是向全体员工传达组织方向，确保大家了解组织愿景，并为实现愿景坚持不懈地奋斗；所谓鼓励士气，就是在满足人类基本需要、符合价值观和感情需求的前提下，激励员工沿着正确的方向前进。"

在确立了未来五年发展战略并分析了竞争对手的现状后，季琦宣布了汉庭接下来的三项重要举措：启动平衡计分卡，实行以绩效薪酬为主制度，部门减肥。

2011 年，季琦花了上百万元学费去参加哈佛商学院的 CEO 班，在波士顿上课，共有三个模块，其中一个模块是由“平衡计分卡之父”卡普兰亲自讲授平衡计分卡。

2012 年，华住引进平衡计分卡作为核心管理工具，和企业哲学相辅相成。为了达成管理语言的统一，在接下来的时间中，集团内部还系统地学习了高效执行四原则（4DX）和问题分析与解决（PDCA）等，把它们纳入华住方法论体系，形成了华住统一的系统架构。

“汉庭将进行‘二次创业’。”季琦说，“我们将推出一系列改革措施，包括为汉庭集团改名、向中高端酒店延伸、转型为多品牌酒店集团、加快布局速度尤其是加盟店的拓展等，这将是汉庭创业以来的一次‘蜕变’。”

佘山会议统一了核心管理人员的思想。三天后的 2012 年 1 月 16 日，在上海诺宝中心举行的汉庭 2012 年千人年会上，季琦以“追本溯源，继往开来”为题，提出了“成为世界级伟大企业”的愿景。

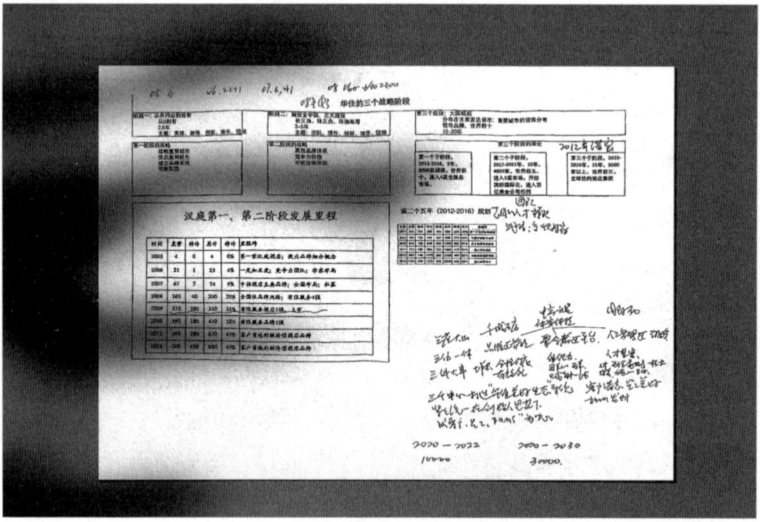

佘山会议确定华住的三个战略阶段

“‘伟大’的定义，是行业领袖，是客户满意，是员工自豪，是绩优财报，是持续经营。”季琦回顾了2005年创业以来汉庭历经的磨难，呼唤那时创业者们身上“满怀理想，充满斗志；除了理想，就是激情；讲情讲义，敢打敢拼；从不畏惧，毫不犹豫”的创业精神。

理想始于足下，愿景始于规划。

经济型酒店对经济周期相对不敏感；中国经济型酒店仍然处于跑马圈地的高速发展周期；规模是一个酒店集团重要的竞争优势；单一品牌的发展不能满足酒店集团高速发展的需要；由于租金等成本的上涨，赢利稳定性下降的直营店的发展将遇到天花板；稳定的赢利和区域优势导致加盟商需求旺盛，新增加盟店将超过直营店；携系统、人才、机制、资金等优势，壮大了的经济型酒店集团进入高档酒店管理市场是必然的……

依据上述分析和判断，季琦将汉庭第二个五年（2012—2016）规划和盘托出：

2012年新增270家店，总计909家店，特许率达到49%，巩固中档服务品牌。

2013年新增350家店，总计1 259家店，特许率达到51%，几个品牌齐头并进。

2014年新增410家店，总计1 669家店，特许率达到54%，进入高档酒店市场。

2015年新增460家店，总计2 129家店，特许率达到55%，开始高档酒店管理。

2016年新增500家店，总计2 629家店，特许率达到56%，进入世界酒店集团前十。

基于用 2012—2016 年的五年时间突破 2 000 家门店规模，成为世界酒店集团前十之一，并进入四星级全服务市场的规划，季琦还提出了 2017—2021 年和 2022—2026 年的发展规划：

计划用 2017—2021 年的五年时间突破 4 000 家门店规模，成为世界前五，进入五星级酒店市场，开始国际化，进入市值百亿美元公司行列。

计划用 2022—2026 年的五年时间突破 5 000 家门店规模，跻身世界前三，成为全球性的酒店集团。

一张宏伟的发展蓝图，徐徐展现在二次创业的汉庭面前。

汉庭 · 全季试水中档酒店

早在汉庭创办之初，季琦的设想就是做一个中档品牌。但囿于当时的经济发展水平以及中国消费市场的发展阶段，初期尝试效果不佳。

但季琦认定了中档品牌的发展机会，佘山会议“二次创业”提出，2012 年最重要的任务就是“巩固中档服务品牌”。

季琦说：“中国酒店行业一直以来的流行看法是，市场就是两头，要么经济型，要么高档。我的看法是，必然有很多人是中产和中产以下的水平，这是由中国的人口结构和收入结构决定的。在未来相当长的时间内，中国整个社会的财富分配不会有大的改变，市场都将是一个以经济型酒店和中档酒店为主的市场，同时又会经历一个消费不断升级的过程。”

基于这样的判断，季琦在“二次创业”的过程中，将多品牌尤其是中档品牌的发展，上升到非常重要的战略高度。

随着硬性成本支出大幅上升，经济型酒店的 RevPAR 已经不足以支撑既有的商业模型。汉庭的上海世纪公园店，最初的日租金是 0.7 元 / 平方米，2012 年的时候已经飙升至 2.5 元 / 平方米，接近当初的 4 倍。

此外，人力成本和能源成本也都在上涨，虽然理论上可以通过房间提价分摊一些成本，但经济型酒店的定位，决定了其 RevPAR 有无法逾越的天花板。

同时，遍地开花的经济型酒店，对客源的争夺进入白热化阶段，整个行业的赢利能力处于下降通道中。

低层次纠缠已经很难产生什么有想象力的结果，整个行业迫切需要开辟一个新的战场，重塑竞争格局。

在季琦看来，中国中档酒店市场缺乏一个足够有影响力的连锁品牌。他认为，只要把挂在各地旅游局名下的 3 万多家二星、三星级酒店稍加整合改造并辅以品牌化运营，就极有可能做出一个像样的中档品牌。因此，各家经济型连锁酒店巨头纷纷杀入中档酒店领域，必然是大势所趋。

早在 2009 年，如家就推出了中档品牌和颐；锦江之星也在酝酿推出中档酒店品牌，当时在上海有两处物业正处于装修阶段；7 天也将推出第一家类似“Mini 五星”的中高档连锁品牌酒店。

2010 年 1 月，汉庭 · 全季酒店杭州武林门店开始营业。第一家全季酒店由位于杭州市昌化路 18 号近武林路的原浙江省交通厅宾馆改建而来，业主陈晓是汉庭（华住）的连续加盟商，首任店长是徐鑫。这家全季酒店当时划归汉庭江浙皖赣区域管辖，时任大区经理是王晨。

第一家汉庭 · 全季酒店

这是季琦自创中档品牌的发端。第一家全季开业当年 RevPAR 达到 240 元，第二年达到 280 元，业主只用了三年时间便收回投资，算是有了一个不错的开始。

2012 年 11 月，与日本设计师合作的全季 2.0 产品正式上线，全季由此走上迭代之路。

全季酒店以直营为主，截至 2012 年 6 月，正式开业门店已有 30 家。按季琦的设想，未来中档酒店将为汉庭集团贡献 30%~40% 的利润。

入股星程，加码中档市场

除了自创品牌，汉庭还加速了并购的进度。2012 年 6 月，汉庭集团宣布入股中档连锁酒店星程。

星程是携程 2008 年 7 月开始斥资打造的中档酒店品牌。其运作模式主要是以品牌授权和管理培训的方式输出管理，为加盟酒店提供宣传平台、品牌建设、集团销售、运营规范和系统培训等一系列服务，签约酒店向星程上缴一定比例的营业收入作为市场推广费用。

星程酒店外观

携程一度大力招兵买马，甚至不惜花血本挖来数位高星级酒店管理层。但在发展到100多家加盟店之后，一方面管理难度不断增加，携程的核心业务在线上，线下业务并非携程所长，星程的运营业绩不尽如人意。另一方面，星程对于携程的战略价值也越来越模糊：携程要为所有酒店提供订房，突兀地优先推销星程，很容易引发其他合作伙伴的不满，而如果得不到特殊“照顾”，星程的诸多加盟酒店又何必非得委身携程?

经过各种权衡，携程最终决定，出售星程。

在接洽下家的过程中，渊源颇深的携程和汉庭相遇了。季琦本就是携程的创始人之一，汉庭2010年上市时，携程也曾出手购买了8%的汉庭股份，双方在酒店的线上分销方面也有长期合作。双方的合作可谓顺理成章。

接手星程后，汉庭参照管理加盟店的方式，将星程的模式从单纯的加盟业态，转向加盟、直营和委托管理方式并行的业态。

“星程之前是纯加盟模式，跟美国一样。就是你有一家酒店，用星程的牌子，自己管理。”季琦说，“我们现在要转向管理和加盟在一块儿的模式。比如说，你加盟我，我派人来管理，这样的话我能从根本上把握整个营销、成本控制，效率会更高，更能保证品牌的一致性。并且，这样的模式对业主实际上更好，省了麻烦，不用整天操心去拖地板、擦桌子，这些活儿我们来干，业主只要负责投资、赚钱就可以了。”

汉庭入股后，将星程定位为特色化非标准中端酒店。

季琦说：“全季是标准化的中档产品，而星程是特色中档酒店，每家都有各自的特点。全季和星程的组合，有望让汉庭成为中档酒店市场的领先者。”

虽然外界认为中档酒店品牌有其不可回避的挑战，比如对目标消

星程酒店房间内景象

费群体的陌生以及品牌支撑能力的匮乏，但季琦以他一贯的自信，认为相比其他经济型酒店集团，汉庭进军中档酒店的胜算更大一点。

他的理由有三点：第一，汉庭有强大的系统，从经济型酒店到其他档次酒店，可以轻松打穿圈层；第二，汉庭积累了庞大的客源基础，其中很大一部分有往中档酒店升级的需求；第三，汉庭一直以来建立的强大开发团队，完全可以在成本可控的前提下进军中档酒店。

除了面对本土中档酒店品牌的挑战，季琦的中档战略还有一批不可忽视的国际选手，洲际的智选假日、希尔顿的花园酒店、万豪的万怡等，都有不俗表现。

但季琦认为，这些国际选手，目前是在透支它们背后的国际酒店管理集团的信用，真正适合中国市场的，还是以东方人文价值为基础、以适度投资为理念的本土中档酒店品牌。

星程餐厅内景

“身处今天的中国酒店行业，我常有生逢其时的幸运感。世界上没有一个地方，像今天的中国一样，有那么多机会。”季琦说，中国的城市化进程仍在进行中，传统的强势品牌和企业依然很少，人口红利带来的大市场机会又如此明显，“中国具备购买能力的价值客户，至少有6亿人。这个规模，美国没有，欧盟没有，印度也没有。世界上除了中国，没有其他地方有。”

季琦制定的发展战略，基于一个常识判断：中国现在和未来的消费主流，是经济型酒店和中档酒店。因此，包括人力、物力、管理能力、资金在内的整个集团的战略资源，都应该向这两个细分市场倾斜。

“未来很长的一段时间内，这个结论都不会变。”季琦说。

投票选集团新名称

并购星程，是季琦回归担任CEO后烧的第一把火，第二把火则是为公司更名，第三把火是筹备高端酒店品牌禧玥。

这三把火中，最为外界所熟知的是公司更名。

2012 年 7 月，汉庭酒店集团在丽江花间堂召开半年会，会上决定集团更名为“华住酒店集团”，以支撑未来的品牌升级战略。

2012 年 11 月 20 日，汉庭酒店集团正式对外宣布，更名为“华住酒店集团”，不再共用酒店品牌名称，今后汉庭只作为华住集团的一个品牌名称来运用。华住旗下禧玥酒店、全季酒店、星程酒店、汉庭酒店和海友酒店五大品牌，都将作为酒店品牌名独立存在。

此外，原汉庭酒店集团旗下子品牌名称也做出相应调整。其中，“海友客栈”更名为“海友酒店”，匹配年轻时尚的客人和现代设计风格；“汉庭快捷酒店”更名为“汉庭酒店”，经济型酒店的定位更加明确。

对于此次更名，来自公司的官方解释是，此前“汉庭”主要发展的是经济型连锁酒店品牌，“汉庭”代表的经济型酒店形象已深入人心，一个全新的集团名称能更好地诠释和管理高、中、低不同档次的酒店品牌形象。

更名“华住”，取“中华住宿”之意，透露公司志在成为中华住宿业的世界级酒店集团。另外，华住也与此前汉庭在美国上市时的英文名“China Lodging Group Ltd”相符。

如同汉庭、禧玥等具有典型东方情怀的品牌名称一样，华住同样是季琦深谙中华气象的得意之作。

“我这个人文采不好，但取名很在行。”个中原因，季琦归结为专注和热爱。“就像给自家孩子取名一样，你肯定会选一个你最喜欢的。不管什么事情，当你思考的时间足够长，当你对它投入了足够的感情，就一定能把这件事情做好。”

之所以为高端品牌取名“禧玥”，季琦在2012年6月29日发给高管的邮件中曾有这样的解释：

禧：吉祥，喜庆。

玥：传说中的神珠。

连起来就是“吉祥的神珠”，又和“喜悦”同音，既好记，又让人有快乐的联想。

而在“华住”这个名字最终确定之前，还有一段有趣的插曲。

当时，季琦、张敏、解云航、王玲等四人中，有两位同意将集团名称确定为华住，有两位不同意。眼看着双方打成了2比2平，无法最终定夺，季琦让法务部去征求各部门意见。时任法务总监荣跃武到各个部门跑了一遍，2012年6月21日下午2点多，他以邮件形式向公司高层汇报了以总部部门、城区为统计单位的投票结果：华住，10票；汉桐，9票。

一锤定音。

第二天，季琦在回复荣跃武同时抄送其他高管的邮件中写道：

世上本没有名字，叫多了，就变成了名字；世上也没有什么好的名字，好的产品和服务才让人们给普通的字眼赋予了美好的联想，比如“苹果”。我们下一个要赋予美好联想的就是“华住”，我们要让“华住”成为中国酒店业的骄傲，成为世界酒店业的关键词。

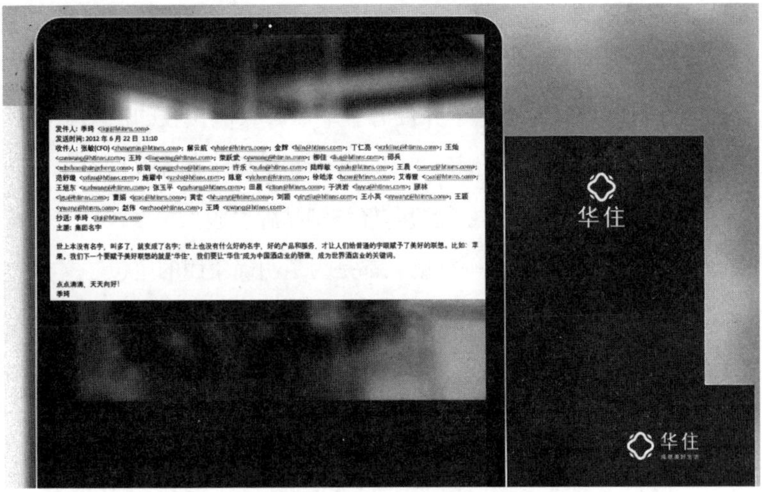

季琦关于华住名字的邮件截图

开辟全新发展曲线

从2005年8月在昆山火车站开出第一家酒店，到2012年9月30日，汉庭已拥有938家门店，含415家直营门店和446家管理门店，以及77家加盟门店，筹备门店数则达到375家。

进入千店时代的华住，以全新的名称，在三个层面透露出季琦对标国际酒店集团、开创世界级伟大企业的雄心与梦想。

第一个层面，从最直观的名称上，"华住"落落大方地扛起"中华住宿"大旗，不遮不掩、本真、简洁，符合季琦的一贯风格。

第二个层面，从核心业务架构上，以"华住"统摄禧玥、全季、星程、汉庭和海友等高、中、低不同档次的酒店品牌，符合国际惯例，一如"雅高"麾下有高端品牌"索菲特"、四星级品牌"诺富特”、经济型品牌“宜必思”等。

长期浸淫于酒店行业的赵焕焱，用另外一个案例做了说明：“美国圣达特酒店集团原本麾下并没有奢华品牌，但在收购温德姆酒店后，将集团更名为温德姆酒店集团。圣达特借麾下高端品牌突出自己是豪华酒店公司，汉庭则是通过与经济型品牌‘脱离关系’来强调自己的综合定位，其实质是一样的，都是为了明确集团的定位。”

第三个层面，从公司发展动能上，“华住”开辟了一个全新的发展曲线周期。

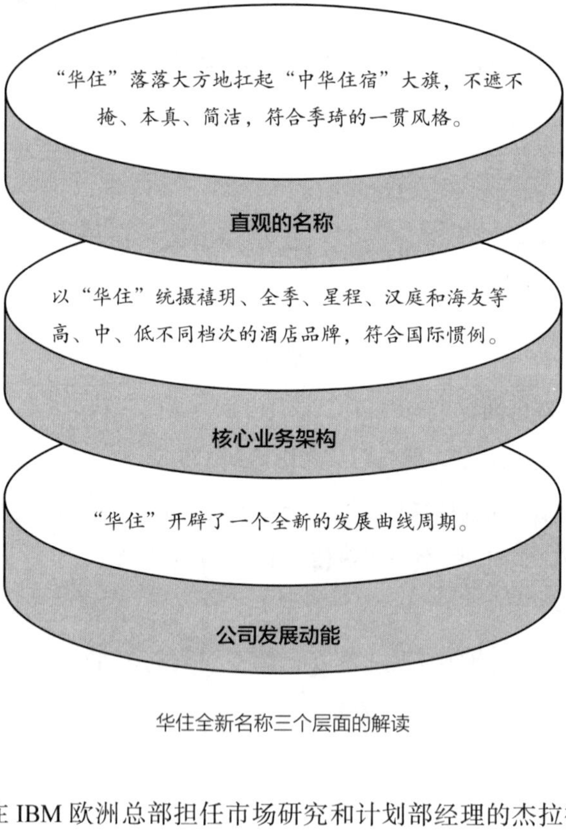

华住全新名称三个层面的解读

曾在 IBM 欧洲总部担任市场研究和计划部经理的杰拉德·贝里

松，投入大量时间和精力研究产品的生命周期，最后总结出一个关于发展曲线的三段论模型：在某个特定市场，产品发展速度相对缓慢的时候（第一阶段），应该充分利用这个阶段完善产品，并确保市场对此反应积极；这个阶段一结束，就应该全力以赴，尽快进入增强竞争力的阶段（第二阶段）；最后，产品占领市场之后，周期曲线开始下降，进入下滑阶段（第三阶段）。

公司发展遵循同样的逻辑，那么该如何突破这个必然下滑的怪圈呢?

杰拉德·贝里松在推动雅高酒店集团发展方面颇有心得——上个产品的第一阶段一结束，就立刻开发出新的产品，这样一来，当旧产品进入第三阶段、发展速度明显减缓的时候，新产品正处于第二阶段，以新产品的高速发展抵消前者的负面影响。

季琦深谙雅高酒店集团的发展精髓和要义，他对杰拉德·贝里松的发展曲线加以创造性运用，提出了推动企业发展的新函数、新动能、新方向。

“任何一个商业形态，任何一个品牌，都会经历一个从出现、成长，到成熟、衰败的典型曲线发展过程。”怎样让企业发展的曲线此起彼伏，生生不息?季琦的答案是：“在出现往下趋势的时候，你要找到一个新的函数、新的动能、新的方向，再往上走，直到下一个波峰出现，以此类推。这样的企业一定具有很强的创新能力和适应能力。”

“中国酒店业将迎来新一轮的黄金十年，即使是已被认定为‘红海’的中国经济型酒店市场，与美国等发达国家相比，依旧具备巨大发展潜能。”季琦不断重复他的判断，每一次重复都是一次加强，“未来，全球酒店集团五强出现‘中国面孔’，绝对不是梦想，而是必然趋势。”

“华住”正是季琦推动“中国面孔”迈向世界舞台的新函数、新动能、新方向。

现代创新理论的奠基人熊彼特说，企业家有征服的意志、战斗的冲动、创造的欢乐，他要“建立一种新的生产函数”，把一种关于生产要素和生产条件的“新组合”引入生产体系。

从汉庭到华住，改变的是集团的名称，不变的是流淌在季琦血液中的企业家精神：去征服，去战斗，去创造。

修炼“华住会”独家秘籍

万丈高楼，不可能凭空而立。越是高耸入云的超高层建筑，越需要深厚的根基作为依托。

华住一起步，就有千店规模。从几家店、一两百家店，到一千家店、几千家店，比集团名称变更还要重要的，是系统架构的调整，是管理方式的调整。

王晨一直在观察季琦的每一步动作，并广泛阅读各种管理类书籍，不断去寻求答案。“从我的角度来看，百家店靠英雄，个人或者最多带领一个小团队，单打独斗，完全可以凭借一己之力创造奇迹。但到了千家店就不行了，个人或者小团队的力量是有限的，怎么办呢？千家店就要靠系统了。”

在王晨的概念中，狭义的“系统”是指基于数据库IT层面的模块标准化达到效率提升，是强化互联网时代下的硬件服务；广义的“系统”是基于网络硬件、产品硬件和方法论构建的一整套体系，是华住战略“低成本、高效率”的硬核保障。

“我们通过很多技术手段，降低成本，提高效率。比如入住环节，本来从客人进店到进房，一般需要 3 分钟左右的时间，但到了 2010 年，我们硬生生地压缩到 1 分 30 秒，节约了一半的时间，成为当时前台入住速度最快的酒店集团。”王晨说，“从表面上看，我们是在做客户体验的极致优化，但更深层的思考，是我们很早就有意识地建立和客户之间的信任，强化会员的权益，联结与客户的关系。”

与客户、会员关系最为密切的，是季琦从创业之初就始终在修炼的核心能力——会员体系搭建，这正是支撑起华住这个宏伟梦想的坚实底座。

现任华住高端酒店品牌营销部市场营销副总监夏菲兰，2006 年 5 月加入汉庭不久，就从一件小事上明白了季琦为什么如此重视发展会员。

有一天下着小雨，夏菲兰从无锡火车站接到了一个 40 岁左右的商务客人。夏菲兰帮他打着伞，给他介绍汉庭的房间，但那个客人很不好意思地说：“我是锦江之星的会员，我要住锦江之星。”看着客人拉着大行李箱，冒雨走往一公里之外的锦江之星，夏菲兰心中五味杂陈。

从那之后，每当接到客人，夏菲兰和小伙伴们都会一边向客人介绍酒店设施，一边向客人介绍会员政策，往往客人住下了，会员卡也成功售出了。“每天卖十几张、二十几张会员卡，已是常态。”夏菲兰说。

2007 年时，汉庭学院到浙江开办值班经理班，请了江苏的优秀值班经理王小英、陶丽授课。当时王晨是区域经理，班主任找到他，问怎样才能把这个班办得更好？王晨出了个“馊主意”——把人员分组，当场比赛销售会员卡。

那是一个下雨的星期天，行人很少。那时候还没有微信，大家都用飞信联络。班主任把五六个人分成一组，让他们比赛向陌生人卖卡。

本来还有人不好意思，见了人也开不了口。但当“有人卖出第一张卡”的消息传来，所有人感受到了压力，纷纷放下“面子”，开始沿着商铺“售卖梦想”——汉庭未来是要开连锁店的，会有几千家店，入住方便、安全又卫生。

“我们在火车站售卡成功！”

“咖啡厅有个人买了！”

好消息不断传来，同时也不停地给其他学员带来刺激。结果，培训结束当天，就售出了近50张会员卡，而且售卡带回来的都是现金，冲击力极强。

课程结束分享心得的时候，售卡成绩排在前三的叶晓英非常激动，哭得稀里哗啦。她联系了电话簿里的每个人，有人还直接买了100多元的金卡。

叶晓英现在是汉庭华西分公司的大区经理。“那次培训，刻骨铭心，我们每个人都体会到了什么是狼性精神。”叶晓英说，那就是“有目标、有竞争、有战绩、有捷报”。

“我们所有人都是销售”

季琦不断重复强调发展会员的重要性，将这一理念灌输给团队成员，以至发展会员成为每个华住人的自觉行为。

现任汉庭上海分公司总经理孙媚加入汉庭后的第一件事情，就是扮演前台接待人员，教大家如何卖会员卡。

现任汉庭品牌上海分公司区域经理乔海波对区域内三十几家门店进行考核的最重要指标之一就是会员卡销售数量。

徐皓淳记得很清楚，季琦每次巡店的时候，早上到了餐厅里，他总是一边吃东西一边问客人的入住体验，同时把会员卡推销给客人。

现任华住高级副总裁兼总参谋长庄松成负责跟加盟相关的所有工作，他对加盟商的要求中必定有这么一条："华住有强大的直销优势，加盟商在受益于华住会员体系的同时，要帮助华住发展会员，反哺整个会员体系，共同做大做强。"

这就是季琦从创业之初一直强调的："我们不需要销售部，我们所有部门都是销售部；我们不需要销售，我们所有人都是销售。"

王玲在2019年担任城家CEO之前，是华住CMO（首席营销官），一手打造了华住会员体系，将季琦的理念落到实处。她说："在尊重行业传统的同时，并没有被行业的习惯做法束缚，而是以创新思维提出全员营销的理念，这是季琦身上创业家精神的体现。"

王玲记得很清楚，客房阿姨、门卫保安都要出去发单页，季琦自己也会出去发单页，更不要说店长、经理这些级别的员工了。"华住的会员体系，就是在这个基础上成长起来的，最终形成了千江万河汇大海的壮观局面。"

1981年，美国航空公司第一个推出了名为AAdvantage的常旅客计划。后来，美国航空的会员超过2 000万人，会员收入约占运输收入的50%、效益的80%，成为公司最主要的收入来源。

受这个模式启发，2006年，汉庭创业的第二年，"汉庭会"成立。成立之初，汉庭会只设汉庭卡一个级别，2007 年增加汉庭金卡，2008 年更升级为汉庭会会员、金会员、铂金会员三个级别。

汉庭会员卡变迁

2013 年，汉庭会跟随集团脚步，更名为“华住会”。

以早期的汉庭金卡会员为例，其入会方式为：客人可以花费 198 元购买一张金卡，并填妥入会申请登记表，即可得到一张金卡；普卡会员在积分累积到 2 000 时，可以使用 2 000 积分将会员等级进行升级；金卡会员凭会员卡及有效证件入住汉庭商务酒店可享受门市价格的 85 折优惠，入住汉庭快捷酒店可享受门市价格的 88 折优惠，并根据房价 1∶2 累计积分。

除了早期发单页拉会员等传统手段，2011 年，王玲看到了移动端的发展趋势，提出了“占领移动互联制高点”的口号，随后正式启动移动端战略。王玲说：“当时梁建章刚刚回归携程，在移动端战略都还没有什么动作，我们已经很快切入了。早起的鸟儿有虫吃，要是做晚了，流量红利可能就跑到别人那里去了。”

从搭建会员体系，到真正将会员体系变成企业的核心竞争力，王玲下了很大功夫。“我们很早就请了麦肯锡的团队，帮我们做大数据分析，建了一系列模型。我们仔细研究了会员的不同转化周期，从获客、转化、跟进、唤醒的大生命周期，到住前、住中、住后的小生命周期，再到住客离开之后的 MGM（客人转介绍），我们将所有应用场景跟会员转化周期匹配，最大限度提升转化率。”

华住会发展速度惊人：2006 年会员只有 1.8 万人，2007 年增加到 13.2 万人，2008 年跃升至 52.5 万人，2017 年会员破亿。

为了满足对各方面生活品质都要求颇高的商务客人的需求，华住会推出了很多以客户体验为中心的举措。

2009 年 2 月 23 日，面向全国推出“无停留离店”服务，可以提前拿到住宿发票。

2009 年 7 月 22 日出现了 500 年一遇的时间最长的日全食奇观，汉庭酒店推出“追日之旅”活动，可观测到日全食城市的汉庭门店，都为游客准备了包括标准日全食观测镜和观测指南在内的礼包。

超过 200 家汉庭门店和中国国际航空公司联合，推出凭周一登机牌提早电话预订可享受当日特价的活动。

发行汉庭招商银行联名信用卡，持卡人享受退房“免查房”，联名信用卡既是汉庭会员金卡，又是招商银行信用卡金卡。

……

王玲说：“华住一直强调会员最优，而且是个人会员优先。我们始终把企业客户看作一个渠道，通过这个渠道，最终抵达每个个人。”

王玲认为，华住会之所以成为华住集团的“护城河”，有两方面原因：其一，这是最牢靠的销售体系；其二，华住不再像传统酒店那样需要专门的销售人员。

把中国当作全世界来做

不管是二次创业，还是加码中档，不管是集团升级，还是聚集会员，季琦和华住的首要目的都是迅速把规模做上去。季琦认为：“在中国这个初级市场，如果不能迅速占领地盘，很快就被别人消灭了。这和打游戏一样，没有地盘，就没有机会生存下去。”

华住刚成立的时候，季琦的第一个策略，就是用 120% 的速度、80% 的质量迅速占领市场。他说：“我做不到 120% 的速度、95% 的质量，必须首先抢地盘。”

第二个策略，是占领中心城市，抢一线和二线城市的地盘，当这些地盘都抢完之后，华住的策略变为做到 95% 的质量、95% 的速度。“企业到了平台期，就需要赶紧补课，首要的任务是做强，这是一个很有效的配方。”季琦说。

如果仔细观察，迅速做大是季琦创立的所有公司的共同点。携程从 1999 年到 2002 年，如家从 2003 年到 2005 年，汉庭则是从 2007 年到 2010 年，基本每个企业都在三年左右成型。对此，季琦有自己的观点："就像生长发育有其规律一样，三年时间，一个企业的商业模型、团队、框架、性格、特质、文化等基础都长好了，后面就是进一步的生长。对于中国的创业企业来说，三年是一个坎儿。三年内能够达到一定程度，将来的发展希望就比较大。中国的创业企业成长速度比较快，仿效、跟进者众多，如果不能在三年左右时间里脱颖而出，就容易混杂在一群同质化的企业里平庸下去。"

从汉庭到华住，在不同的发展阶段，季琦都是按照首先做大的原则进行规划的。

汉庭创办五年便实现"千店目标"，并顺利登陆纳斯达克。季琦后来为华住制定的"万家灯火""下沉市场"等战略，也都基于同样的逻辑。

季琦曾跟艺术家周春芽先生聊天。季琦问他："你的画在中国已经这么贵了，为什么不卖到欧洲、美国呢？"

周春芽回答说："没有必要啊，中国都卖不过来，供不应求，还需要考虑国外市场吗？未来的中国就是世界。"

周春芽"把中国当作全世界来做"的观点，让季琦产生了深切的共鸣。

创业者要把自己的企业做大，首先要选一个大市场。季琦在不同场合说过，对于跟衣、食、住、行、娱乐相关的创业者来说，中国是全球最大的单一市场，这个市场大得可以让奋斗者无止无休地耕耘，实现足够大的规模和利润。

欧盟的人口大约有 5 亿，美国为 3 亿左右，印度为 13 亿，中国为 14 亿。从绝对数量上来说，这些基数都足够大。

但问题在于，欧盟不是一个单一市场，民众使用的语言不同，所属国家不同，货币也没有完全统一。类似的问题，在美国和印度同样存在。

只有在中国，14 亿人口应用同样的法律、语言和货币，而且有相同的历史渊源，所以在中国只要跟民生、人口相关的生意，都是大生意。

季琦对此有很多直观的感受。这次回归前，他到欧美住了一圈酒店，深切感受到欧美服务业的天花板触手可及。“雅高的宜必思品牌在波尔多酒庄开了两家店，就没法再开下去了，因为没有客源了；而在中国，我的老家江苏南通如东，连一家经济型酒店都没有。”

季琦由此判断，如果说前几年中国在制造业一直没有诞生世界级的品牌，那么在未来，中国服务业会产生很多世界级的品牌。“有人问我，应该选在美国、欧洲创业，还是在中国创业？我的答案永远是中国。中国是一个大市场，倘若你有大的理想，选择一个最大的市场来创业，是最有可能把企业做大的。”季琦说。

中国市场一定要先做大再做强

正因为看到中国市场“大规模、高增长”的属性，所以季琦认为首要任务是迅速做大：“森林里的一棵小树苗，它可能是很优秀的种子，但如果长得慢，就会被森林里长得快的其他大树覆盖，长期接受不到阳光雨露，再优秀的小树苗也会很快枯萎甚至死亡。”

季琦还从地理特点、历史沿革、现实发展等不同角度，考量了华住必须首先做大的充分条件和必要条件。

从地理特点看，中国东面低、西面高，北面旱、南面涝，既有广袤的开阔平原，又有险峻的山川屏障。在这个极为开放的环境中，任何业务都可以非常快速地展开，并且都有足够的纵深——只要做得够快，就能迅速圈地。

从历史沿革看，中国一直是一个大一统社会，虽然朝代更替之间难免分散割裂，但“分久必合”始终是中国历史的主旋律。秦始皇统一中国后，做的第一件事情就是统一度量衡，沿袭了几千年的大一统思想使中国的文化思想、消费观念很容易达成一致，因为这种一统性根植在每个中国人的脑海里。可想而知，当一种商业活动成为一种模型、一种运动、一种时尚，它就能跟意识形态一样，迅速渗透大江南北。

从现实发展看，中国酒店业的市场化发展很不充分，这为真正的大连锁酒店提供了无与伦比的契机，不论是经济型酒店，还是中档酒店、高档酒店，只要有好的产品、技术、商业模型、团队，很快就可以发展起来。

此外，中国是一个跳跃性发展的市场，这种跳跃式的节奏要求企业的发展速度必须足够快，如果只是线性、按部就班地发展，无法跟上跳跃的市场要求，那就迟早会被淘汰。这种跳跃式发展机会，在很多经历了长时间市场化的国家是没有的。

季琦对中国市场的深刻思考和独特认知，折射出中国创业企业区别于国际酒店集团的价值所在。以华住为代表的中国服务业企业的很多创新，也都是靠这些思想引领和驱动的。

汲取国际酒店集团的经验和教训为我所用，同时结合中国市场和中国社会的具体特点进行创造性发挥。季琦和华住的故事，首先是一个创业的故事，但又不仅仅是创业的故事，更是创新、创造、创变的故事。

波澜壮阔的中国经济和山川风月的中华气象，正是季琦和华住最为深厚肥沃的灵感源泉。

2013
2019

第二部分

创新：全季盛开

预测未来的最好办法就是把它创造出来。

——尼古拉斯·尼葛洛庞帝，未来科学家

第五章

提升组织力

在华住集团总裁兼华住中国 CEO 金辉看来，2012 年、2013 年是华住发展史上承上启下的重要阶段。

“企业的生命周期包括创业期、成长期、成熟期、衰退期等不同阶段。2005 年到 2012 年是华住的创业期，2013 年到 2019 年是华住的成长期。经过 15 年的摸爬滚打和经验积累，华住正进入高速发展的成熟期。”金辉说。

在汉庭高歌猛进、全季刚刚打磨的创业期，伴随中国经济腾飞，长三角、珠三角、京津冀三大都市圈崛起。

这一阶段的宏观背景还包括：中国人口达到 13 亿；三峡大坝开启中国基建高潮；汶川地震和北京奥运会激发起海内外华人的爱国之情；美国金融危机爆发后中国成为全球增长的最重要引擎，“一揽子”计划让中国经济快速复苏；苹果发布史上最棒的 iPhone 4 手机，开启移动互联网时代……

在与如家、7 天、锦江之星、莫泰、格林豪泰等酒店业同行的激烈竞争中，华住通过品质差异化策略和技术驱动的竞争模式，实现了门店规模从 0 家到 1 035 家的飞跃，营收规模达到 32.245 亿元，并顺利登陆纳斯达克。

在华住的成长期，中国城市化进程加快，高铁飞速发展，经济进入新常态，国际贸易摩擦带来更多不确定性。

华住在与首如集团、锦江集团、东呈、亚朵的市场搏杀中，通过差异化策略、技术驱动、强化会员体系的竞争模式，实现了多品牌战略转型成功、全季脱颖而出、中档酒店成为行业发展新引擎等重要突破。门店规模从 1 035 家骤增至 5 618 家，营收规模从 32.245 亿元跃升至 112.12 亿元。

2014 年华住与雅高达成战略合作，2015 年投资城家和励业构造线下大王，2017 年收购桔子水晶酒店集团强化中档酒店市场，2018 年收购花间堂进军中高端和度假市场，2019 年投资禧玥旗舰店并收购 DH 培育高端市场和国际化能力，是华住成长期的标志性事件。

“季琦 2012 年回归 CEO 职位，是一个重要的转折点。华住重新统一思想，以更高的愿景驱动组织发展，重新出发。”金辉认为，在承上启下阶段，华住为成长期打下了坚实基础，“这一阶段，团队建设与技术建设双轨并进，华住的组织力得到了极大提升，二次创业轰轰烈烈地展开。”

华住引进了一批专业管理人才，将所有管理进行规范化升级，通过运用平衡计分卡等现代管理制度，使公司从创业阶段的草莽打法，转变为成长阶段的成熟团队作战。

华住作为一家有现代治理结构的公司，获得了资本市场的高度认可。

如果研究一下华住上市以来的股价走势，就可以很明显地看到：

2013 年 7 月 1 日至 2015 年 12 月 31 日，华住的股价在震荡反复中重心逐步上移；从 2016 年 1 月取得突破后，开始大幅走高，并在 2018 年 6 月 18 日触及最高点 48.92 美元。

建立志同道合的人才梯队

从一家只有几个人的初创公司，成长为市值几十亿美元的境外上市公司，门店遍布全国，每年接待几千万客户，销售额几十亿元，为国家纳税过亿元，解决数万员工的就业，华住无疑站在了一个高起点上。

但与此同时，不断有人离开华住，包括那些初创期曾经并肩作战的伙伴，那些在前途未卜的时候愿意跟公司同甘共苦的伙伴。

2011 年 11 月 25 日，加盟汉庭仅 10 个月的 COO 苏畅因个人原因辞职。2012 年初，从 2009 年起担任汉庭 CEO 的张拓选择离开。2012 年三四月份，汉庭执行副总裁王海军离开汉庭重新创业，并带走了芮习宁、陈军等团队成员……

他们离开的原因，各不相同。有的因为理念问题，有的因为待遇问题，有的因为私人问题，还有的连招呼都没跟季琦打一个，直接就提出了离职。

不管什么原因，可能每一个离开华住的人，都对季琦和公司有过失望和不满。对于极重感情的季琦而言，这是一件让他非常伤心和难过的事情。他说：“企业发展的所有事情中，人事问题是最让我动感情的。在我的理想中，华住跟员工的关系，超越一般的雇佣关系，是一种情感关系，就像家人那样的情感关系。”

季琦非常羡慕雅高元老们可以在干一辈子的事业中，做一辈子的朋友，但他也理解中国市场上充满机会的诱惑。

季琦深知，高速发展的企业要求老员工必须跟得上发展节奏。在新的岗位、新的机会出现的时候，华住管理层会优先想到已有的管理人员，但如果他们无法满足新岗位的需求，那就只能从外部寻找人才。

在佘山战略会议上，季琦引用星巴克高管的忠告，表达了他对人才的基本观点：只雇用最优秀的人，并给予相应回报；可能的话，雇用更少的员工，并激励他们干更多工作；少数受到高度激励的、训练有素的员工，经常比更多不称职的员工干得更好；如果需要，工作和人员可以调整，企业的长久和根本利益则不能变。

季琦认为："衡量人才的唯一标准，应该是他对企业的价值。只要是对企业好的，就是应该吸纳和保留的人才。"2012 年 5 月 12 日，在飞往美国的航班上，内心有些失落的季琦，对这个问题有了更多的思考：必须围绕公司战略，慎重仔细地设计出主要部门的平衡计分卡，客观甄别出绩效好的人，培养他们、重用他们、信任他们、提拔他们，给予他们更多资源、更高薪酬，让他们为华住创造更多价值。反之，对于那些庸碌无为、消极怠工、自私自利、混日子的撞钟和尚，必须推动他们改变和进步，不然最终只能将他们清理出队伍。"

季琦认为，建立志同道合的人才梯队，首先必须根据战略目标，合理优化组织结构，简洁、高效地配置人员和组织。其次，厘清干部层次架构，有重点地针对性对待。

根据季琦的想法，除核心管理层外，华住将管理人员分成三类：第一，目前总部的部门负责人、城区总经理是团队最重要的核心队伍；第二，平台部门总监、部门经理和城区的资深店长等是最重要的管理骨干；第三，平台经理级、主管级干部和城区的店长、多店店长等，是最重要的基础管理团队。

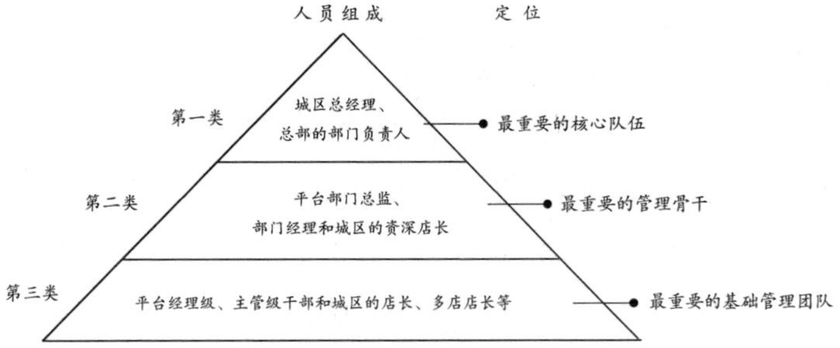

华住管理团队的构成

对于这三层管理团队，季琦要求，需不时加强沟通，寻求认同，在保持每个人多样性的同时，保持核心价值观的一致。

季度例会、定期谈话、不定期非正式交流、民主生活会、午餐会、里程碑庆祝、生日庆祝等活动，都是团队之间沟通交流的机会。

金辉说："三层管理团队之间，用带一级看一级的方式衔接，比如管理层直接带教部门负责人和城区总经理，同时要往下再看顾到部门总监和资深店长这一级；城区总经理直管资深店长，同时要看顾到店长和多店店长，以此类推。"

绩效是衡量干部的尺度，华住希望以绩效考评推动干部的成长。

金辉说："除了每个人的实践和自我学习、感悟，还要用培训帮助他们成长。外部培训（领导力、管理工具等）、华住大学、顾问、内部传帮带、读书等，都是加强培训学习的途径。"

季琦还推进股东计划，让三层干部都能获得华住的期权或者限制性股票。这不仅是为了让管理干部分享企业发展成果，同时也是提供有竞争力薪酬的重要手段。

华住还在各大重点高校招聘管理培训生，并为基础员工提供稳定的工作岗位、有一定市场竞争力的薪酬和快乐轻松的工作环境。

始终如一的选才标准

季琦自认为“战略能力胜过管理能力”，所以，他计划吸引更多管理人才，打造一个“志同道合”的团队。所谓“志同道合”，用他的话说就是“只想创业、发财的人，只想做一个平庸企业的人，都不太适合在我们这儿做”。

保罗·杜布吕和杰拉德·贝里松将雅高集团的成功归结为“让自己的身边聚集有才能的人，并且懂得信任他们”。季琦在找人方面同样颇有心得，他总结创办携程、如家、华住的经验，认为最需要找到三类人：熟人、俗人、淑人。

“要找的第一种人是熟人，一定找自己身边的人，朋友、同学、亲戚。这是一种找人的方法，而且也是最有效的方法。

“要找的第二种人是俗人，也就是平常人，但你一定要找有饥饿感的平常人。

“要找的第三种人是淑人，也就是品德好的人。才能不好，还可以给他换岗位，但是品德不好，替换的成本就很高了。在初始团队里面，成员的品德或者人品是非常重要的考量因素。”

针对不同级别的人才，季琦主张用不同的方式加以管理和沟通。

基于大连锁的特点和基层员工的需求，讲规则、强调精准执行的法家思想，适合用来管理基层员工。

“《韩非子》里有句话：‘使中主守法术，拙匠守规矩尺寸，则万不失矣。君人者，能去贤巧之所不能，守中拙之所万不失，则人力尽而功名立。’非常好地概括了标准化、流程化的重要性，强调执行力的重要性。基层员工就是要精准执行，我说做成 1，他们就要按照 1.000 来做，而不能做成 1.001。”季琦说。

华住同时将基层员工薪酬与经营业绩挂钩，多劳多得，（业绩）不好少得，不搞“大锅饭”，不搞平均主义。

对于包括店长在内的中基层干部，儒家思想则是合适的管理哲学。“中国历史上，大部分朝臣都是儒家子弟，诸葛亮说的‘鞠躬尽瘁，死而后已’，王阳明说的‘知行合一’，反映的都是儒家的敬业和忠诚。”

季琦认为，仁爱、忠义、礼和、睿智、诚信是中基层干部的关键词。中基层干部重视和考虑的是战术，比如怎么做这个店、怎么管好团队、怎么打败对手等，需要深刻领会战略问题并将之细化为战术目标和行为，所谓“尊德性而道问学，致广大而尽精微”。

总部平台负责人、C 字头高管、大区负责人、品牌事业部负责人，是华住的高层干部。“高层干部的管理哲学可以借鉴道家思想，必须从战略层面看问题，不能仅仅停留在战术层面。”季琦特别强调，那些只知道盯着绩效指标，盯着职务、奖金的高级打工仔，不适合华住。

华住对干部的要求，一言以蔽之，是简单的两个字：红、专。具体来说，红包括四个方面：忠于企业、责任心、事业心、热爱企业。专也是四条：高绩效、带团队、学习能力、创新能力。

在华住，所有人都知道，华住对人才选拔的要求始终如一，就是又红又专。

又红又专的“段子手”

又红又专，正是吸引艾春霞来到汉庭的最主要原因。

参加如家店长班的时候，王晨是第二期学员，徐皓淳是第五期学员，艾春霞是第六期学员。正是这个缘故，徐皓淳一直喊艾春霞师妹。

在如家，艾春霞管的南京几家店，收益率都是最高的。当时分管艾春霞的大区经理，是沈怡均。每到下半年，沈怡均总会跟艾春霞开玩笑：“今年的收益率冠军奖金能不能拿到？”

有一次，艾春霞下班后乘公交车在路上，一转眼看到已经从如家转投汉庭的徐皓淳正带着小伙伴们发单页。

月上柳梢，华灯初上，在悠闲踱步的人群中，汉庭简单、勤奋的团队氛围，一下子戳中了艾春霞的内心。

她用南京人地道的口头禅感慨了一下，说：“这才是我喜欢的事情。”

艾春霞已然动心，加上徐皓淳一口一个师妹地游说，就这样，2006 年 12 月，艾春霞来到汉庭。

毕竟是昔日的老搭档，彼此知根知底，来了之后，南京的几家堡垒店就被交到她手上了。“我的妈呀，他们说，这叫好钢用在刀刃上。”艾春霞不紧不慢地说着，冷不丁来一句南京口头禅。

一到汉庭，艾春霞就像上足了发条的手表，一刻也停不下来，制定门店 KPI（关键绩效指标）、做协议客户、卖会员卡，马不停蹄。

天气慢慢变热，南京又是全国闻名的火炉城市之一，大家一人拿着一包人丹就出去跑销售了。

“我记得很清楚，其中有两家店的店招，都是季琦在现场指挥大家一块儿装上去的。”艾春霞说，汉庭的工作氛围让她如沐春风。

有一次晚上9点多，艾春霞刚回到家里，徐皓淳发消息问她："满房了吗？"艾春霞说，还有几个空房间。徐皓淳立刻就来了电话："师妹啊，该跑的地方都跑了吗？酒吧、夜场都去了吗？"

艾春霞抓起刚放下的包，塞上单页，就跑去兰桂坊一带，一家一家酒吧、演艺吧扫过去，挨家挨户发单页，终于把176间房给填满了。

被激发了斗志的艾春霞更进一步，率先喊出了"一家店满房不是满房，全城满房才是满房"的口号。她带着小伙伴们，用飞信和MSN等聊天软件保持联系，在所有门店RevPAR比竞品高出50元的情况下，做到了全城满房。

每次做完销售之后，大家会在某一个门店碰头，买一大脸盆包子，买一堆矿泉水，一边就着矿泉水吃包子，一边分析每家门店的情况。

南京门店的异军突起，让季琦异常惊喜。他到南京去巡店，艾春霞打了一份员工餐给他，了解了相关情况后，季琦说："我要激动得流泪了，店长就应该这样做。"

随后，季琦在集团内部发起了"全国店长学南京"活动，还带领南京团队爬了一次紫金山，给大家展望了一下未来。

"我后来才知道，季琦带着大家爬山，那是一种奖励。我的妈呀，把我给累得半死。"一不留神，艾春霞又恢复了段子手本色。

创始人的五种选择

调整、搭建适合公司发展要求的管理团队，是季琦复出最主要的目的之一。

每当华住面临关键抉择之际，季琦总会适时回归。一旦确定好战略，搭建好团队，他又会悄然后退，将指挥棒交给专业管理者。

管理学家吉姆·柯林斯与波勒斯合著了《基业长青》一书，他极为赞赏“集个人的谦卑和职业的执着于一身，打造持久的伟大”的企业创始人，他们“为了长期业绩而做必须要做的事情，不管它们有多么困难”，同时他们的决心是沉静的，毫不张扬的。

在某种意义上，季琦复出与隐退之间的交替，正是为了解决那些“困难”而又“必须要做的事情”，也是华住通往伟大路途中的排挡切换。

据季琦观察，像他这样的企业创始人，往往有市场营销、技术、特定行业等背景，对市场和产品充满热情，对企业日常运作则不太感兴趣。他们通常也自认为比别人聪明，极富冒险精神，干事雷厉风行，个性鲜明，缺点和优点一样突出，喜欢以自己的方式行事。他们对企业往往采取开放式承诺。这意味着，经营管理企业，会消耗掉他们生命中的大部分时间，企业往往就是他们的生命和一切。

许多创始人将经营企业看作一场有挑战的游戏，也是个人深层次快乐的源泉。有些创始人甚至想借企业脱离自身的内在痛苦，超越自我的局限，去实现自己的理想和情怀。

和企业创始人相比，专业管理者大多受过良好教育，毕业于海内外名校，很多人在跨国企业任职多年，受过系统的专业训练和熏陶。他们理性、客观，重数字和逻辑，但在激情、冒险、果断、创新和宏观视野方面，往往和创始人不太一样。

企业家精神极强的创始人，如果没有系统的管理经验和知识，要造就一个大企业很困难，风险很大。而专业管理者在企业草创期的优势不大，甚至会让人觉得碍事。因此，创始人和专业管理者，在什么节点结合，以什么方式结合，就变得非常重要。

在中国的创业企业中，创始人和专业管理者发生矛盾冲突，最后甚至互不兼容走向决裂的情况，并不鲜见。

有的是创始人不信任外来的专业管理者，创始人看重权力和裙带关系，不肯放权，最终导致专业管理者满腔失落甚至满腹怨恨地离开。

有的是专业管理者放大公司问题，抹杀创始人的所有贡献，甚至试图绑架企业，为自己的职业生涯镀金，谋取个人短期利益。

总结自己创办携程、如家、华住的经验，季琦认为，理想的中国企业管理模型是创始人和专业管理者合二为一："在中国目前这个野蛮、快速生长的商业环境里，相互学习，共同成长，才能双赢。"

"一个理想的企业家应该贯通中西，不仅要熟悉本土的商业逻辑和环境，还要深谙东方历史文化和传统；不仅要懂得西方做生意的语言和规则，还要学会运用现代企业的高效管理手段和工具。""在中国，企业家和经理人都是宝贵的稀缺资源，应该相互尊重、平等相处。只有保持这种心态，才能互相看到彼此身上的优点、特点和不足。"

季琦进一步用通俗易懂的语言解释道："不要'有钱人'看不起'读书人'，也不要'海龟'看不起'土鳖'，这两种人谁也代替不了谁。谁不遵循这个规律，谁就会付出惨重的代价。"

当然，随着企业发展逐步走上正轨，创始人会慢慢面临角色的转变。创始人在企业做大之后的角色转变，季琦总结过五种方式。

第一种，创始人就在公司待着，什么也不干。

第二种，把公司做大之后卖掉，然后再去创立一家新公司。

第三种，有些创始人不是一个人，而是一个团队，是一个组合，企业做大后有些创始成员会离开，挥一挥衣袖，不带走一片云彩。

创始人的第四种选择是做董事长，将企业交给专业管理者。

但季琦特别倾慕的是像苹果创始人乔布斯那样的第五种模式——通过各种途径，培养新的技能和新的行为模式，帮助企业开辟新的发展道路。

对季琦而言，如果说谁是他的偶像的话，乔布斯肯定算一个。季琦非常喜欢苹果公司，他希望华住旗下品牌酒店，都能拥有苹果产品的品质感。而季琦对细节的孜孜以求，以及打磨产品时的完美主义倾向，也与乔布斯的风格异曲同工。

当然，季琦欣赏乔布斯，还有另外一个非常重要的原因。

2007 年，主持人袁鸣在第一财经电视节目《波士堂》采访季琦的时候，问他最喜欢哪个企业家，季琦说出了乔布斯的名字。袁鸣没有追问原因，但从电视里看到这一幕之后，一路跟随季琦南征北战的王晨，去买了一本《史蒂夫·乔布斯传》。当他读到乔布斯被自己创立的公司驱逐，最后带着新产品王者归来的桥段时，他瞬间明白了。

季琦对乔布斯的神往，固然有苹果产品的因素，但更重要的，是季琦从乔布斯特立独行却又躲在草丛中独自舔舐伤口的经历中，感受到了一种惺惺相惜的强烈认同。

人力资源三支柱

华住的上千家门店，分布在中国数百个城市，各个城市发展水平参差不齐；华住的酒店品牌，从经济型到中档，从中高档到豪华，在每个细分领域都形成矩阵；华住除了加盟店，还做直营店，从找项目开始，营建、开业、运营等每个阶段的工作具体而烦琐，基层员工很多是初高中水平，受教育程度相对有限；华住还以世界酒店史上前所未有的十倍速增长往前发展……门店分布广、细分品牌多、业务链条长、日常工作细、发展速度快，所有这些因素，决定了华住的管理复杂度极高，必须有一整套完整的组织体系来支撑。

季琦希望运用信仰、纪律、利益、爱这四种力量，将华住打造成一个像宗教一样有信仰、像军队一样执行力强、像家庭一样充满爱的商业组织。

“维持宗教的主要力量是信仰，这种力量直指内心，没有谁强迫谁，但人们在信仰的驱使下，自觉自愿地做许多事情。

“军人的天职是执行命令，指哪儿打哪儿，不能有怀疑，更不能违背，这种力量是强迫性的，虽然违约成本很高，但执行力极强。

“商业最根本的是利益，是现代社会运转的最主要力量，财富分配、创新鼓励、奖勤罚懒等，都是通过商业的利益分配来进行的。

“家庭是人类最小的组织，但却具备最强的凝聚力，也是最自然、最具生物性的力量。”

季琦认真考察了人类组织中最有代表性的四种力量：宗教的信念、军队的号令、企业的利益、家庭的关爱，他希望在不同时间、不同地方将这些力量运用于华住的组织管理中。

人力资源部门是确保企业组织管理落到实处的核心部门之一。在华住人力资源高级副总裁何冰樱看来，华住人力资源的发展经历了三个阶段。

2009 年之前是第一阶段，管理架构比较单一，总部只有 15 个人，主要的人员力量集中于门店，都是从单店层面解决入职、培训等事务。

第二阶段从 2010 年年底开始，将整个公司划分为 10 个大区，开始单店层面的架构剥离，增加区域 HR（人力资源）概念，每个 HR 管 10 家店左右。

第三个阶段是 2014 年开始推动、2015 年探索运行的人力资源三支柱模式。

华住人力资源副总裁游帆认为，每个阶段的人力资源工作，侧重点各不相同，其根本目的，都是匹配公司不同发展时期的战略目标和核心业务，提供人力方面的保证和引领。

随着成立事业部，全力推动多元化发展，华住迫切要求人力资源进行针对性再造。

“三支柱模式就是人力资源给出的答案。”游帆介绍说，专家中心、业务伙伴、共享中心这三个支柱，从不同层面满足了公司的发展需求。

专家中心聚焦整个公司战略，支撑公司战略落地，结合公司战略要求，做体系、架构、制度等方面的搭建和设计工作。

业务伙伴推动人力资源深入公司的各个业务单元，平时一起办公，了解具体业务需求，成为沟通一线业务和总部平台的桥梁。

共享中心承担大量跟员工利益息息相关的基础性服务工作，比如入职离职、社保缴纳、薪资发放等。

游帆以不同军种类比，形象化地描述了三支柱的不同职能定位：“专家中心就像炮兵，部署战略性、规模性的火力支撑，稳固大局；业务伙伴就像特种兵，在前线解决各类难题，帮助部队推进作战计划；共享中心则是后勤兵，提供高质量的物资保障，让战士们安心投入战斗。”

在共享中心，人力资源一直通过标准化、流程化、自助化来提高服务效率，降低服务成本。“把所有基础性工作放到一个部门，服务

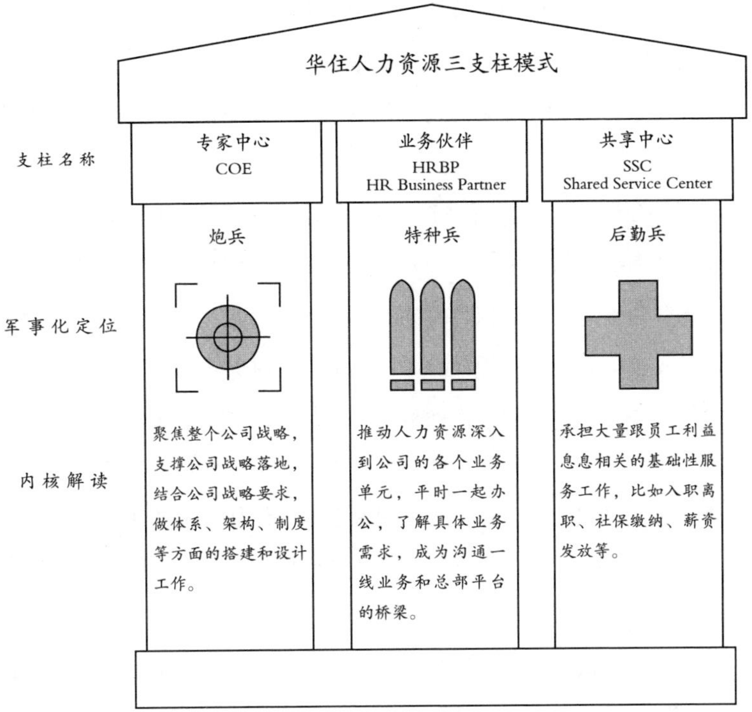

华住人力资源三支柱模式

于全品牌，这些工作都是为了让流程标准化，尽量减少人工干预，比如现在申请各种人事证明，员工都可以在提交审批流程后，在网上自助打印办理。”游帆说。

赛马文化和七条赛道

华住的高速发展，为员工的职业成长提供了更多可能性。多种多样的晋升通道是激活团队战斗力和凝聚力的重要抓手，也是华住一直倡导的奖励战功、赛马文化的具体体现。

在华住，至少有七条赛道，鼓励“又红又专”的人才从不同维度脱颖而出。

第一条赛道，是内部晋升。在区域经理这一层面，华住80%的干部是从内部成长起来的。

第二条赛道，是选拔教练店长。几千个店长，不可能都成为管理者，晋级教练店长，是华住内部另一条晋升通道。

第三条赛道，是内部血液流通。鼓励员工在不同事业部之间、事业部与平台之间、平台不同职能部门之间、不同城市或区域之间内部流动。这不仅能让员工有机会回到家乡本土作战，发挥所长，挖掘适合自己的新定位，也有助于华住开拓新市场，更是维系团队稳定性的重要平衡器。

第四条赛道，是华住作为快速扩张发展的平台，不断拓展的新业务，不断给员工带来新机遇。

第五条赛道，是华住的每场阶段性重大战役都需要优秀的人才攻坚，在集团吹响“群英集结号”时，有多大的能量，就会拥有多大的舞台。

第六条赛道，是公开透明的绩效考核机制。每个季度的考核积分，都跟晋升、奖金等直接挂钩，坚守“能者上、庸者下、劣者汰”的鲜明用人导向。

第七条赛道，是员工股权激励。通过期权、限制性股票等方式，将公司的未来与员工的利益牢牢绑定在一起，每一位有主人翁精神的员工，都能通过自己的努力成为股东，乃至合伙人。

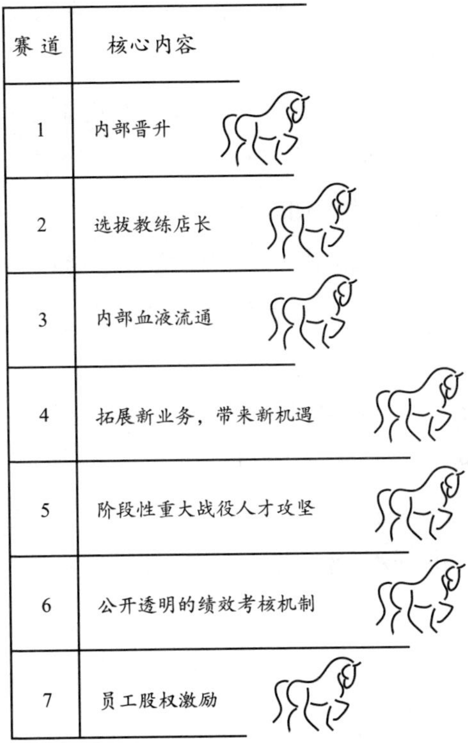

华住的赛马文化和七条赛道

员工的发展，要以业务上的战功为依据，而业务成功需要培训作为保障和支持。

华住大学高级副总裁王晨做得更干脆，他的课程直接将培训与实战结合在一起，理论学习跟公司业务紧密挂钩，实战成果也是培训的重要考核内容，并且占比更大。

“什么叫‘知行合一’？华住大学现在做的，就是这件事情。我们通过战略拆解，把季琦提出的愿景拆解为具体的行为目标和战略步骤，把一个企业家的目标转化为一群人浮现出来的集体目标。”王晨认为，这是一个长期过程，“我们的工作不会短期见效，但一定会形成公司长期发展的DNA”。

有意思的是，王晨个人的经历，正是华住内部人员流动、重新定位自己的一个过程，而且在转型的过程中，季琦给王晨下达了明确目标——华住大学要为华住集团培养20个品牌CEO。

2012年前后，此前担任大区经理时战功赫赫的王晨面临职业发展的瓶颈，同时还有失去目标和方向之后的疲惫。王晨找到季琦，说自己不想再干大区经理了。

季琦很生气。2013年的年会上，季琦在他的PPT上列出了“创业时期的14名功臣”，这14名功臣，每个人的年终奖是200万元现金，外加一块欧米茄手表。

但14名功臣的名单中，没有王晨的名字。王晨呆坐在会场中，满心沮丧。

时任CFO张敏问王晨，要不要学习做运营，同时学习人才培训和企业发展？

王晨知道，这肯定是季琦的主意。对于父母亲都是教师的王晨而言，张敏提出的这个建议，有一种难以名状的吸引力。于是王晨转岗开始做培训。

干了两年，2014年的时候，季琦来找王晨，问他培训做得怎么样。王晨原本觉得自己做得还行，但季琦一开口，王晨就知道自己离他的要求还差很远。“按华住现在的发展速度，我需要20个品牌CEO，你能培养好吗？”季琦问。

王晨埋下头来，开始做模块化培训，训战结合，以实战业绩作为最终的考核标准。华住大学令人闻风丧胆的炼狱模式正式开启。

华住集团多位现任品牌CEO都在华住大学接受过魔鬼训练。有的人一开始以为，这个培训相当于公司给自己安排了一次年休假，但等真正上过课之后，大家才明白，能“活着”走出华住大学的人，绝对不用担心做不好业绩。

通过王晨和团队的努力，一个此前培养员工技能的华住学院，发展成了赋能整个酒店行业的综合性的华住大学。后来任命王晨为华住大学校长的时候，季琦对他说：“这个职位，我本来是留给自己的，现在给你。”

王晨知道自己的工作得到了季琦的认可。他找到张敏说，你去告诉季琦，把欠我的钱还给我。

“季琦后来补给我 200 万元。我知道他当时用的是激将法，你别说，我还真吃这一套。”王晨抿着嘴笑了起来。

“老 IT 人”的初心

组织力的提升，除了团队和人员方面的努力，在华住已经发展到千店规模的时候，还必须借助技术的力量。

恰好季琦是这方面的专家。

季琦 1985 年 9 月从江苏省如东高级中学考入上海交通大学工程力学系。1989 年 8 月至 1992 年 3 月，他又在上海交通大学机械工程系攻读机器人专业硕士。

他毕业后的第一份工作，是 1992 年 3 月至 1994 年 6 月，在长江计算机集团上海计算机技术服务公司担任技术支持部工程师。而他创办的第一家公司，又是提供线上旅行服务的携程。

所有这些经历，意味着季琦对技术、对互联网、对 IT，有着远超一般人的理解和体验。就算是如今，季琦也经常以“老 IT 人”自居。

他的会议室里，有一套很先进的线上会议系统。在一次采访过程中，忽然有电话打进来，旁边的同事想帮他处理一下，结果解决不了。季琦要过来遥控器，说：“还是我来弄吧，老 IT 人了，很多年轻人在这方面都赶不上我。”

季琦最早进入酒店行业的时候，就抱着以互联网改造传统行业的清晰思维。

汉庭一创办，便同步建设网站。看到移动互联网的发展势头，汉庭又抓紧开发 App。即便是在资金面异常紧张的 2008 年，公司的计划中也赫然列着这么一条：汉庭新机房完工，搭建业内最先进的 IT 平台。

用技术改变传统服务业，这句话同样激荡了刘欣欣内心的情怀。

现任华住集团首席数字官刘欣欣最初看到这句话，是在吴晓波的《激荡三十年》那本书里，大概 190 页前后，提到季琦的时候写的。“看到这句话的第一眼，我就被打动了，这同样是我的真实想法。”刘欣欣说。

急需专业技术人才的季琦，找朋友们推荐技术负责人，携程首任 CTO（首席技术官）朱剑岷向季琦推荐了刘欣欣。

“之前我做通信行业，2010 年已经把中国的信息化系统用到了全球水平，我一直在思考 IT 技术对业务的支撑。我很看好中国服务业的未来发展前景，也坚信信息化技术赋能服务业的意义。”刘欣欣说，“2012 年 4 月我跟老季第一次见面，我们的理念非常契合。所以我觉得很多事情都是冥冥之中早就注定的，志同道合很关键。”

决定是否加入华住的时候，刘欣欣个人面临几方面的挑战：一方面是从成熟公司到创业公司，而且进入一个完全不同的行业；另一方面是从外企到民企，有很多未知数。“共同的理念是大家走到一起的关键。”刘欣欣说，这正是季琦所说的“一群志同道合的朋友”真意之所在。

签合同的时候，刘欣欣去了江苏苏州的花桥，这是华住集团的注册地址。当时，公司正处于更名前夕，对外还以汉庭集团示人，但内部已经开始演练华住集团的用法了。“我是以华住的合同模板签约的第一个员工。”刘欣欣说，那份合同，现在还锁在自己家的保险柜里。

“微创新”打造技术闭环

刚加入华住那会儿，为了迅速了解行业，刘欣欣利用每个周末，从周六早上 10 点到周日晚上 6 点，在公司附近的咖啡馆约不同的业内人士聊天，除了华住的人，还约如家的、锦江之星的，所有能找到的人都约来。

这样持续了一年时间，刘欣欣迅速掌握了酒店行业的各种知识和信息，更加明确了技术改造的路径。

2012 年到 2013 年，华住是酒店行业第一个在所有门店做全无线部署的。“当豪华酒店不但付费上网，而且需要付高额费用才能上网的时候，华住率先推出免费 Wi-Fi，其冲击力可想而知。”刘欣欣说。

2014 年，刘欣欣带领团队在华住会 App 上，推出第一款自助选房应用，当时还只能文字选房。2019 年年底，这款应用的功能已经升级为用文字加地图加偏好，供顾客提前选房。“就像办理值机的时候，自己选座位那样，家人入住酒店之前，也可以根据自己的喜好选择房间。华住又在整个行业第一个上马，第一个大范围推广，第一个显现出价值。一方面增强了与住客的互动，调动了住客积极性，另一方面也降低了前台接待人员的工作量。”刘欣欣说。

2014 年，华住投资的专注于为大住宿业及连锁服务业提供创新、领先、可靠的数字化解决方案的盟广信息公司正式成立。针对中国酒店行业等连锁服务业“散而不连、连而不锁”的痛点，盟广信息提供“通、透、专”的解决方案，致力于成为中国连锁服务业的加速引擎。

盟广信息拥有最懂行业精髓和业务场景的技术团队，针对酒店行业进行了一系列数字化创新：建立直销渠道，提供与 OTA 渠道不同的差异化服务；建立集中化管控模式，重塑酒店 SOP（标准作业程序）；建立共享服务中心，人、财、物全面降本增效；以会员、App、微信为核心，优化对客服务；移动化运营、集中化处理，助力高效运营。

“现在大家意识到盟广的价值了。但实际上，盟广刚推出来的时候，2014 年到 2015 年，曾经受到过很大挑战。”除了行业现状远远落后于技术发展速度，刘欣欣个人还曾被跟踪、被威胁。“很多公司的 IT 都会选择外包，我们自己投入研发，势必会动别人的奶酪。有的人接受不了这个现实，就试图打击报复。”

无论遇到什么挑战，华住以技术改变传统服务业的初心不会改变。

如今，除了提供全面技术创新及服务，帮助控制成本提升效益，助力华住高效运营，成为全球酒店行业标杆，盟广信息还从酒店行业走向连锁服务业，强势赋能高星及连锁酒店、房地产转型、休闲度假及文旅等三大行业，致力于为客户提供全面的行业数字化解决方案。

“从技术的角度来看，华住之前所做的，其实都是‘微创新’。但当这些‘微创新’达到足够的量级，并且能够覆盖酒店全部服务场景时，就会自然串联起来，形成一个威力巨大的‘闭环’。”刘欣欣说。

季琦坚信“当IT渗透到每一个行业，必定遵循十倍速增长的摩尔定律”，他对于技术的狂热和投入，深刻地影响和塑造了华住人的技术观。

战争题材剧《亮剑》里面有一句台词，一支部队的性格，跟它的首任军事主官的性格是一致的。刘欣欣由衷觉得，华住同样如此，一家公司的长期可持续发展，最大的动力来自创始人。

从加入华住开始，刘欣欣每跟季琦聊一次，都能记八九页的笔记。一本100多页的笔记本，两三个月就会用完。8年下来，刘欣欣整理的笔记有一两米高。她说：“有时候我会翻以前的笔记，能看到季琦当时的判断与思考，可以跟后面的发展互为印证，很有意思。”

时至今日，刘欣欣每两个星期都会跟季琦深入谈一个技术问题，“据说顺丰的老板王卫不跟高管一起办公，只跟技术团队在一起，季琦也有这个倾向。”

在确保从技术角度落实集团战略的过程中，刘欣欣折服于季琦极为精准的前瞻判断：“我跟了季琦8年，他的战略布局极其精准。”

华住世界大会上的互联网焦虑

更名为华住集团一年后，2013年12月21日，首届华住世界大会举行。

华住世界大会的前身，是华住伙伴大会。2012年5月，华住面对加盟商和合作伙伴召开第一次大规模会议，也就是华住伙伴大会。这次会议在西安举行，邀请了400多位加盟商参加，当时华住旗下已开业门店数量超过800家，加上正在筹建的门店，总量已达千家，所以那次会议上还举行了一个庆祝千店的仪式。

2012汉庭伙伴大会在西安举办

2013年，华住伙伴大会升级为华住世界大会。

“我们希望能在华住周围，团结一批加盟商、客户、建设单位、投资人以及员工。”季琦开宗明义，“我们叫华住世界，名字比较大，也意味着未来有一天华住必然走向全球、走向世界。”

从此之后，每年一届的华住世界大会，成为华住跟合作伙伴分享对酒店行业的理解和华住自身取得成绩的聚会。

2013年、2014年前后，以携程为代表的OTA、以爱彼迎为代表的分享经济，利用进一步普及的移动应用取得了爆发式发展。季琦也从身边的两件小事上，受到了很大的刺激。

在广州的一个小餐厅里，唯品会的沈亚跟季琦讨教创业和融资的事情，季琦记得自己像老师一样谆谆教诲，但2013年年底的时候，唯品会的市值已经达到46亿美元，而华住的市值才16亿美元，唯品会的市值接近华住的3倍。

还有一次，在 IDG 的年会上，季琦宣称自己要做市值 100 亿美元的公司，台下掌声雷动。随后登台的是雷军，他创办小米比季琦创办汉庭晚了五年，但小米上一轮融资的作价已经超过 100 亿美元，还没上市，市值就已经超过了季琦的目标。

2013 年，华住伙伴大会升级为华住世界大会

季琦感叹道："我辛辛苦苦背包出差，我比他们资历还深，甚至号称前辈，结果看别人的企业，沾点互联网的光，换个互联网的新打法，市值轻轻松松就超过了我们，难道我们这么努力都没什么用吗？这让我这个企业家，让我这个创业者，感到非常纠结。"

季琦在首届华住世界大会上分享的重点，就叫"互联网焦虑"。

每一次信息技术的革命，在给企业界带来无穷想象空间的同时，也会带来转型的危机感和被淘汰出局的恐慌感，20 世纪末、21 世纪初的互联网浪潮是这样，2013 年、2014 年前后的移动互联网浪潮同样如此。

怎么办?

无所作为不是季琦的风格。虽然是一个理科生，季琦却非常喜欢研究哲学和历史。当一个问题看似无解的时候，季琦总是愿意从历史中寻找方向和答案。

1949 年以前，中国出现过很多“大王”，比如剪刀大王张小泉、粽子大王五芳斋、面粉大王和棉纱大王荣氏家族、烤鸭大王全聚德、火柴大王刘鸿生、万金油大王胡文虎……在民族资本兴起的年代，这些跟老百姓日常生活密切相关的行业迅速崛起，至今仍有很多老字号“大王”活跃在各自领域内。

而在 2013 年、2014 年前后，跟衣、食、住、行相关的领域，同样拥有历史悠久、赢利稳定、规模和市值较大的“大王”：市值 408 亿美元的优衣库、市值 951 亿美元的麦当劳、刚刚上市市值就达到 220 亿美元的希尔顿、市值 235 亿美元的达美航空……

“淘宝网首页是什么内容?是衣食住行。淘宝网首页卖包、卖衣服、卖家具、卖家电、卖食品、卖旅馆，但不管它多牛，都离不开线下企业。”基于这样的思路，季琦坚定了将线上线下结合起来的想法。

“线下大王”得与失

当时很时髦的一个词，叫 O2O，也就是 Online to Offline，是指将线下商务机会与互联网结合，让互联网成为线下交易的前台。

“移动是未来的趋势，这也是很多公司的共识。我们原来的 PC（个人计算机）端网站会继续保持，但不再进行更多的投资和研发，未来，我们所有的投资都会聚焦移动端。”

为了更好地诠释传统服务业的升级路径，季琦提出了O2O2O的概念：“我们的产品和服务都是Offline（线下）的，这是我们的基础和根本。移动互联网时代，我们必须借助Online（线上）手段来传播、销售我们的线下产品和服务。这是第一个O2O。用户Online购买了我们的产品和服务后，必须来到我们Offline的实体店体验，这就是第二个O2O。”

季琦将两个O2O连起来，形成O2O2O的完整闭环。

“中国的传统服务业，实际上同时在经历品牌化和去品牌化这样一个对立统一的过程。由于长期轻视和压抑服务业，中国的品牌化趋势明显；但移动互联网和社交媒体的兴起，有淡化品牌的作用，这就产生了一种去品牌化的倾向。我们可以在这两种矛盾对立的趋势中，对绞出一种螺旋式上升的力量来应对。”

“线下大王”就是季琦和华住应对互联网焦虑的解决方案：“任何技术的发展，都代替不了线下的实体体验。酒店做好产品和服务，餐厅做出美味的菜品，永远都是我们线下企业最重要的核心价值。”

“移动互联网为我们提供了跟用户沟通和交易的更有效手段，不需要或极少需要任何第三方插足其间。我们将自己的核心价值，直接和最终用户对接，使得服务方便、迅捷、不贵。”

季琦还总结了线下企业的三个特点，作为自己的支撑论据：“第一，线下企业更持久，100年以前、50年以前有酒店公司，100年以前有阿里巴巴吗？没有。第二，线下企业更稳固，有一分耕耘就会有一分收获，而互联网世界只有第一，没有第二。第三，线下企业更多元。”

为了构建以线下体验为核心的空间，做成“线下大王”，金辉记得很清楚，华住那段时间投资了很多线下企业，如以社群为基础的共享办公空间方糖小镇、互联网短途出行解决方案摩拜单车、老字号饭店全聚德和唐宫等。“当时的基本思路，就是要夯实线下。”

在条件极不成熟和外部环境极不明晰的情况下敢于冒险，是企业家的天性。冒险却没能取得预想效果后的自我纠错，同样是企业家敢于担当的精神体现。

季琦很快发现，大量投资线下实体企业，分散了精力和资源，让华住自身前进的步伐变得沉重。这显然背离了华住成为世界领先酒店集团的初心。

他果断纠正了自己，逐步将跟住宿无关的业务全部卖掉，继续在自己擅长的领域发展，围绕住宿，聚焦中国。

第六章

多元开花

走出互联网焦虑下的盲动与喧嚣，华住围绕住宿、聚焦中国，重新回到“汉庭 07 战略会议”确立的三个战略阶段发展目标：第一阶段，用两年半时间实现“从井冈山到延安”的目标；第二阶段，用 3~5 年时间实现“解放全中国”的目标；第三阶段，用 10~20 年时间跻身世界酒店集团前十行列，实现“大国崛起”的目标。

这是华住发展的主线。如果偏离了，就要调整回来。

经过 3 年摸索，以 3.0 版本面世的全季酒店，在 2013 年落落大方地走向市场，展现着“无设计、无主题、无惊喜”的三无美学，焕然一新的全季横空出世，迅速改写酒店市场的竞争格局，成为引领华住加速发展的“核动力”。其冲击效应前所未有，这一点要将视野放至十几年后，才能看得更清楚。

华住的多品牌战略也在这个阶段加速。经过近 10 年追赶，汉庭以“做得更好”的差异化策略，悄然完成在棋盘上所有关键点位的布局，实现全方位发展。

焕然一新的全季 3.0 房间内景

2014 年 2 月，季琦发出“淮海战役”动员令。他旋即附以一篇万字长文，详细解析了国共双方如何完成历史上的攻防转换。

抢夺最好的资源，抢夺最好的人才，抢夺最好的加盟商、抢夺最好的业主……华住的“抢夺”策略风卷残云一般掠过。

经此一役，华住扭转战局，从追赶转为领跑。

2007 年 8 月，季琦描绘三个阶段战略目标的时候，很多人觉得不过是痴人说梦。但等真正走过水千条山万座，蓦然回首，才发现那竟是一份提前剧透的历史档案。

掐指算来，第二阶段战略目标的兑现期限，正是 2013 年到 2015 年之间。

遇见首席产品官

中档酒店市场，是季琦长期坚定看好的赛道。

2005年创业之初，季琦就试图将汉庭打造为中档酒店，惜乎时机不够成熟。但基于对中国人口结构和收入结构的分析，季琦确信，中国酒店市场必然以经济型酒店和中档酒店为主。

一方面，中国的消费升级浪潮为中档酒店打开了新空间；另一方面，成本上涨的经营压力倒逼酒店业进行产品创新、价值提升。这两方面现状，使发展中档品牌的条件日渐具备。

2010年1月，由原浙江省交通厅宾馆改建的全季第一家店——汉庭·全季酒店杭州武林门店，正式开始营业。

截至2012年6月，全季已经开出30家门店，但季琦对产品并不满意。这个阶段，被金辉称为全季商业模型的打磨期。

2012年11月，与日本设计师合作的全季2.0产品面世，明确了简约的风格和特质，季琦还是觉得品牌形象不够鲜明，但一时也没有更好的解决办法。

全季的绽放，正是因为季琦与周光明的遇见。

周光明是出生于台湾的设计师，在位于西班牙巴塞罗那的加泰罗尼亚理工大学获得了室内设计硕士学位。2002年，周光明在上海创办"朱周空间设计"，主持过很多酒店、公共空间、商业、办公、品牌、住宅等室内设计项目。他的设计哲学，始终坚持以"人"为主体，以"心"为出发点，在人与空间的关系中，找到最适切的距离。

2012年，周光明设计团队参与了贝聿铭公馆改造方案的设计竞标，华住是贝聿铭公馆的股东之一。可能是考虑到改造的成本太高，设计公司完成投标后，大股东不太愿意继续花钱，因此这次竞标不了了之。

季琦很喜欢周光明团队的方案，同时也对他们付出劳动却没有收获心怀歉意。于是，季琦单独约请周光明吃饭，表达谢意。

当时，季琦还不知道周光明其实是华住的忠实会员，平时出差喜欢住汉庭。他觉得汉庭是性价比非常高的酒店产品，整体风格干净、不烦琐，尤其是零秒退房等服务，非常贴心。

周光明曾在客房里的《品味汉庭》内刊上，读过季琦对中国酒店业“十宗罪”的声讨。

“内刊的设计非常糟糕，但那篇反思的文章，给了我很大的触动。我当时就觉得，中国酒店业有这样的人物存在，实在是一件幸事。”

吃饭的时候闲聊，体验过华住产品的周光明问季琦：“为什么不做升级版的汉庭呢，有点像无印良品风格的酒店？”

季琦回答：“我一直在做，但一直没有找到突破口。”

跟季琦一样，周光明对东方文化一直抱有浓厚的情怀。在台湾长大的周光明，服兵役后去西班牙留学，读设计专业。他很努力地模仿西班牙风格的设计，但出自他手的作品，不管多么像西班牙风格，也仅仅是“像”而已，终究“不是”西班牙风格。

相反，西班牙人会因为对东方文化的好奇而尊重周光明。

“天方夜谭”这个词，在西班牙语中的意思是“到中国去”。课前课后，同学们围着周光明，对东方文化问这问那。周光明灵机一动，把全班 23 个西班牙同学每个人的名字翻译成中文，结果大受欢迎，他成为被同学们簇拥着的“小明星”。

周光明由此意识到，无论自己怎样努力，都不能超越西班牙人对西班牙文化的理解。同样的道理，东方人对东方文化的理解，也是其他文化环境里的人无法比拟的。

东方情怀由此成为周光明的设计标签。遇到季琦这个同道中人，他愿意一试。

为中国人量身定制的酒店

季琦给周光明的 brief（创意简报），确实非常 brief（简单、简洁）："酒店设计师普遍用力过猛，我希望这是一个无设计、无主题、无惊喜的产品。"

所谓无设计，是不刻意突出设计感，而是把产品的功能放在前面，设计隐在功能的后面。

所谓无主题，全季不是一个喝茶的酒店，全季没有主题，客户就是全季的主题。

所谓无惊喜，就是给人最平实的感觉，不要制造意外。

这是一个很大的题目，大到曾让很多设计团队感到"老虎吃天，无从下口"。

而获得过纽约世界室内设计大奖的周光明，在与季琦关于东方文化的理解中产生了共鸣。于是，他从儒家待人接物的行为准则"温良恭俭让"破题——

> 温：像家一般，舒适、温暖、平和，不需要任何吸引眼球的装饰。
>
> 良：良善的品质，是非常有曲度的，不容易受伤，坚固耐用。
>
> 恭：以客为尊，用非常强大的 IT 系统，高效率、高质量完成大量日常常规服务。
>
> 俭：节能环保，使用竹子等可再生资源。中档酒店里面使用瑞典环保波龙地毯，全季是全球唯一一家。
>
> 让：谦和、中庸、适度，不多也不少，刚刚好。

全季的“温良恭俭让”主张

提案的最后一句话，周光明总结说：“这个酒店是为中国人量身定制的酒店，是让外国人来体验的酒店。”

周光明阐述了设计方案之后，华住集团所有跟全季有关的人，都投了反对票。

“大家都在批评我，我就好像一只鸭子跑进了鸡群里。大家都觉得我是怪物，是异类。”

只有一个人支持周光明，这个人就是季琦。

“季琦不但支持我，而且十二分支持我。尽管如此，从提案到产品最后落地，还是费了不少周折。我至少拍过两次桌子，不知道多少次撂下‘我不干了’的狠话。”回忆产品出炉的过程，周光明云淡风轻地带过所有曲折坎坷。

2013 年 6 月，全季 3.0 版在上海肇嘉浜路揭开神秘面纱。

竹木材料、圆弧角的大量运用，以及五针松、音乐、香氛、枯山水等东方文化元素的巧妙点缀，将忙碌在城市里被广告淹没、被信息淹没的人们“拯救”出来。

“一进入全季的房间，就会被茶香包围，被明亮包围。我们的灯光都是明亮的，不暧昧。我们不给你任何信息，让你可以躲在城市里面。”这是周光明描绘的设计效果。此时他已经担任华住的首席产品官。他的描绘也是无数全季忠实拥趸的真实体验。

在全季事业部CEO沈怡均眼里，肇嘉浜路店更大的意义，是全季作为一个产品，在精神气质方面的成熟。“2010年刚推出来的时候，我们叫汉庭·全季，那时候还不够自信，还需要靠着汉庭这棵大树，给自己壮胆。2013年，独立使用全季酒店名称及标识π，代表了真正的全季自信。”沈怡均说，“π看上去也很像字母JI的连写，全新的品牌形象，代表了全季未来发展的无限可能。”

金辉认为，2013年推出的全季3.0产品“奠定了全季的产品标准”，成为后来全季所有产品不断迭代的根基。

全新的产品，引发了市场的热烈追捧。截至2014年8月，全季3.0产品在面世一年左右之后，国内开业总数突破100家，强力助推华住业绩振翅高飞。

多品牌战略齐头并进

在全季惊艳中国酒店市场的同时，作为华住集团根基的汉庭发布2.0产品，进行了重新定位，焕发了新的生机；高端品牌禧玥第一家店开始试运营；度假酒店品牌漫心正式推出，并在丽江试营业第一家店；全面收购怡莱后升级推出的个性化经济型酒店品牌怡莱酒店焕然启航……

怡莱酒店近景

一花独放不是春，万紫千红春满园。华住的多品牌战略，齐头并进，各自精彩。

2012 年，汉庭第 1 000 家店开业。经过近 10 年的狂飙突进，2005 年推出的汉庭产品在满足消费者需求方面已经有点力不从心。2014 年 9 月推出的汉庭 2.0 产品，是汉庭历史上强度最大的一次产品迭代。

金辉是汉庭此次产品迭代的总负责人，升级委员会成员包括陈意、陈雨明、孙健、宋延强、李晓成、姚依鹏等。那段时间，每周二上午 8 点30 分准点召开汉庭升级讨论会。一方面，通过升级委员会成员对门店的考察和市场部的顾客调研，为产品升级提供依据；另一方面，在虹中路店的华住集团研发基地，对每一款新产品进行实地测试。

金辉对汉庭 2.0 产品的总要求是“模组化、工厂化、易维护、易推广”。现任城家产品中心高级总监的宋玉闯，参与了汉庭 2.0 产品设计对接营建的工作，他以走廊吊顶为例，介绍了金辉的总要求如何体现在产品中。

“此前产品中的走廊吊顶，长期使用容易变形，还会造成污染，影响顾客体验，另外还需要员工多次维护，增加了运营成本。我们通过使用新材料、采用新工艺，完成了集成吊顶的研发工作。”宋玉闯说，除了吊顶集成，汉庭 2.0 产品还有家具走线、墙面不开槽、整体卫浴等创新亮点，新产品推向市场后令人耳目一新，实现了顾客口碑和经营收益的双丰收。

汉庭将产品定位和品牌定位，从 1.0 版本的“经济快捷酒店”，升级为 2014 年 2.0 版本的“入门级商务酒店”。品牌口号也由创立之初的“比招待所更好”，升级为更加朗朗上口、直击住客核心诉求的“爱干净，住汉庭”。

在定位为经济快捷酒店阶段，汉庭的打法是平衡品质与价格，满足消费者睡好觉、洗好澡的初级需求，占领市场。

在定位为入门级商务酒店的阶段，汉庭经过十几年实践经营，开始侧重产品层面的沟通，抓住“干净”这一住客核心诉求，构建了一套完整的汉庭爱干净体系：细致程度堪比家庭保洁，分级专业清洁师，神奇高效的工具组，专项周期性深度保洁，爱干净标准检查。

2014 年年底进行的顾客满意度调查显示，顾客对汉庭 2.0 产品的硬件满意度，从原来的 91% 提升到 98%。“也就是说，100 个人里面，还有两个人对我们的产品不太满意。针对这 2%，我们要进一步研究和深化，把这个问题解决掉。”时任华住集团首席发展官金辉说。

“汉庭是华住的第一个孩子，所以在产品迭代方面比较稳健。通过不断提升产品的包容性，构筑自身的产品力，同时为其他品牌的产品迭代积累经验。”汉庭产品总监杨雅琴说。

汉庭事业部副总经理潘莉则从集团内部竞争的角度看待汉庭产品的迭代问题：“华住的内部竞争压力远远大于外部竞争压力。多品牌发展的战略对于汉庭来说是一种巨大的推动力，必须在内部多品牌的重新定位中明确自己的发展方向。”

汉庭 2.0 通过品质升级，实现了从一线到五线城市的完整布局。收购整合后推出的个性化经济型酒店品牌怡莱，则巩固了华住集团在长三角的战略优势。

怡莱原是雷迪森旅业集团于 2007 年推出的酒店品牌。虽然规模不大，只拥有 8 家直营店，但怡莱酒店在杭州的地理位置和当地影响力方面颇具优势，对华住在区域市场的布点形成很好的补充与巩固。

2013 年 6 月，华住完成对怡莱酒店 100% 股权收购后，2014 年 8 月正式将其纳入华住品牌体系，定位为个性化经济型酒店，计划五年内扩张到 1 400 家，以加盟模式为主。

“怡莱酒店的全新定位和目标，表明华住在追求多元化发展的过程和未来的市场环境中，在经济型酒店市场投入了极大的力量。”“你好怡莱”品牌事业部 CEO 艾春霞说。

2013 年 10 月，度假酒店品牌漫心在云南丽江开始试营业。经历了百年时光的古院落，与装备了现代化科技的酒店设施融为一体，意在为消费者营造彻底放松的美好时光和自在空间。首创的迎候式入住服务，进一步诠释了华住推崇的优质纯善的中国式服务精神。

2012 年 8 月，华住推出立足中国一、二线城市核心区域的高端酒店品牌禧玥，致力于打造极具品质感、科技感与艺术感的全新东方特色精致五星级酒店。

2013年12月20日，位于湖北武汉光谷新世界商圈的禧玥第一家店开始营业。与其他高端酒店的全服务不同，定位为精致五星级酒店的禧玥，提供高端有限服务，不会配备高端餐饮、游泳池等服务，但会尝试全行政楼待遇。

之所以将禧玥的首站选在武汉，华住集团时任COO解云航表示："一方面，可以避开在一线大城市与众多高星级酒店品牌竞争对手近距离贴身肉搏，在中西部城市获得足够多的成长空间；另一方面，通过在新兴市场进行产品试水，检验禧玥的定位和市场反馈，加以优化和调整，为开拓全国市场打好基础。"

轻奢社交品牌CitiGO欢阁酒店，则以"好而不贵、轻奢享受"为卖点，瞄准爱旅行、爱运动、爱分享并追求品质和个性化的年轻消费群体，引领第三代酒店变革。

金辉针对CitiGO欢阁酒店提出了"出差8小时，享受16小时"的口号，除了提供客房内的洗漱、睡眠等品质服务，将音乐、咖啡、派对、交流、阅读、办公、轻食等概念纳入公共区域，极大地提升了公共区域的承载功能。

"CitiGO欢阁是一个垂直化、小型化、个性化的实验场，最终市场给出了非常好的反馈，CitiGO新闸路项目入住率几乎为100%，并成为整个行业的坪效冠军。"宋玉闯说。

从超级经济型酒店品牌海友，到经济型酒店品牌汉庭、怡莱，从中档酒店品牌全季、星程，到中高档酒店品牌漫心、CitiGO欢阁，再到豪华酒店品牌禧玥，2012年1月佘山战略会议确定的多品牌发展战略，两年左右便初见成效。

季琦当时的分析是，华住的发展重心依旧是经济型酒店品牌汉庭，其次是中档酒店品牌全季、星程以及超级经济型酒店品牌海友，而高端品牌禧玥和漫心则处于试水阶段。

将发展重心聚焦于汉庭，意味着在经济型酒店这个红海市场，尽管华住的整体规模和品牌矩阵已经蔚然成型，但面对最大的同样在快速发展的竞争对手，一刻也不能放松。

后起之秀的取胜之道

汉庭是后来者，以什么样的策略追赶先行者，是一件非常考验智慧的事情。

在回归 CEO 之后的佘山战略会议上，季琦提出了一个非常严峻的假设："截至 2011 年，汉庭共有 639 家店，如家共有 1 425 家店。如果保持同样的增长速度，等汉庭 2016 年开到 2 629 家的时候，如家将有 3 415 家店。也就是说，保持类似的速度，最终的结果，只能是规模上的势均力敌。"

那么，后起之秀的取胜之道在哪里？

长期跟季琦并肩作战的战友们都明白，一旦季琦提出某一个问题，往往表明他已经对这个问题进行过深入思考。

果然，季琦首先分析了华住当时面临的国内外竞争态势："从各项数据看，排名靠前的世界酒店集团普遍增长缓慢，因此，前十的竞争，主要在于国内出线权的竞争。"这意味着，季琦此前"做好中国市场就是做好世界市场"的长期判断依然有效。

基于这个判断，华住集团的整体发展策略就变得顺理成章：低端酒店到海友为止，不断摸高；高端酒店以品牌费、加盟费、管理费收入为主；从多品牌、加盟、并购、高端管理等入手，加速集团发展。

季琦还同时提出了“多、快、好、省”的“二五”计划战略：建设志同道合的人才梯队；以多品牌，深化网络布局；快速发展，扩大规模；提高产品质量，保持高性价比；优化赢利能力。

在经济型酒店这个细分领域，季琦从产品、团队、网络、规模、成本、品牌体系、品牌策略、客户忠诚度、融资、回报、估值等方面，详细分析了激烈的竞争态势，总结说：“我们的主要对手和标杆，依然是刚刚并购了莫泰的如家。”

2011 年 5 月 27 日，如家宣布以 4.7 亿元的价格收购莫泰 168 全部股份。并购之前，莫泰在全国共有 276 家门店，拥有 43 801 间客房，作为当时行业龙头的如家则拥有 89 046 间客房。如家完成收购后，其客房数量超过 13 万间。

“我们确定了追赶如家的策略，但说实话，当时如家已经做好了快速发展的准备，追赶起来，我们还是有点心虚的。”金辉回忆说，经过一段时间的埋头苦干，汉庭眼看要追上如家了，如家却通过并购莫泰，再次拉大了领先优势。

对于整个团队，这相当于一次双重打击。

一方面，在即将赶上的时候再次被甩开，团队的信心很容易受挫。另一方面，季琦当时明确表示要收购莫泰，但华住管理层从性价比角度，认为莫泰要价太高，眼睁睁看着一块肥肉被对手抓走。

在并购莫泰一事上的分歧，正是后来张拓等华住管理层离开的直接导火索。季琦也多次以此为例，来说明创始人与专业管理者在思考问题上的角度差异，以及由此产生的不同结果。

了解整件事情来龙去脉的金辉分析说：“季琦是从战略角度考虑问题的，管理层是从战术角度考虑问题的，所以对于是否并购莫泰的问题，当时没能采取步调一致的行动，这是一件特别遗憾的事情。”

遗憾已经发生，就不应该纠结于应然，而应立足于实然，挽狂澜于既倒。

正是在这个意义上，金辉非常佩服季琦的战略修正能力——当事态进展没有按照自己的规划往前推进的时候，他会调整自己的规划，从而提出新的应对策略，做出当时条件下的最优选择。

在佘山战略会议上，季琦甩出了一系列竞争力的关键词：规模差距不被进一步拉开；RevPAR领先；性价比高——产品可靠，客户核心需求领先，平价；开辟敌后根据地，多品牌并进；跟进战术，位置更好；稳定的股东结构；管理者和领导者结合，优秀、长远的管理团队。

季琦总结称："作为追赶者，汉庭将继续坚持'更好'的策略，位置好、造价低、工期短、产品好、服务好、收益高、成本低。后起之秀的取胜之道，就是始终比对手'更好'。"

三军用命全力追赶

当外延式发展没能取得预想效果时，季琦和华住果断刀刃向内，在内涵式发展上下苦功夫。

季琦提出了一份细致入微的差异化开发策略：

> 在上海、北京、杭州、深圳、广州等一线城市，用全季品牌占领市中心地段，用快捷品牌加强渗透，推动强制布局，用海友品牌找机会布局。
>
> 在中西部地区，乌鲁木齐、西安、成都、银川、兰州、贵州、昆明等城市是布局重点，以这些节点城市为中心，完成新

政区域的网络布点，可以忍受回报的不确定性。

在苏中南等传统竞争区域，谨慎布点中心位置，完善网络。

在安徽、山西、江西、湖北、河北、河南等省份的大部分二线城市和其他省份，抢占中心点，完成网络布局，发达二线城市的中心地段可以考虑布局全季。

在广州、北京、山东、长沙、武汉等对手强势地区，见缝插针，牺牲暂时回报，忍受较长爬坡期。

华住人在明确目标之后，迅速展现出狼性的执行力。

徐皓淳记得，当时南京的汉庭北京东路店旁边开了一家澳门豆捞，新做的店招把汉庭的店招给遮挡了。

双方沟通之后没结果，季琦正好来巡店，到了晚上隔壁装修，弄得叮当响，季琦就跑过去警告对方。澳门豆捞的老板说，“你们的客户没那么娇气”，愣是不听劝。于是季琦带着大家一起去吵架、报警、打市长热线、拉闸，什么方法都用了，最终把问题解决了，隔壁的店招也挪到了一边。

汉庭事业部发展副总裁庞林当时负责山东市场的开发。为了避开对手实力较强的大城市，他到县级市去做下沉工作，在济宁市梁山县开发了一家汉庭酒店，有大约 90 间客房，用两年时间就收回了投资，业主高兴坏了，后来又加盟了华住的其他品牌。

庞林刚接管山东市场的时候，华住在那里只有 16 家门店，等他离开的时候，华住在山东已经开了 270 家门店。

现在担任美居 CEO 的顾林，刚加入华住参加完店长培训班便被安排在西安实习。有一天，他忽然接到直接领导徐皓淳从成都打来的电话。徐皓淳开口就说：“现在还差几分钟 2 点钟，我查了一下，今天下午 5 点多，有一个西安飞成都的航班，你收拾一下东西赶紧过来，我在春熙路店等你。”

顾林慌忙收拾好东西，赶到机场。到了成都打车直奔汉庭春熙路店。徐皓淳看到顾林来了，说：“这个店是你的了，出租率做不上去，就别来见我。”

好在顾林争气，出租率做得很不错。

没多久，春节假期到了。店里的出租率下降到 80% 左右，顾林觉得，大过年的，这出租率不算差。刚把汇报战果的邮件发出去没两分钟，徐皓淳的电话就打过来了：“为什么店里没有满房？”

顾林说：“大年三十，旁边没有一家店是满房的。”

徐皓淳说：“那旁边的其他酒店，是不是一个住客都没有呢？”

顾林说：“对啊，它们的出租率更低，只有十几个房间有客人。”

徐皓淳接着说：“你为什么没能把那十几个客人争取过来呢？”

没等顾林回答，徐皓淳接下来的自问自答，让顾林哑口无言：“你要对客人好，好到什么程度呢？好到让客人想住其他酒店的时候，有一种犯罪感和愧疚感，这才算做到位。”

三军用命，华住上上下下坚持“更好”的追赶策略，硬是一点点缩小了与领跑者的差距。

吹响“淮海战役”冲锋号

经过佘山战略会议统一思想，华住的发展再次加速。

截至 2013 年年底，汉庭在全国 180 个城市，共有 1 307 家门店、134 253 间客房，而当时如家共有 2 180 家酒店投入运营，另外还有在建酒店 417 家。双方的差距已经明显缩小。

2014 年 1 月 30 日是农历癸巳年腊月三十，大年夜的傍晚 17 点 49 分，王晨等人收到一封 1 600 多字的长邮件，季琦给那封邮件取的标题是——《请大家好好学习“淮海战役”》：

> 共产党由原先盘踞在诸省交界处穷山恶水里的游击队，进而发展到与国民党分庭抗礼，最后一举打败国民党夺得天下的过程，精彩纷呈。这台好戏的高潮，就是三年解放战争，而高潮中的高潮，要算三大战役中的淮海战役。
>
> 抗战胜利后，蒋委员长的声望达到了极点，手里的部队也扩张到惊人的数百万人。雄才大略如毛泽东，也只是乐观估计，五年能打败国民党，而国民党仅仅支撑了三年。
>
> 这是一件很不可思议的事情。
>
> 共产党怎么就能以弱胜强、以少胜多？
>
> ……
>
> 这一切的发生，并不是像写好的剧本那样，会简简单单顺理成章地在舞台上上演。未发生之前，是谁也预料不到结局的。
>
> 尊严，不是无代价的。完成这个过程的那些埋没在历史故纸堆中的牛人、牛事儿，不应该被忘记，而应该被牢牢记住。

收到这封邮件后的那个春节假期，王晨把全部心思都用在研究淮海战役上了。

华住大学同步启动“提升竞争力”方案，聚集华住骨干，开展了跨度长达 8 个月的“淮海战役”行动学习项目。华住管理层刘欣欣、王玲等任项目导师，以真实课题训战结合，直接追踪目标，打造跨部门协同实践，构成项目与学员“你中有我，我中有你”的严密联络。

方案力求从剖析战役的要害点下手，以史为鉴，借力打力，在项目、人才、绩效三方面全面掀起与对手的竞赛，在“起义”“啃硬骨头”“送粮食”“运伤员”等不同要害点，给予干部指战员钻研战役的时机，提升各自战斗力。以小仗、小革新为开端，帮助集团储备的人才进行实战演练，夺取战役的胜利。

现多元事业部CEO薛官兵、美仑事业部CEO张书荣、海友CEO田磊、汉庭事业部副总潘莉、全季事业部副总王琦、桔子副总赵伟等，都是当年的学员。

田磊当时是负责汉庭湖北市场的区域经理，他将自己的工作定义为“淮海战役的外围战场”。

湖北十堰的汉庭直营店一度是最大的堡垒店。为了攻下这个堡垒，田磊一周七天，天天带着小伙伴们开车到高速公路口拉客。“我们用7天时间，总共拉来120多个客人，将酒店的出租率一点点拉上去。其中有一天，拉客到晚上11点多，眼看着只差一个客人就能满房，可实在太晚了，高速公路上几乎连车子都没有。后来实在没办法，我就自己花钱入住，凑了个满房。”

最终，汉庭湖北门店的RevPAR，在那一年超出竞品很多。

反超策略见成效

华住同时制定了针对性极强的反超策略。

除了华住针对性策略造成的直接影响，金辉认为，如家面对巨大经营压力，直接裁掉了开发团队“非常可惜”。

金辉说：“我们当时也面临非常巨大的经营压力，但季琦明确要求，保留核心开发团队，其他开发成员可以暂时转岗，等局势明朗后，再全部转回开发团队。”

季琦这个决定，保留了华住的革命火种。说完这句话，金辉感叹道：“这是不幸中的万幸。”

2014 年，汉庭与如家的身位发生了互换。截至 2014 年 12 月 31 日，华住开业酒店 1 995 家，包括 611 家直营店、1 376 家加盟管理店和 8 家特许星程酒店，覆盖 300 个城市，客房数合计 209 955 间，全年净营收达到 49.647 亿元人民币（约合 8.002 亿美元），同比增长 19.1%。其中，仅 2014 年一年，华住新开酒店 587 家，包括 46 家直营店和 541 家加盟管理店，远超预期中的 420~450 家酒店。

截至 2014 年 12 月 31 日，华住还有 673 家酒店正在筹备开业，其中直营店 29 家、加盟管理店 644 家。

“2014 年，华住在酒店网络的快速构建方面，取得了可喜成绩。”总是看忧不看喜的季琦，难得例外了一次，“展望未来，我们非常有信心实施我们的发展战略，巩固华住在中国酒店业的领导地位。”

2014 年 12 月 19 日，在 2014 年的华住世界大会上，季琦正式提出了“华住世界”（H World）发展战略规划。未来 5 年，华住将采用“精选 + 优选”的方式，联合国内 3 000 家三星级、四星级优选酒店，1 000 家高品质精选酒店，以及旗下 6 000 家直营和特许店，一同建立覆盖超过 10 000 家酒店的“万店联盟”，打造中国酒店业大圈层。

金辉对“华住世界”做了这样的解释：“H，是我们所从事的酒店业（hotel）的英文首字母，也是“华住”拼音（hua zhu）的首字母。更巧的是，“好客”（hospitality）的英文首字母和“好客”拼音

（hao ke）的首字母，也都是 H。华住世界要按照‘三大’方向，做大规模、搭大平台、建大数据，打造幸福而美好的华住生态圈。”

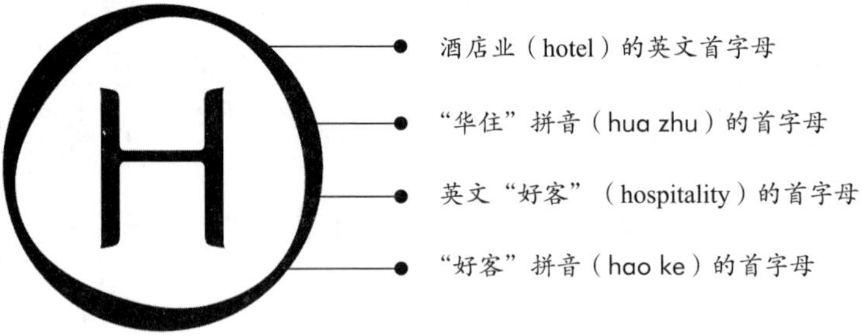

华住世界解读

“银河计划”携手雅高

对赢得“国内出线权”的季琦和华住来说，2014 年还发生了一件影响深远的事情，那就是“银河计划”落地——与雅高集团签署战略联盟协议。

季琦跟雅高的缘分，要追溯到 1999 年创办携程的时候。那时雅高做了一项业务，叫雅高餐卡。有个业务员到携程推销餐卡，说餐卡可以作为公司福利，员工持卡到附近的餐馆吃饭，刷卡结账。

处于创业起步阶段的携程，舍不得给员工发这种福利。业务员很扫兴地离开了，临走的时候送了一本书给季琦，书名叫《雅高：一个银河系的诞生》，讲雅高是如何诞生和发展的。

季琦读了一个通宵，一口气读完，第二天起来，眼睛炯炯发光。那时携程还不赚钱，也不知道未来能不能赚钱。季琦想，雅高这么赚钱，比我们这个行业好，还是进入酒店业吧。

就这样，季琦不但进入了酒店业，而且不管创办如家还是创办汉庭，他都在有意无意模仿雅高的思路和模式。季琦把雅高定义为自己“做酒店行业的模板和老师”。他说：“读了那本书之后，我对雅高崇敬有加。当时我的英文还不够好，但我每年都会把雅高的英文年报打印出来，认真阅读、认真分析、认真思考。”

后来，季琦跟雅高一直缘分不断。

2009 年 4 月，季琦见到雅高集团创始人之一的保罗·杜布吕，向他请教发展酒店的心得，杜布吕的“速度不重要，质量最重要”，如黄钟大吕，萦绕在季琦耳畔。

2013 年 4 月，季琦在巴黎香榭丽舍大街旁边的福凯斯酒店，跟时任家乐福董事长塞巴斯蒂安·巴赞见面。

福凯斯是一家很优雅的老酒店，每次去巴黎，季琦和好朋友都会在这家酒店的酒吧喝一杯。季琦见到巴赞的第一面，就说：“你应该去做雅高 CEO。”

一年多之后，巴赞果然被任命为雅高集团 CEO。他对季琦见他第一面时说的那句话，印象十分深刻。

季琦则专程前去拜访致贺：“恭喜，你做 CEO 了，我觉得华住有机会和雅高合作了。我们在中国市场做得还可以，但我们缺少很好的品牌系统，缺少很好的人才，如果有机会跟雅高合作，我们会非常开心、非常高兴。”

当时刚做 CEO 的巴赞可能还没有理清头绪，没怎么把季琦的话放在心上。过了很长时间，季琦突然听到雅高要找一家中国企业合作。季琦想，这家中国企业一定得是我们，不能是别人。

于是，季琦一个人，背着双肩包飞到了巴黎。一大早，他直接从机场来香榭丽舍大街，找了一个咖啡馆，边喝咖啡边等巴赞，“当时的心情，就像过去大臣等待皇帝召见一样”。

在福凯斯酒店，两位老朋友又见面了。

季琦把自己的完整想法跟巴赞说了：“如果有可能，你们把雅高中国的业务，部分或者全部放到我们华住来，华住反过来把一部分股票发给雅高，这样我们之间形成一种联姻的关系，而不是很肤浅、很松散的联盟关系。”

这个主意也许打动了巴赞，但他觉得还不够了解季琦。季琦后来说：“法国人跟中国人非常像。在他不信任你、不了解你的情况下，是不会和你做生意的。”

从那之后，巴赞就问身边的每一个人，是不是认识季琦，以及这个人怎么样。恰好，季琦有很多法国朋友，有艺术家，有企业家，也有政界人士。每个人都跟巴赞说：“老季很好，你要在中国找合作伙伴，非他莫属。”

经过半年左右的考察、沟通、谈判，2014 年 12 月 15 日，华住酒店集团与雅高酒店集团签署长期战略同盟协议，将携手拓展在华酒店业务，整合旗下现有超过 2 000 家酒店。

两大集团强强联手，缔造卓越和多元化的酒店联盟，为在中国这个世界最大旅行市场的发展提供长期路径。双方还将在股权方面考虑互相融合。

时任法国外交部长兼旅游部长见证了华住和雅高的握手联姻。季琦跟巴赞并肩走出法国外交部长办公室的时候，巴黎街头正飘着小雨。

1964 年，新中国首任驻法大使黄镇和时任法国总统戴高乐在这里拍下合影。50 年后，季琦跟巴赞在同一个地方，留下了另外一张合影。

“我记得乔布斯说过这么一句话：生命中有很多片段，最初的时候，你不可能从这一个片段上看到它与将来的关系。只有等你回头看时，才会发现，那些点点滴滴，会在你未来的生命里，以某种方式串联起来。”季琦说，自己跟雅高的因缘，就像这句话说的那样，有点像命运的安排。

不可思议的“自证预言”

乔布斯2005年在斯坦福大学毕业典礼上的那场演讲中说过：“你必须相信某些东西——你的勇气、理想、生命、因缘——这个过程从来不会让人失望，只会让你的生命更加与众不同。”

2014年12月19日，在华住和雅高签署同盟协议，也就是“银河计划”落地的四天之后，在华住世界大会上，季琦展示了三张照片：老北京胡同的人力三轮车上，第一张是戴着草帽、穿着黄马褂蹬车的季琦和后座上的保罗·杜布吕，第二张是戴着草帽、穿着黄马褂蹬车的保罗·杜布吕和后座上的季琦，第三张则是保罗·杜布吕和杰拉德·贝里松一左一右在跟季琦交谈的场景。

季琦说：“这两位，是雅高的创始人，照片是今年拍的。他们听到华住正跟雅高谈合作的消息，特意过来，拉着我的手说：‘小季同学，非常高兴。我们年轻的时候准备征服美洲，不太顺利，没有成功。但今天我们认为，全球最好的市场在中国。如果雅高能够跟华住合作，我们会非常非常高兴，这是我们这辈子的理想，是酒店业的期望，希望小季同学能够接过大旗，在中国好好干一番事业。’”

季琦指着第三张照片，对现场差不多1 500名华住的朋友说：“两位创始人这番话，说得我很感动。”

2014 年华住世界大会上季琦展示的三张照片

旋即，台下掌声雷动。

人本主义心理学家阿尔弗雷德·阿德勒认为，每个人内心深处都有成长的力量。他由此提出了著名的心理学概念：自证预言。人会不自觉地按已知的预言行事，最终令预言发生；与此同时，对他人的期望会影响对方的行为，使得对方按照你的期望行事。

与雅高牵手，是季琦的自证预言。

“我们两家加起来，无疑将成为中国酒店业的巨擘。华住与雅高联姻，是中国酒店业发展的里程碑。”季琦说，“雅高主要是把中档和经济型业务跟华住合在一起，有宜必思、美居、诺富特，还有美爵，它是专门为中国市场打造的五星级酒店。我们把这样几个品牌放在华住的盘子里面。我也很荣幸能够请巴赞出任华住的董事。我们希望通过这几年向雅高学习，加强对高端酒店的了解。”

针对这个联盟，季琦总结了五个不变：保持团队基本不变，保持品牌标准不变，保持业主的承诺不变，保持雅高优秀文化不变，保持雅高国际化品牌不变。季琦说：“跟一个企业合作，除了房子、管理合同等看得见的资产，我认为更值钱、更有价值的，是它的员工，尤其是有经验又专业的员工。”

与此同时，季琦还从雅高业主的角度，总结了五方面的变化。

第一，“一个标准，双份关怀”。就像原来一个孩子有一个妈，现在又有一个爸，虽然爸干事没有妈干得好，但偶尔也要换换尿布。

第二，“国际品牌，本土化沟通”。你想找个人煮点小黄酒，吃个大闸蟹，我们奉陪。

第三，“更多布点，更大知名度”。原来雅高的酒店大概有 100 多家，未来 5 年准备翻 5 倍，达到 500 多家，这是底线。品牌更多了，意味着知名度更高了。汉庭没有做过什么广告，很多人知道汉庭是因为看到有很多门店。同样，随着诺富特、宜必思、美居、美爵布点增加，它们的知名度也会更高。

第四，“共享采购平台和 IT 技术，降低成本”。

第五，“一家酒店，双会员支持，双网络预订”。原来的网络还在，原来的会员体系还在，但今天多了一份，而且是免费的。

季琦公开承诺：“华住只会做加法，不会做减法，我们只会做价值创造，我们只会让一切更加美好，这是我们存在的理由，也是我们存在的价值。”

现在担任华住中高档品牌 COO 的马卓谊是个法国人，华住跟雅高达成战略合作的时候，他已经在雅高工作了 15 年。

双方确定合作方式后，雅高在上海的管理层被邀请跟季琦和张敏一起吃早餐。“那天，季琦谈了他对于华住未来发展的规划，也谈了如何运营雅高旗下品牌。”马卓谊说，季琦的演讲发自内心，非常真诚，“我之前从来没有听到过这样的演讲。”正是在那一刻，他决定加入华住。

入住华住半年左右的时候，公司在法国南部组织了一次登山活动，当时大约有 20 人参加。跟季琦和金辉一样，马卓谊也非常喜欢运动，平时经常锻炼。所以往上爬山的时候，马卓谊跟季琦和金辉几个人，组成了一直走在最前面的第一梯队。

那座山又高又陡，快到山顶的时候，恐高的马卓谊已经不敢往旁边看，只敢盯着自己的脚下。硬撑着爬到山顶后，大家眺望了一下周围的风光，略做休息，便准备下山。

季琦和金辉继续冲在最前面，但马卓谊两腿发抖，僵在山顶，不敢动弹。就在他无计可施之际，已经往下走了七八十米的季琦和金辉发现马卓谊惶恐地杵在原地，两人赶紧再爬回山顶。问清楚缘由后，季琦和金辉一左一右，架着高高大大的马卓谊回到山下。

“那一幕给我的印象太深了。如果他们能在爬山的时候这样帮助我，那么他们在工作中也一定会这样帮助我。”已经在华住工作了五年半的马卓谊，地道地表达了他的内心感受，“他们让我觉得工作中有了依靠。”

依靠当然会有，任务和目标也不可或缺。

马卓谊刚到华住就接手了美居的运营。在雅高管理期间，美居的GOP 率为 20%~35%，但季琦的要求是达到 72%。

“不知道他如何算出这个数据的，我们一开始觉得根本不可能实现。后来经过各种努力，最终达到了 69%。虽然还是没能达成目标，但已经非常接近。”马卓谊说，在这之前，他从来没有意识到，自己和美居都有这么大的潜力。

如今，马卓谊对华住的高标准严要求已经习以为常，他说：“我在其他公司工作的时候，每年 10 月份拿到下一年的预算，觉得差不多能完成。但在华住工作，9 月份拿到预算的那一刻，要考虑如何在未来的 14 个月中，完成看似不可能完成的目标。”

“其他大公司，制定非常难实现的目标，会让员工失去斗志。但在华住，越难实现的目标，越能激发员工的斗志和干劲。”马卓谊抖了抖眉毛，耸了耸肩，说：“这一切太不可思议了。”

靠一个光盘落地的全球旗舰店

刚开始跟华住合作时，雅高旗下的宜必思酒店在中国只有几十家门店。

宜必思上海新虹桥酒店

听闻华住要在一年内开出 100 家宜必思的计划，时任雅高首席发展官高瑞夫用他浓重的印度口音对金辉说："要是真能在一年内开出 100 家店，那可就太厉害了！"

金辉笃定地回答他："肯定可以的，你放心。"

宋玉闯和王越等负责设计的同事，2015 年被金辉征调进项目小组，开始打磨华住跟雅高合作后的第一家宜必思酒店——宜必思上海新虹桥酒店。

曾在 2014 年前后主导了汉庭 2.0 改版的金辉，将工厂化、标准化、模组化的研发思路，应用到了宜必思 7.0 版本的改造中。

宋玉闯记得，金辉带领项目小组花了很多精力，考察其他宜必思门店，然后结合华住的审美进行调整。奋战一年多，2016 年 5 月，宜必思上海新虹桥酒店完成施工。

"雅高的人看过现场之后，既惊讶又惊艳。"宋玉闯说，雅高提供的资料非常少，只有一个光盘，他们惊讶于华住只靠一个光盘就能将产品落地，惊艳于华住对产品调性的精准把握。时任雅高大中华区工程副总裁的博根培甚至不无夸张地说："给华住一张光盘，他们可以撬动整个地球。"

"其实，他们本来有点看不起我们的，觉得汉庭太差。但从宜必思上海新虹桥酒店开始，他们在心里就认可华住了。"金辉说，"后来雅高提议，将这家店定位为宜必思全球旗舰店。"

几天后的一个上午，季琦和金辉一起去巡店。王越没在现场，对当时的情况不得而知。但当天下午，正在办公室工作的王越，收到了季琦托人送来的一瓶贵州茅台，上面有季琦的亲笔签名。

"那瓶酒，在部门的储物柜里放了很久，我们一直不舍得喝。那可不是一瓶普通的茅台，那是老季和金辉对我们的肯定。"王越边说边笑了起来。

雅高有遍布全球的分销网络，华住有遍布中国的直销网络，这次世界酒店史上的最大规模合作，覆盖全球 5 700 家酒店、4 700 万活跃会员。华住的 7 个品牌，与雅高的 14 个品牌，两块独立的半圆，在中国市场组成了 21 个品牌的完美圆形，并与全球共享。

华住与雅高的战略联盟，也促进和推动了中国与法国日益密切的经贸联系。

2016 年 3 月 26 日，在法国驻上海总领事官邸，时任法国宪法委员会主席洛朗·法比尤斯，给季琦颁发了法兰西共和国荣誉军团骑士勋章。

法兰西共和国荣誉军团骑士勋章由拿破仑设立，过去用于奖励荣立战功的军人，如今用来表彰社会各界杰出人士及国际友好使者。这是法国政府颁发的最高荣誉，也是世界上最为著名的勋章之一。

季琦说："这是中国本土集团跟国际酒店集团之间的第一次深度融合，我们之间没有战争，没有恶意并购，我们非常友好，通过一个非常聪明的方法结合在一起。"

季琦预测，中国和世界，未来会发生更多类似的故事。

发生在中国的故事，影响力已不仅仅局限于中国，这是一个世界级的故事。

"做好中国市场，就是做好世界市场"的远见卓识和燃烧在华住人心里的那团火，此时此刻，被整个世界看见。

第七章

东方全季

2013 年 9 月，在中国饭店业协会举行的演讲中，季琦预言：“未来五年，中国酒店业如果有什么大事，一定发生在中档酒店。”中国所有大的酒店的负责人，以及传统酒店的老总，都在座。季琦说完这番话，没有什么掌声，也没有引起什么共鸣。

三年后的 2016 年 9 月，在从韩国济州岛返航上海的游轮上，季琦当着近 2 000 位华住世界大会的与会者，加重了筹码：“未来十年，中国酒店业如果有什么大事，就发生在中档酒店。”

对王阳明“知行合一”推崇有加的季琦和华住，用东方、适度、人文的全季品牌，践行了自己的认知。

2013 年 6 月，全季 3.0 版本问世，奠定全季产品标准；2014 年 9 月，全季开业门店数量突破 100 家；2015 年 12 月，全季 3.5 版本升级成功，推动高标准化发展；2016 年 2 月，全季开业门店数量突破 200 家；2018 年 10 月，第 500 家全季门店落成；2019 年 1 月，全季 4.0 版本推出，奠定世界级产品标准；2020 年 9 月，全季酒店突破

1 000 家……

当很多酒店业同行仍纠结于“什么是中档酒店”“中档酒店行不行”等命题时，准确把握了消费升级浪潮的全季，已经从鏖战、观望、怀疑中突围，成为中档酒店第一品牌。

华住为什么能在中高档酒店中有所突破？金辉认为，有三个重要原因。

其一，华住一以贯之的创业基因和创业者文化。在捕捉到 50%~60% 的信号时，敢于行动，有季琦的商业敏感度，加上团队的强大执行力，可能就会做到 80% 甚至更高。

其二，创始人的坚持不懈。在全季发展过程中，不是没有挫折，但面对失败，季琦表现出了强大的韧性。

其三，全季的管理模式跟汉庭的管理模式很接近。在华住已有的大连锁管理土壤和人才储备里，完全可以生长不同的物种，开出不同的花朵，向世界展示东方之美。

东方全季，一个创业者探索创新的故事，一家中国企业迈向世界级企业的故事。

4 亿中产的“生活禅”

全季 3.0 版本，以“温良恭俭让”为设计理念，奠定了全季的产品标准。

2015 年 12 月推出的全季 3.5 版本，在 3.0 基础上更多考虑了加盟商、消费者的诉求。进一步提升木纹元素带来的轻奢品质、家具线条饱满圆润等设计感的同时，降低营建材质，工艺去复杂化，减少不必要的雕琢，从而将3.5版本打造为高标准化和高可复制性产品。

以此为标志，全季的发展战略，由销售转向开发，以实现大规模增长为目标。

产品的标准化与可复制性，战略的倾斜与资源的配置，全季像点燃了发射按钮的航天器、航空器，开店数量直线上升：2016年2月达到200家，2018年1月超过400家，2018年10月第500家落成，2019年12月开出第800家，2020年9月突破1 000家……

“过去我们描述‘中国制造’的时候，有个短语，叫good enough，也就是够用就好。在‘中国服务’刚起步的阶段，我们在大面积复制连锁化经济型品牌时，也可以用这个短语，够用就好。”季琦说，“但如今，以全季为代表的中档酒店品牌发展起来，再描述‘中国服务’，就需要把这个短语颠倒一下，必须enough good，要足够好用。”

在季琦的认知里，中档酒店品牌的崛起，是供给侧结构性改革的一个代表。

在每年的华住世界大会上，季琦总会用相当大的篇幅分析国际国内形势。他常说，做小买卖时不需要关注这些，但做大企业，在变动非常大的环境里，就必须抬头看看天下发生了什么。

2016年9月22日、2017年12月14日、2018年11月29日、2019年12月12日，在连续四届华住世界大会上，季琦一直在谈的话题是新常态、供给侧结构性改革、消费升级。

所谓新常态，就是中国经济发展从高速增长转为中高速增长，经济结构优化升级，从要素驱动、投资驱动转向创新驱动。季琦认为，这是大的经济背景，“做任何生意、任何事情，不了解这个经济背景，是不靠谱、不现实的”。所谓供给侧结构性改革，第一是去库存、去产能，第二是调结构，第三是减投资，“很多人以为，供给侧说的只是房地产、中国制造，其实也完全适用于酒店行业”。

季琦由此提出了“红利时代结束，精益时代开始”的判断：“过去做酒店，是房地产的一部分。通过酒店圈地，通过酒店拉高房地产售价，越豪华、越高档、越是国外品牌，越受欢迎，甚至开了很多豪华酒店，只是为了树立政府形象。但接下来，如果再这样做酒店，机会不太大了。中国酒店业要靠什么继续发展？只能靠创新和精益管理。”

创新是为了满足消费升级的新要求。季琦借用《南方周末》一篇文章的分析，用“爱美、怕死、缺爱”概括消费升级的特点：“爱美，华为的手机做得不丑，所以就卖得不错。怕死，就是要健康，如不吃转基因食品，关注环保、雾霾等。缺爱，现在是一种普遍现象。爱是比尊重更高的一个境界，不仅年轻人觉得缺爱，我们也缺爱。”季琦说，这六个字，是 80 后、90 后表现出来的典型消费趋势。

2015 年中国人均 GDP 达到 8 000 美元的水平。从国际上来看，人均 GDP 达到 8 000 美元之后消费就要开始升级。

“有人去了欧洲、美国，可能还想去南极，去体验不一样的风景。这就是非常明显的消费升级现象。”季琦判断，中国社会与消费升级相关的核心人群规模，至少有 4 亿人。

第一类人群，是城市里的中产阶层，大约有 1.5 亿。第二类人群，是 2.5 亿的城市大众。“上海的大爷大妈，如果有一套房子，身家差不多就在 1 000 万元以上。如果在上海没有工作的夫妻俩，有一两套房子的话，也是非常有消费能力的，等孩子大了，房价已经涨了，股市也还不错，他们必然进入消费升级阶段。”

以全季为代表的中档酒店品牌异军突起，正是精准把握了中国消费升级的浪潮。

金辉在介绍全季的时候，经常引用季琦的全季“生活禅”：“我们低调，我们适度生活，我们为你留白，但我们讲究品质，我们重视美感和舒适，我们充满人文精神。”

“一分也不多，一分也不少；我要的都有，我不要的都没有；价格也不高。”有朋友给了全季这样的评价，季琦觉得非常好，“但去掉哪些，保留哪些，其实要经历非常复杂的思考。全季展现出来的简单和平常，背后其实有非常复杂的权衡过程”。

这是华住对全季的产品注解，也是4亿中产阶层的生活主张。

中国第一的演化路径

2019年1月，全季4.0版本焕然登场。

在“温良恭俭让”五德基础上，4.0版本注入了“仁义礼智信”的五常内涵：仁，人文、体贴；义，责任、奉献；礼，礼仪、礼节；智，智能、科技；信，信任、安心。

通过以人为本的“客听”空间、隔音与智能应用、增设洗衣健身区等，全季在产品迭代升级中，执着谨行品牌形象，倡导蕴含“自然、适度、自在”的东方美学生活。

周光明介绍说：“在大堂里面，我们首次突破了自由开房退房的功能。除此之外，也可以在‘客听’里，喝一杯茶、一杯咖啡，或者翻翻书，买一点全季好物。”

大堂、房间、餐厅，这些客人可以看见、可以体验的空间，已经完全标准化，并且充满东方之美。同时，在那些客人看不见的空间，全季也下了很大功夫。

全季全国设计总监黄本炎说，最近正在设计、改进全季的后勤空间，营建、运营、保洁、厨师等工作人员生活的空间，宿舍、餐厅后厨、员工会议室等。这些空间都是客人看不到的，但不能因为客人看不到，就马马虎虎对付过去。

“只有当我们的后勤空间充满东方之美，才能让我们的员工，发自肺腑地为客人提供自然、得体的服务。”一如很多人对设计师的印象，黄本炎说话非常缓慢，仿佛说出的每一个词，都经过了10秒以上的斟酌和推敲。

“全季要做一个满足全国食药监要求的厨房，这是全季的人文精神在设计上的体现。”黄本炎一个字一个字地说。

设计绝对不是在图纸上画一下那么简单。自从为全季服务之后，黄本炎一次又一次从一线运营人员身上受到猛烈冲击。

他印象最深的一件事情，是一次到哈尔滨搞团建，一个当了十几年店长的同事专门过来给他敬酒说：“我们这些当店长的，就像被嫁出去的女儿。设计和营建部门的人，就是在帮我们准备嫁妆。准备得越充分，我们到了婆家才越容易过日子。”

黄本炎说，这句话给了他“电击”一样的感觉，让他浑身一激灵。

在这位老店长的启发下，现在，全季设计部门建立了完整的流程机制，设计图纸交出去，三个月之后回访，跟进追踪产品有没有什么问题。同时，每个项目都会安排一个专门的设计师去对接，随时提供各种帮助。

“全季已经成为中国布局最为广泛的中档酒店，远到新疆、西藏、海南、黑龙江，在中国任何一个地方，都有全季酒店为客人提供舒适的入住体验。”金辉说。

中国传统文化经典《周易》将“天地人”定义为“三才”。金辉将全季的成功，归结为天时、地利、人和的“三才”共振。

全季的诞生、发展、升级，首先是客观环境提供的机会，华住主动拥抱消费升级的趋势，积极应对租金上涨的挑战。

当“天时”出现的时候，与华住集团的“地利”产生了呼应，“集团的创新土壤，长期培育的会员体系，投入重金研发的技术赋能，以及十几年锤炼的大连锁管理经验，全部应用到了全季身上。”金辉说。

“人和”则将“天时”和“地利”连接在一起。金辉由衷感慨：“集团上上下下倾注了全部的心血和资源，研发团队沉浸于产品打磨，核心团队啃硬骨头，打硬仗，敢于担当。一群志同道合的朋友，一起快乐地成就了一番伟大的事业。”

2018 年 12 月，全季荣膺中国饭店业品牌价值榜第一名。

在 2019 年的华住世界大会上，季琦在展示了全季历年 RevPAR 走势图之后，说：“全季的 RevPAR，已经超越了中档的范畴。但我们还是把全季定义为中档品牌，全季已经和星巴克、华为一样，成为中产阶层的消费标配。”

“全季成为中档酒店的第一，不但在中国市场上遥遥领先，而且在全球市场上遥遥领先，因为我们是为 4 亿中国中产阶层提供服务，世界上没有其他国家具备这么庞大的实力消费群体。”季琦说。

全季的“破坏性创新”

季琦在《创始人手记》中总结过生意上的阴阳之道，其中很重要的一条法则，叫作“破坏性创新”。

华住、如家、7 天就是对传统酒店业的破坏性创新，把整个产品结构、成本结构、发展模式、员工收入模型都改变了，因此改变了整个产业。

“做中档酒店也是一样的，要不断从内部破坏旧结构、创造新结构，包括新的消费方式、新的生长方式、新的沟通方式、新的呈现方式。”季琦说，华住每进入一个新领域，都要进行破坏性创新，“不在这个行业里创新，我们是不会有生存机会的。”

周光明首先从产品上进行了破坏性创新。以全季 4.0 为例，“第一个创新是把线下流量变现，我们做了‘客听’，并提供所有客户旅途上需要的精良物品，如图书、3C 产品[①]等。第二个创新是所有桌子、椅子都是装配式的，包括淋浴底盘也是装配式产品，这种设计保证了营建周期，同时控制了投资成本”。

供应链支持中心工程高级总监宋延强，负责将周光明团队研发的产品落地，他说：“华住的工程要求，是客户能触摸到、体验到的，像床品、马桶、电视、早餐等，都要做到最好。客户不直接接触的隐蔽工程，如砌墙、龙骨等，也要本着对投资者负责的态度，坚持同样的高标准。”

高标准、严要求，成本还不能高，实现这一切的前提在于产品的标准化，以及供应链的强大管控能力。

“全季每个房间的净面积，基本上在 18~22 平方米，加上公摊面积，也就是 41 平方米左右。单个房间的造价成本在 11 万元左右，基本上每平方米 2 300~2 400 元。一个全季标准大堂，面积为 300~350

---

① 3C 产品为计算机类（computer）、通信类（communication）、消费类（consumer）电子产品的统称。——编者注

平方米，全部算上，造价成本为 150 万元，分摊下来每平方米 4 000 多元。”宋延强像开机关枪一样，随口说出一串数字，每个环节的造价和成本，都装在他的脑子里。

采购副总裁陈雨明记得，在全季从 3.5 切换到 4.0 的时候，他们将床头柜拆解为 10 个左右的配件，然后开模定制，把成本从 500 多元降至 300 元以内。

“我们都是按工业化思路来解决问题的。”陈雨明说，供应链给自己的定位是“雷锋”，“我们千方百计寻找各种性价比高的产品，然后不赚任何差价，提供给我们的加盟商。”

在对产品进行破坏性创新的同时，被金辉评价为“卓越经营者”的沈怡均，在推动全季经营发展的过程中，同样进行了大量的“破坏性创新”。

沈怡均 2013 年刚到全季的时候，国内中档酒店市场还处于萌芽阶段，投资者普遍处于观望状态，全季举步维艰。

2013 年 8 月，全季事业部成立，总共十几人，其中区域经理不到五人。

起步阶段，需要情怀，更需要拼搏奋斗。作为全季 CEO 的沈怡均，从开发到销售，事必躬亲，在每周例会上，他针对每家店进行点对点的数据分析。

2014 年，在将所有门店收归事业部管理后，基于对周末与周中出租率的详细分析和洞察，沈怡均做了一个大胆的决定，全季在中档酒店中开创式地实施了价格管控，率先尝试“周中价”。

“统计了几个月的出租率之后，我们发现，在上海这样的城市，周中的商务客人特别多，房间总是供不应求。而周末的时候，商务客人骤减，但门店附近的居民会到酒店大堂消费。”沈怡均于是相应调整了周中的 RevPAR。

全季全国销售总监兼沪西沪北大区经理陈佳瑞记得，刚推出“周中价”的时候，很多商务客人投诉，因为每天价格不同，没法回公司报销，“我们后来在销售系统上进行了一些调整，确保不影响客人报销”，经过一段时间尝试，客人慢慢接受了这种价格变化。

这是一个转折点。

2014 年 3 月，全季上海伊犁路店成为首个 RevPAR 突破 400 元的门店。这次试水成功，正式开启了全季的精益化收益管理。

听到这个好消息后，季琦于 3 月 5 日发出祝贺邮件：“恭喜上海城区取得的好成绩！”

倍感振奋的全季团队再接再厉。此前，行业中一直流传着一些所谓的魔咒，其中之一就是连锁品牌无法做大房量的酒店。但沈怡均从全季酒店的高出租率中，觉得这样的魔咒不应该成立。

2014 年 6 月，拥有 364 间客房的全季上海延安路酒店开业三天即满房，成为首家最快满房的大体量门店。这给了沈怡均和全季团队极大的信心。

2014 年 9 月，全季上海中山西路店改造，沈怡均拍板决定，将 200 多间大客房改造成为 391 间全季标准房，直面大体量连锁酒店挑战。不出意外，这次尝试，很快取得满房的成绩，并且 RevPAR 高达 380 元。

贡献整个集团约三分之一的利润

华住的“破坏性创新”是全方位的。

在华住接手之前，中山西路一家门店的 GOP 率是 30% 左右。季琦提出，能不能做到 70%？

酒店原来有个监控房，24 小时三班倒轮流值班，一班至少 6 个人，基本都跷着脚在那儿喝茶看报纸。

华住的解决方法是，把监控屏幕移到前台，对所有监控频道录像，原来录像只存一周，现在存一个月，甚至存三个月，因为硬盘很便宜。

将消防警报系统放到前台，音量很高的警报一响，前台马上能听到，不再需要专人盯着监控屏幕。

整体改造花了几万元，每年省下的人工费则是几十万元。

前台原来也实行三班倒，每班四五个人，全部改成自助登记入住后，前台的工作人员从十个变成几个。如此节流之后，酒店的 GOP 率很快超过了 70%。

同是美林阁店的全季八佰伴店、全季上海吴中路店，在翻牌成为大体量连锁酒店后，数据也非常好。

2016 年，第一家由竞品翻牌而来的全季北京安贞店，RevPAR 比翻牌之前暴增 130~150 元，吸引了一大批竞品加盟商前来翻牌。

一次又一次在破坏中创新，一次又一次打破行业魔咒，全季的不断探索，验证了中档酒店商业模型的可行性，大大增强了加盟者的信心，为后期爆发式增长注入了强心剂。

2015 年，全季全面扭亏为盈。

不同时期的数字对比，可以清晰地折射出全季的发展轨迹：2013 年全年营收为 5 亿元，2019 年全年营收增长至 86 亿元；2013 年开业门店数为 65 家，2019 年开业门店数突破 800 家，为 829 家；2013 年覆盖城市为 30 个，2019 年覆盖城市为 137 个；2013 年全年接待 180 万人次，2019 年全年接待约 4 000 万人次（累计售卖 2 600 万个间夜）；2013 年全季大家庭有 1 625 位员工，2019 年则已经有 19 004 位员工，其中店长 915 位……

全季 RevPAR 节节走高的同时，中国酒店业整体 RevPAR 却在逐年下降。在 2016 年的华住世界大会上，季琦展示了全国星级酒店 2010 年至 2016 年的 RevPAR 指标走势：“中国五星级酒店平均水平是多少钱？335 元，相当于我们禧玥的水平，或者是上海、北京全季的水平。中国所有四星级酒店平均为 164 元，相当于什么水平？汉庭的水平。三星级酒店相当于海友的水平。这就是中国过去所谓酒店业主力部队的盈利状况。”

很显然，这些酒店已经不太适应现在的经济形势和发展要求。

“我们今天看到的中国酒店这么惨的成绩，不是因为他们差，”季琦说，“而是因为我们用新的思想、新的技术、新的组织架构，去解构整个传统产业。新经济对整个传统产业进一步解构，这个过程在未来还会继续。”

破坏性创新的背后，其实是建设，是无数人的奋斗、拼搏和付出。

陈佳瑞六年未休过年假，拒绝外界的多次诱惑，与全季共成长。

现在担任全季浙江沪中心大区经理的翟宝权，曾在被季琦点名表扬的全季上海伊犁路店当过店长。

翟宝权清楚地记得，酒店开业之前一个礼拜，周五下午 5 点多，1 000 多件物品被运了过来。碰巧那天电梯坏了，马上就是周末，又已经到了下班时间，肯定不能用命令的方式让员工干活。可如果等周一上班再将这些物品搬运到房间里，肯定来不及摆放整理。怎么办？

作为店长的翟宝权二话不说，自己冲到车边往下卸东西。卸下一部分之后，又从 1 楼背到 22 楼。看到店长这样，大家也纷纷放下刚收拾好准备下班的背包，加入了人力搬运物品的大军中。

那天全部搬运完成后，翟宝权自己掏钱，请大家吃炒面喝啤酒。初冬的深夜已经很凉了，但大家干得直冒汗，吃得热火朝天。临回家之前，大家在大堂的地毯上，每人端着炒面，拍了一张很有纪念意义的合影。

做过实习店长、店长、双店长、区域经理、大区经理的翟宝权，最完整地经历了从基层员工成长为高管的每个环节。“一个好的管理者，要善于描述自己希望达成的美好生活，带领大家一起往前赶。”翟宝权说，自己的最大感受，就是要跟团队融为一体。

创新的思维和行动，加上高效的执行力和不计回报的付出，让全季成为华住集团利润率最高的品牌。可复制性强、盈利能力强、设计能力强的全季，2019 年贡献了整个集团 31% 的利润。

漫威电影《蜘蛛侠》中有一句经典台词：能力越强，责任越大。“全季的目标是，2023 年门店数量达到 2 500 家，贡献给集团的利润达到 25 亿元。”沈怡均说。

把“毛巾门”变成“清洁日”

前进的道路从来不会一帆风顺。全季在狂飙突进的过程中，难免也会摔跤。

2017 年 8 月 24 日上午，资讯类短视频平台梨视频发布了一则关于全季山东济南泉城广场店“保洁员用洗脸毛巾擦马桶”的短视频，引发舆论哗然。

遇到舆论危机，一般来说，有三种应对方式：实事求是，承认问题并解决问题；推卸责任，找个替罪羊，大事化小，小事化了；当缩头乌龟，假装什么都没发生，选择性忽视。

虽然问题在前，应对在后，但每一种具体的应对措施出来后，又会产生强大的反馈循环，从而重新定义问题。在这个意义上，企业采用什么样的问题应对方式，往往影响着社会大众对问题性质的认识。

当日深夜，全季酒店官方微博发布《关于全季济南泉城广场店违规清洁事件的声明》，证实该视频属实，公司已经做出对该名员工给予开除、对泉城店店长免职等处罚决定。声明称："经核实，该名员工在卫生清扫时确实存在严重违规行为，该员工也承认违反了全季酒店对卫生清洁规范的流程及要求。……在此，我们代表全季酒店，向当事人及社会公众表示深刻的歉意。"

这次事件，给全季品牌造成巨大负面影响，带来沉痛教训。全季选择了实事求是，第一时间面对问题并给出明确解决方案。

具体问题解决了，可消费者一而再、再而三被伤害的信任，如何重新建立？

季琦最擅长的，正是从具体细节中抽离出来，审视问题背后的真正原因。面对复杂的局面，谋定而后动，靠的正是真正跳出问题解决问题的能力。

"这件事，再次让我们意识到酒店从业人员的复杂性、职业操守等问题。制度流程解决不了操守的底线，靠检查和监督很难杜绝的问题。"季琦说，全季和华住要树立的，不仅是流程，更是信仰。

"毛巾门"事件的发生，更坚定了全季和华住把"绝对干净"做到极致的决心。

"我们要在废墟上高耸起一座纪念碑。"全季将每月 24 日定为清洁日，这一天也是全季对所有消费者的服务日。

"这一天，每一位全季人朗诵清洁承诺，住店客人是我们的亲友，把每一句承诺牢记于心。只有这样，我们才能明白，这件事情的严重性，以及给品牌带来的伤害。”全季运营总监左清华说，“我们正视历史，直视犯过的错误。清洁这件事是神圣的，是一种信仰，是对消费者尊重的信仰，是高于流程制度标准之上的内心的洗涤，也是对我们服务能力和行业操守的监督。”

在解决问题的过程中，左清华慢慢找到了方向和方法。

刚加入华住的时候，面对纷至沓来的任务，左清华容易着急上火。一开始沈怡均安排左清华严控人房比的时候，她觉得人房比不可能压缩到那么低，就按自己的理解，跟沈怡均反复争论。

同样背负着巨大压力的沈怡均火了，他喊着左清华的全名，说：“左清华，你不要跟我争辩，要把我说的事情做好！”

带着一肚子委屈，左清华参加了华住大学的 TOP 100 班。两位老师用了四天时间，结合实际工作，讲解了系统思考、推论阶梯和心智模式等几方面内容。左清华明白了沈怡均的苦衷，她自己还买了一本《非暴力沟通》，找到了解决问题的抓手。

“那段时间，我最大的成长，是学会了‘不着急’。”左清华说。东方、诗、茶是全季的关键词，为了提升自己，她利用业余时间，报名参加了茶道、诗词等培训班，找一切机会提升自己。后来启动“诗歌进全季活动”，每日精选一诗一画的诗签明信片的时候，左清华已经可以游刃有余地组建诗签群，发动团队的智慧，共同寻找解决方案。

运营工作“左氏三段论”

曝出“毛巾门”事件的时候，左清华特别难过。“没有一个领导批评过我，但我觉得在这件事情上，我有不可推卸的责任。如果说老季是全季的‘开创者’，那我就应该是全季的‘守护者’。”

看上去文文弱弱的左清华，以此为契机，推动全季的发展战略，向提升客户体验倾斜。

全季运营团队通过语义分析、合并归类等，从 2019 年全网超过 28 万条好评中，总结出了好评中出现最多的 60 个行为，并对应每个岗位的不同属性，提供给所有全季员工，融入日常工作中。

如针对前台的好评，包括热情、贴心、周到、服务态度好等几个方面。热情，对应的受好评行为包括客人到店送一杯欢迎茶，微笑问好，有礼貌地打招呼，主动为客人指引线路、介绍当地特色和美食等；贴心，对应的受好评行为包括默默套上身份证套，主动为客人搬运行李，为客人提供眼镜布等；周到，对应的受好评行为包括为带儿童的客人准备儿童拖鞋及牙刷，为退房客人准备矿泉水，下雨天为客人准备雨伞等。

服务态度好，对应的受好评行为包括主动为客人安排合适的房间，亲切有耐心地沟通，及时解决客人的问题等。

针对清洁师的好评，包括干净、热情、贴心、服务态度等几个方面；针对安全服务员的好评，包括热情、帮助、贴心、周到、主动等几个方面；针对餐厅服务的好评，包括热情、服务态度、贴心、周到等几个方面；针对店长的好评，包括热情、贴心、周到、服务态度、服务好等几个方面。

与此同时，全季运营团队还从 2019 年全网超过 16 000 条差评中，归纳总结了最容易被吐槽的 24 个坑，这些坑都是全季的服务禁忌项，包括不亲切、不主动、低效率、不得体、不信任等五个方面的内容。

不亲切一项，具体的服务禁忌行为包括：态度冷淡，不耐烦，没有笑容，爱答不理，不打招呼。

不主动一项，具体的服务禁忌行为包括：不愿意送物，不主动提供欢迎水果，不主动提醒早餐，遗留物品不主动联系客人，不提供打包早餐，借物不提供。

低效率一项，具体的服务禁忌行为包括：打扫不及时，送物不及时，开门服务不及时，响应速度慢，入住排队。

不得体一项，具体的服务禁忌行为包括：与客人抢电梯，打扫人员太吵，没有敲门直接开门，直接拒绝客人的诉求。

不信任一项，具体的服务禁忌行为包括：多次催客人退房，送矿泉水要收费，借物收押金。

“这些好评和差评，归根到底，是我们跟住客的情感交流。”左清华提出了全季运营工作的“左氏三段论”：看到什么、听到什么；想到什么；做什么。“我们遇到差评的时候，会去跟客人沟通，了解原因，看看问题出在哪里，能否给客人提供一定的补偿，而不是生硬地要求客人删掉差评。”

2019 年 12 月 16 日，在一年一度的全季年会上，左清华把一个给了很大差评的客户请到了现场。

“运营工作，不是播种之后就要收获，而是要在播种之后，不断灌溉、耕耘，最后才是收获。”左清华说，未来一年，全季的服务会有一个比较大的提升。

这些年来，“全季 · 人文大赏”持续上演。这是一个通过和人文精英对话，让人文艺术回归生活的活动，也是感受思想碰撞、拥抱人文精神的窗口。

“全季 · 人文大赏”选择在四季的节气之日展开，更彰显出全季也是人文道场的价值追求。以下为“全季·人文大赏”举办时间、举办地点、主题及参与者举例：

2015 年立冬，上海，蒋琼耳、张毅、陈漫、杜曦云、潘曦

2016 年春分，北京，“最好的时节”，左小祖咒、陶艺家曲晶、茶人戎新宇

2016 年夏至，杭州，“遇见 / 诗的季节”，余秀华

2016 年霜降，成都，“诗的 / 声与影”，王鑫

2017 年谷雨，上海，“我们寻找生命的湖”，北岛

2018 年春分，上海，“红楼梦与我们的文艺复兴”，白先勇

2019 年谷雨，上海，“我们同自然共舞”，林怀民

……

2017 年全季·人文大赏嘉宾北岛（中）

一如周光明对全季的定义，什么样的人在这个空间里生活、体验、表达，这个空间就是什么风格。

采访周光明的时候，他环视了一眼会议室，慢悠悠地说：“这个会议室里坐着一群中国人，那就是中国风格。如果坐着的是一群西班牙人，那就是西班牙风格。全季的人文大赏，就是要赋予全季空间一种别样的文化味道。”

全季的东方风格，还会继续，并且会不断加强。

2020 年，全季的战略是打造“合格门店”，诠释“亲朋”服务——又是一个非常典型的东方概念。

“全季会把客人当作自己的亲朋好友，自然、亲切、体贴、周到地提供服务，围绕关键接触点创造黄金记忆时刻。”左清华阐释说，这些服务体验，将围绕“纯、净、简、和”展开。

纯，是纯洁、纯净、纯正、纯良。纯，体现在所有与客人五感接触和相关的一切，物的品质纯良，人的心地纯真，一切都让客人安心无虞。

净，是洁净、清净、身净、心净。净，体现在酒店的环境和气氛，到处纤尘不染，一切井然有序，去除世俗嘈杂，让客人身心净美、精神饱满。

简，是简单、简约、简便、简捷。简，体现在所有的服务流程中，删繁就简，让客人感觉到便捷高效。

和，是和蔼、和煦、和睦、和悦，也是温和、亲和。和，体现在所有的人际交往和关系中，以发自内心的爱心和温情，让客人如沐春风。

更加充满东方自信的全季，正在展露全新的生长可能。

华住并购历史上的开山之作

2015 年 11 月 16 日，万豪以 122 亿美元的价格收购喜达屋，成为全球最大的顶级酒店集团，旗下拥有 30 个酒店品牌，5 700 多家酒店，约 110 万间酒店房间，覆盖全球 110 个国家和地区。

2015 年 12 月，雅高集团收购拥有费尔蒙、瑞士酒店以及莱佛士三大豪华酒店品牌的 FRHI 酒店集团。雅高向卖方卡塔尔投资局和沙特阿拉伯王国控股公司支付 8.4 亿美元现金以及 4 670 万股雅高新股，涉及金额总计 29 亿美元。将 FRHI 收编旗下，是雅高集团快速填补品牌矩阵不足的重要手段。

纵观世界酒店历史，就是一部并购史。世界排名前十的酒店集团，包括洲际、雅高、万豪，都有自己的并购经历。

在华住发展壮大的过程中，收购和兼并，同样是季琦极为看重的扩张手段。“华住不单自己创立新品牌，还会收购、兼并合适的高档品牌，包括豪华品牌，来形成管理的现金流和利润。”季琦说。

2017 年 2 月 27 日晚间，华住集团与以美国投资基金凯雷集团为首的投资人签署股权收购协议，以 36.5 亿元人民币的价格全资收购桔子水晶酒店集团 100% 的股权。

桔子水晶酒店集团成立于 2006 年，旗下拥有桔子水晶酒店、桔子酒店 · 精选、桔子酒店等品牌，酒店总数为 200 多家（含在建和管道中）。酒店均由著名海外设计师设计，每家酒店都是不同风格，连续三年获得“中国最佳设计师酒店”与“中国最佳精品酒店”大奖。

“并购是非常有意思的事情。首先你要有感知机会的能力，然后你要有把握机会的能力。交易都是有机缘的，做完就没有了。”

叶菲说，华住的谈判团队承受了超常的压力，“在正式的流程里，华住从来没有被邀请过”。

虽然没有被邀请，但季琦和华住前前后后做了很多工作。叶菲说，华住自然有自己的渠道和方式去打动对方：“真正的决策者，也就是它背后的财务投资人凯雷，最关心的，还是价高者得，当然前提是你要有诚意。”

“我最初不想卖给华住，如果一定要卖，希望卖给一个财务投资人。”桔子水晶创始人吴海说，这恰恰是他最佩服季琦的地方，“季琦能够说服一个创业者，把自己的公司卖给他，尤其当这个创业者还有别的选择的时候。他的坚持，一般人是做不到的。”

而最后这桩交易之所以能够达成，吴海觉得有两个最大的原因：“一个是投资人的推动，实话实说，华住的出价确实是比较高的；另外一个是，季琦跟我详细聊了，完成收购之后他打算怎么来发展这个品牌。”

经过多方面综合考量，吴海最终决定，将桔子水晶卖给华住。

即便如此，谈判过程仍然一波三折，主要是价格的反复。叶菲记得，桔子水晶当时的管理层联合的财务投资者一直在跟华住比价，但最后华住还是给出了一个让人无法回绝的价格。“经数次磋商后，我们的报价到位了，但凯雷希望华住支付定金来表达诚意，华住率先支付了一笔 3.5 亿元人民币的诚意金。”这是一笔不可撤销的定金，表示如果没有重大原因，华住不能撤退。

律师不同意这一条款，更不同意这一冒险的做法，但叶菲硬着头皮下了决心。“说实话，这是商业判断压过法律条款的一个决定。”叶菲说，自己当时就是在下注，赌凯雷是一家享有国际声誉的专业投资机构，不可能拿自己的信用冒险，“我们必须通过一种特别的方式来打动他们。”

眼看着协议即将定稿，桔子水晶的管理层又拉着投资人涨了一次价，和华住的报价持平，面对这种情况，华住决定不给对手还击的时间和机会。时任华住 CEO 张敏与季琦商议后，用最快最坚决的态度果断提价。最终，华住以 36.5 亿元人民币完成了这次并购。

华住是按照 14 倍的企业价值倍数（EV/EBITDA）收购桔子水晶的，当时很多人以为华住当了“冤大头”。“这就是战略投资人和财务投资人的本质区别。我们在做交易算账的时候，充分思考了并购的协同效应。”叶菲说，桔子水晶进来的第一年，同店 RevPAR 的增长就是双位数的，华住的会员体系接入后立刻产生了效果，而且那段时间整个中档酒店业正好处于加速起飞的状态。

在叶菲看来，桔子水晶对华住具有极大的战略意义：“中国酒店行业能买的标的本来就不多，该买的一定要拿下。”

“桔子水晶跟华住的产品非常互补，如果说全季是‘东方简约’的，那么桔子水晶就是多姿多彩的。桔子水晶的物业很多在北京，这恰好是华住的薄弱区域。桔子水晶以直营店为主，缺加盟店，而发展加盟正是华住的长处。桔子水晶还有很多其他的优点，是我们在收购后才逐步发现的。

“中档品牌是中国酒店市场竞争的核心战略要地，作为一个成熟品牌，桔子水晶可以跟全季合力出击，帮助扩大华住的领先优势。”

“在华住的并购历史上，桔子水晶绝对是名副其实的开山之作。”叶菲总结道。

桔子水晶收购纪念，同事们买了香槟加橘子汁，
凑成了 mimosa，这是桔子水晶项目的代号

中国酒店行业最佳整合案例

收购完成后，现任桔子家族事业部 CEO 的曹娟进场，这就是后来被传为美谈的“三个月整合完桔子水晶”的故事。

正式接手之前，曹娟向季琦争取了半年的整合过渡期，以及一到两年的产品升级周期。“老季要是不同意的话，我就不接。”在接受我们采访时，说到这里，原本一脸严肃的曹娟不好意思地笑了一下，露出两个酒窝。

季琦同意了。

让曹娟特别欣慰的是，由于采取了合情合理的方法，在人员优化的过程中，没有一个员工闹事，没有一个人说华住不好。

华住人力资源高级副总裁何冰樱对人员优化过程记忆犹新：“当时整个桔子水晶有 3 000 多名员工并入华住体系，我们迅速成立了 HR 整合小组。首先从情感角度考虑，被并购企业的员工，对于新雇主的文化有一个接受和认可的过程，因此我们设置了半年的过渡期。”

过渡方案的原则，第一是薪酬福利等待遇保持不变，第二是要让员工看到新的变化。何冰樱说，不变中其实有很多变化，包括设置各种体系、进行方案设计、考虑如何对接等。

“我们会跟管理岗位的人，大区经理、总监级别的人先谈，谈好之后再让他们辅助华住，去跟下面的员工谈。”何冰樱记得，跟保洁阿姨谈的时候，HR 每人带着一台计算器，一笔一笔算账给保洁阿姨听，让她们看到收入变化的数据。

通过一系列努力，截至 2020 年 7 月，桔子水晶团队的一线员工保留下来 70%~80%，店长差不多留下来一半。“为什么还是有些人会走？是因为他们对原来的桔子水晶认可度太高。”曹娟说。

在整合过程中，曹娟秉承的基本原则是，桔子水晶跟华住，系统不同、管理模式不同、思维不同，但理念要相同、价值观要相同。

基于这样的认识，在华住强大的商业操作系统和会员体系基础上，曹娟快速进行了系统对接。“以客源为例，桔子水晶的客源原来接待的都是个性化客源，以私人出游、情侣短途游客人为主，并入华住之后，商务客人会更多，就需要对产品进行相应调整。”

同时，曹娟对桔子水晶的理念和价值观给予了足够的尊重。“接手两年多来，我们没有说过一句吴海不好，我们跟所有主体的关系都很好。这是推动整合顺利进行的先决条件。”

虽然向季琦争取了宽限期，但曹娟身上有典型的华住人性格——能开 500 家店的时候，绝对不会止步于 499 家。

曹娟交出了一份耀眼的成绩单：2018 年接手桔子水晶的时候，四分之三是直营店，但现在加盟商占到三分之二。两年时间的开店数量，超过了过去 10 年的总和。2018 年贡献了 2.8 亿元的纯利润，2019 年的纯利润大幅增加至 4.2 亿元。

“资本帮助我们打开了那扇原本紧闭的大门，但怎样才能让大门之后的那些陈设发挥最大作用，一定要有其他的撒手锏。”在刘欣欣眼里，基于品牌、流量和技术的效率与速度，正是华住并购整合的最大利器。

整合桔子水晶用了三个月时间，在启动这个项目 20 多天的时候，刘欣欣跟吴海通了一个电话。吴海感受到了刘欣欣内心的紧迫感，他反复问了好几次：“欣欣，你急什么？”

“我急啊，我们花了 36.5 亿元买回来的宝贝，一定要让它尽快在华住焕发光彩。”刘欣欣还跟吴海打了个比方，“如果把桔子水晶比作一列火车，华住的效率和速度就是一条铁轨，这条铁轨能让任何一个好产品发出它最耀眼的光芒。”

整合完成之后，在曹娟的率领下，进入华住体系的桔子水晶，从中央预订系统到开店速度，从 RevPAR 到 GOP，品牌力没有削弱，门店数成倍增长，赢利能力极大提高。“效率和速度的背后，其实是华住强有力的品牌、流量、技术。在这个系统的支持下，品牌的快速发展成为可能。”刘欣欣说。

除了成本下降和效率提升，更重要的是，桔子水晶团队完全融入华住团队，实现了理念和价值观的统一。

“吃惊。觉得太突然了。”当时担任桔子水晶北京北区城区经理的孙之凡说，听到公司要被卖掉的传言，不少员工人心惶惶，“那会儿有强烈的不安全感，毕竟这是两家企业、两个品牌的并购，涉及文化兼容的问题，加上有些传言说，对于城区经理这个层级的人，人家不一定会用，所以大家都很慌。”

华住完成收购之后，曹娟和销售总监赵敦胜第一时间跟桔子水晶所有城区经理开了一次见面沟通会。

“那次沟通会，给我们所有人吃下了一颗定心丸。”孙之凡记得，会议是在上海桔子水晶宜山路总部的一间会议室进行的，曹娟谈了对品牌未来发展的思考，会议氛围和谐而温馨。

“如果确实想好好一起干，我们一定会有很好的前途。”曹娟说这句话时的坚定语气，给孙之凡留下了深刻印象。

孙之凡完全融入华住，差不多用了半年多的时间，“整个过程还是比较忙乱的，涉及系统的对接，涉及华住体系的学习，涉及每家门店的对接等，运营层面的压力很大”。

桔子水晶此前是不考核 GOP 的，都是财务在控制，所以店长对这方面不是特别关注。融入华住之后，开始严格考核 GOP。

孙之凡刚开始一头雾水，不知道 GOP 是什么概念，更不知道 RevPAR 要做到什么程度才能达到盈亏平衡。赵伟接了桔子水晶北方大区之后，开了一个特别的业务分析会，帮助大家条分缕析地解读 GOP。

孙之凡的工作此前也不涉及开发，对于怎么找物业、如何开店、什么样的门店是合格门店等，也没有明确的概念。杨耀辉跟加盟商当面沟通的时候，经常会叫上孙之凡一起。

吴海在完成交易之后曾经坦言，桔子水晶在稳扎稳打的同时，错失了爆发式扩张的良机。孙之凡有同样的感受：“桔子水晶走的是稳健的路子，各方面都要特别好，所以在规模发展方面没那么快，限制了发展速度。”

通过曹娟、杨耀辉、赵伟等华住老兵的言传身教，孙之凡明白了为什么华住可以发展得如此迅速："我以前是做单体五星级酒店的，最早接触连锁酒店行业就是进了桔子水晶。当时觉得，连锁酒店行业的发展太快了。"

对于华住的速度和效率，孙之凡用了"震惊"这个词来表达自己的感受。2017 年 12 月，孙之凡第一次现场参加了华住世界大会，他说："看到华住所有的品牌和门店数量，一股热血往脑门上涌，太震撼了！"

而季琦、金辉、刘欣欣对桔子水晶的关注和关心，也让孙之凡切实感受到了华住大家庭的温暖。"我跟他们见过两三次，每次他们说得最多的几句话是，'谢谢你们留下来''感谢桔子水晶以前的团队'"现在担任桔子水晶品牌华北东大区经理的孙之凡说，冲着这份信任与期待，团队也该"不待扬鞭自奋蹄"。

收购桔子水晶一年半之后，2018 年 8 月，华住基于对度假人文酒店的高度看好及品牌互补等方面的考虑，完成了对国内精品度假酒店品牌花间堂的战略收购，以近 4.63 亿元人民币收购北京青普旅游文化发展有限公司及同程旅游合计持有的花间堂 71.2% 的股权。

这次并购同样经历了很多曲折，也不乏搅局者，但总体进程跟并购桔子水晶比起来，只能算"小巫见大巫"。有了此前整合桔子水晶的经验，华住整合花间堂的时候更加得心应手，仅用时两个月。

张敏曾经总结过这两次并购之后的整合效率："华住整合桔子水晶，只用了三个月时间。这次整合花间堂，只用了两个月时间。大家如果看一下国际酒店集团的并购，通常整合所需要的时间，不是两个月、三个月，而是两三年。"

"对比国际酒店集团，不管跟万豪比，还是跟雅高比，我们并购之后的整合速度和整合效率都要快非常多。这样的速度，是华住技术优势、效率优势的集中体现。”张敏说。

跟全季的东方自信一样，花间堂发端于对小四合院生活的怀念，承载着对中国式幸福生活的理解，通过“器美”与“行美”的表达，让更多的人看到注解时代、气韵生动的中国文化之美。

这种精神气质上的契合，注定了花间堂与华住殊途同归。何况，定位为中高端度假品牌的花间堂，可以有效补充华住的品牌矩阵，进一步丰富中高端产业布局，完善构建大住宿生态圈。

季琦跟曹娟聊过他对于品牌矩阵的设想：“中高档酒店，我们有全季这个主力品牌，但还不够。桔子水晶和漫心作为僚机，要跟全季这个长机一起，共同组成空中编队，征服更多的中高档酒店市场。”

如今，在华住大家庭里，健康、阳光、活力的桔子和桔子水晶，与温婉、闲适、生动的花间堂，充满了包容性和丰富感，正在探索更多的可能性。

正是在这个意义上，金辉高度评价华住整合桔子水晶和花间堂的意义：“高效、圆满的整合过程，对于所有利益相关方来说都是加分项，华住整合桔子水晶以及花间堂，是中国酒店业的最佳整合案例，这一点毫无疑问。”

利用世界的能力和资源领导世界

在国内做大做强的同时，季琦对于国际化的观点，一直坚定而独特。

在2013年的华住世界大会上，季琦说：“在今天的中国创业，有一个好处，国际化的资源都能为我们所用。我做三个企业，大部分钱都是国外风险投资投的，大部分投资来自美国，小部分来自欧洲，中国投资人很少，我们用国际资本建设我们的社会主义祖国。”

后来，季琦借用华为创始人任正非的话，进一步表达了这种观点：“利用世界的能力和资源，来领导世界。”

在2017年的华住世界大会上，季琦明确表示：“做中国酒店业老大是可以的，但这是不够的。我们一定会走向全球，而不只是蜗居在上海，蜗居在中国。我们一定是以全球化的视野、全球化的思维、全球化的眼光、全球化的能力，来做一家世界级的企业。”

2017年4月25日，华住“境外第一店”——海友香港弥敦道酒店正式开业。该酒店位于油尖旺区永星里1-b号，拥有62间客房，毗邻香港地铁荃湾线油麻地地铁站。时任华住大区发展总经理庞林，将海友香港弥敦道酒店的开业，视为华住酒店集团走出内地、走进香港，进而开启海外战略的里程碑时刻。

但运营了一年多之后，因为高企的人力成本、缺乏固定客源、商业操作系统的境外转化等问题，经营效果差强人意，这家店最终被放弃。

“那次尝试让我们明白，不能单纯做规模发展，一条腿走路是不能长久的。”庞林说。

2019年10月1日，拥有81间客房的全季酒店首家海外直营店，在新加坡历史悠久的乌节路商圈正式营业。全季新加坡首店的成功落地，是一个双向选择的结果。沈怡均介绍说，全季经历了新加坡土地管理局的招投标，在激烈竞争中脱颖而出。

将首家海外直营店选在新加坡，华住经过了细致的考量，“新加坡是一个由华人主导的国家，对中国文化习性有着天然的渊源及文化亲近感。它也是世界上最发达的国家之一，吸纳了大批从英美各国留学归来的专业人才”。沈怡均表示，与东方文化的结合、对国际化人才的吸引、语言的通行、出境旅客人数的不断增加所带来的需求攀升，让新加坡成为一个不可多得的中国酒店品牌出海的首选之地。

对于直营店而言，最大的挑战在于管理，酒店的管理水准要能够经受国际标准的考验。

新加坡劳动力资源昂贵，必须尽可能地降低人房比，也就是用尽量少的人力服务尽量多的客房，同时还不能牺牲服务质量。全季在中国的人房比平均为 0.18，其背后是华住先进的技术系统，可以有效地降低人力成本，提升酒店的经营效率。华住的这一优势，恰好符合新加坡以创新驱动经济增长的转型方向。

“管理方面，我们委托当地的酒店管理者运营，当然，华住也派出人员参与。”沈怡均说。

在《2018 中国出境自由行大数据报告》中，新加坡以 84.22 分成为“最令中国游客感到满意的境外目的地”，也是中国游客 NPS（净推荐值）最高的目的地。

全季借助华住云端系统的平台化管理，从线上到线下的全面布局，将高效的运营体系在新加坡完整落地。搭载华住自主研发的 PMS（工程生产管理系统）等管理系统，配合“易酒店”系列等创新产品，让新加坡市场率先体验到自助选房、自助入住等便捷服务。

收购 DH，迈出国际化一大步

迄今为止，华住在国际化方面迈出的最大一步，是 2019 年 11 月

4 日，华住在新加坡的全资子公司 China Lodging Holding Singapore 签署了对 DH 的 100% 股权收购协议。

拥有近 90 年悠久历史的 DH，是德国第一大本土酒店集团，拥有超过 10 500 名员工，旗下五大酒店品牌包括豪华酒店品牌施柏阁（Steigenberger），高档酒店品牌 MAXX by Steigenberger 和城际酒店（InterCityHotel），设计型酒店品牌 Jaz in the city 和 Zleep。

被华住收购时，DH 已开业 118 家酒店，36 家正在筹备中，分布于欧、亚、非三大洲的 19 个国家和地区，包括德国、丹麦、荷兰、瑞士、奥地利、西班牙、埃及、阿联酋、沙特阿拉伯等。其中，位于瑞士达沃斯的施柏阁酒店，是每年世界经济论坛（也称“达沃斯论坛”）的主会场和主要接待酒店，其高品质的接待服务在全球享有盛誉。

2017 年底，季琦明确了国际化的方向之后，叶菲通过自己的哈佛校友圈开始建立海外网络，伸出海外并购的触角。

“海外网络需要时间发展和维护，加上之前华住一直专注于国内发展，在国际上还真没多少人知道，所以一开始很少有什么有价值的线索。”叶菲说。

2018 年的时候，一条来自东南亚投行的线索让华住加入了并购酒店管理集团 Two Roads Hospitality 的竞逐，却在最后一轮竞价时惜败给凯悦集团。

虽然交易没做成，但叶菲觉得学到了很多东西：“第一点，一个东南亚中介，竟然能提前得到美国酒店集团并购的消息，说明这个圈子是完全国际化的。第二点，这是华住第一次在国际并购中出手，至少让大家知道了我们是认真想走国际化路线的。第三点，老季从 Two Roads Hospitality 身上看到了软品牌的重要性。”

2018—2019年，华住都在接触不同类型的国际酒店投资并购机会。2019年上半年，华住第一时间了解到或许有并购DH的机会，基于产品的极大互补性，华住看到了借此介入高端酒店市场的良机。

接下来最重要的事情，是如何打动卖方。

DH的全资股东是埃及的旅游和地产大亨哈米德·基亚提（Hamed El Chiaty）先生。老先生对价格有非常高的预期，且他的人生中一直都在买东西，从来没有卖过东西，这次是在家人和管理层的劝说下打算卖掉酒店。

叶菲在顾问的安排上动了一点小心思。

华住请了摩根大通做买方顾问，为什么请它呢？因为摩根大通曾参与竞标卖方顾问，且走到了最后，叶菲推测摩根大通跟老先生有较深的关系。

果然，叶菲后来发现，摩根大通全球私人银行的董事长是老先生的好朋友。“老先生的很多财富管理事宜，都是委托私人银行做的，所以在这次交易中，摩根大通的私人银行领导给了我们很大帮助，”叶菲总结说，“找对人很重要。”

在买卖方顾问的斡旋下，谈判艰难地往前推进。这期间，季琦专程飞去法兰克福两次，每次都给老先生带一点体现中国美学的礼物，表达华住的诚意。

一对一的谈判持续了一个多月，接近尾声的时候，在即将召开新闻发布会的前一天，老先生忽然说，合同中有几项条款他不认同。

“谈判过程中，他一直有反复，这里有经济利益的原因，也有情感的原因，我们经常站在他的立场上考虑问题。”叶菲回忆说。

最后签字的时刻，老先生的面色异常凝重。

“通常人在做完交易之后的心情，是放松和愉悦的，但老先生的心情是复杂的。他确实对这个品牌怀有深深的感情，我们也完全理解。”叶菲说。华住后来采取了一个比较大的动作表达诚意：DH 在埃及的酒店管理公司，老先生仍然拥有 50% 的股份，后来还把这个合作范围扩大到了沙特阿拉伯。

收购 DH 大合影

第八章

为了加盟商

2020 年 3 月 27 日，华住公布的 2019 年第四季度及全年财报显示，截至 2019 年 12 月 31 日，华住在中国和新加坡的 437 个城市拥有 688 家直营店、4 519 家特许管理店以及 411 家特许加盟店，营业中的酒店客房总数为 536 876 间，较去年同期增长 27%。

截至 2019 年 12 月 31 日，公司共有 2 262 家已经签约或在建的酒店，其中包括 43 家直营店、2 219 家特许管理店和特许加盟店。截至 2019 年年底，计划开业酒店数量占已开业运营酒店总数的 40%。

很早之前，季琦就有过这样的判断："未来在经济型酒店领域，大部分会是特许管理。在高端领域，基本是委托管理。中档领域要混合一些，但也是以特许管理为主。"

"我们的大部分利润，会来自加盟和管理收入。我们开疆扩土，我们深入四、五线城市，都是要依靠广大加盟商。他们的重要性不言而喻。"

截至 2019 年 12 月 31 日，华住集团所有在营业的 5 618 家门店中，特许管理店和特许加盟店共有 4 930 家，占比高达 87.75%。

连续推出加盟政策

2007 年 5 月开放特许加盟，2009 年接连推出加盟政策组合拳，在 2013 年的华住世界大会上，季琦宣布为连续加盟商提供贷款："加盟商资金周转不过来，跟银行贷款不好贷，华住准备先拿出 2 亿元，不够再加，我们给加盟商贷款。"

季琦对已经加盟和即将加盟的加盟商承诺："绝不是高利贷，利息不高。我们的投资回报率在 10% 以上，贷款利率低于 10% 就划得来。"

"华住旗下有加盟商最爱的品牌，我们还想加盟商爱我们再多一些。你们还有什么需求，我们一定积极响应。加盟商不仅仅是我们的伙伴，更是我们最重要的客户。"

2014 年 12 月 19 日的华住世界大会，收到邀请的与会人员接近 2 000 人，其中超过 1 000 位是加盟商。

在这次会议上，华住又推出了一系列为加盟商服务的举措。

从 2015 年开始，华住要求所有店长持证上岗。

加盟店此前只做应收管理，没有做成本管理，2015 年开始做到成本管控，让加盟商更省心、更省钱。

季琦和金辉每月与加盟商开一次零距离沟通会。同时，加盟商在任何时点、任何情况下，都能找到总部对接人，提供一对一服务。

打造行业最为先进的加盟商 CRM（客户关系管理）系统，提供实时经营数据、投诉和建议，承诺百分之百让加盟商满意。

要求所有城区的店长、管理团队和总部的管理团队，对于加盟商的任何问题和困惑，48 小时之内给予反馈。

“华住为什么能在全国范围内吸引这么多加盟商？我想，有三个关键词：开源、节流、省心。”在宣布了一系列举措后，金辉说，华住是最负责任的特许品牌，“任何品牌，我们都坚持自己先做样板间，测算商业模型。我们不让任何一个加盟商去冒险，去做实验品，去做不成熟的品牌，去做不成熟的产品。”

而华住在高速发展过程中不断扩大的品牌矩阵，也为加盟商提供了丰富的产品选择。“让每一处物业都能匹配一个最合适的品牌。”金辉说，华住提供了针对不同圈层的品牌及产品，使得无论你拿到什么样的物业，只要适合开酒店，总有一款适合你。

金辉还以一线城市为例说明。一线城市租金很贵，所以排房的效率很重要。如果物业的房间面积在 20 平方米左右，我们可能首先推荐考虑全季。如果房间偏小，大部分不到 20 平方米，可以选择汉庭 3.0 或者其他汉庭新产品。

有些房间，如果没有办法隔得那么小，可以做得更高档一点，那么可以选择漫心、桔子水晶。再高档一点，可以考虑美居，甚至禧玥。

对于独栋的小的物业，位置好的话，可以隔成很小的房间，选择做 CitiGO 欢阁，有非常高的坪效。如果是非常小的物业，没有大堂，可以考虑做海友。

有些物业所处地段有很多国际客源，那就可以考虑选择宜必思、宜必思尚品。有的加盟商已有现成的酒店，也不希望投入太多的资金来改造，那就可以考虑非标品牌，中档类别可以考虑星程，经济型类别可以考虑怡莱。

在2016年的华住世界大会上，时任CEO张敏宣布了对所有加盟商的低息贷款政策："年利率为8%～8.5%，所有加盟商都可以享受。"

同时，针对一些新推出的品牌，华住会采取"弹性收费政策"，达到什么样的RevPAR收多少费用，旨在与加盟商共担风险。

华住还细化了与加盟商之间的协同机制，最终目的是达成双方的"合作共赢"。

协同机制的第一项举措，是2016年10月启动的"预算讨论机制"。过去，每家酒店的预算都先由华住总部决定，发到每家酒店，加盟商是一个被动接受的过程，没有形成双向的互动循环，导致加盟商无法有体系地参与预算制定的过程。"预算讨论机制"启动后，根据多轮讨论形成的初稿，每一个加盟店的店长会请加盟商一起探讨如何达成更好的业绩目标。加盟商的意见和思考都会反映在预算方案中，从而最终确定酒店的经营目标及改进方向。

第二项举措，是基于"预算讨论机制"改变对店长的考核机制。此前的考核，都是以预算为基准，往往容易出现"完成预算，加盟商却赚不到钱"的怪现象。因此，华住的考核会降低围绕预算的比重，增加围绕绝对业绩增长的考核比重，从而真正为加盟商创造价值。

第三项举措，本财年结束后，华住会向每一个加盟业主公布这家酒店的店长过去一年在华住发生的实际成本，包括工资、奖金、福利、社保等。通过这项透明化举措，强化华住和加盟商之间的信任关系。标准收费和实际支出相差不大的，不会做特别调整，对于那些差异较大的，则会单独协商，妥善解决。

第四项举措，加盟商过去反应非常强烈的一点，是华住店长换得太频繁，导致业绩不稳定。新的加盟店店长调动政策已经明确，除非有升职或者离职或者加盟商主动提出更换的要求，一年之内华住会保证店长的稳定性，从而保持稳定的经营。

第五项举措，华住已经在10个省推进业委会机制，通过建立每个省的业主委员会，改善和强化每一家单个的加盟店和华住各个部门之间的沟通、协同，从而将双方的沟通制度化、常规化。

在2019年的华住世界大会上，季琦又宣布了多项为加盟商服务的措施。

季琦说："加盟商以前找我们，只要解决物业能否加盟、哪个品牌合适、给什么样的经营指标等问题，这样做都没什么问题。但随着规模日渐扩大，再这样做就会出现盲目的布点。所以华住决定，要像做城市规划一样，从2019年开始启动布点规划。"

基于大数据分析和对中国城市的观察，季琦的结论是：一线城市，也就是核心城市，基本不存在开店保护；一线城市的郊区，也属于二线，二线城市看经营数据，比较差的位置，经营数据不好，爬坡不好，就要考虑开店保护；三、四线城市一定要有开店保护。

"如果没有规划，开一家汉庭，生意很好，开10家汉庭，短期内生意都不会好。全季也一样，越高端、分流越厉害。开一家桔子水晶，生意不错，RevPAR可能做到300元，但开4家桔子水晶，基本上这类客人很快就被稀释掉了。所以为了保证绝大多数加盟商的利益，我们一定要做合理的开店保护。"季琦说。

华住要做加盟店的GOP考核，并基于加盟商的投资回报率，查找问题、分析原因。季琦说："把加盟商的租金、装修投入、建造成本都纳入我们的系统，我们会计算一个投资回报率。算完之后，我们就知道，哪些加盟商是有困难的，哪些加盟商是很好的。很好的我们不但不妒忌，还支持。做得不好的，就要思考是什么原因，是成本高了，还是我们没选好人？”

季琦说，从加盟商的规划到GOP、投资，华住都和加盟商站在一起、想在一起，将来有什么事情，可以共同改善。

季琦还代表华住做出了反腐倡廉承诺：“我们响应国家号召，第一，华住员工不行贿；第二，华住员工也不能受贿。如果遇到验收一下收多少钱，检查一下收多少钱，年底加盟商不发红包店长就要给脸色等情况，我们鼓励举报。举报一旦查实，给予奖金最低2万元，最高100万元，华住人有什么事，欢迎各位监督。”

“518”加盟商纠纷

对于转型中的中国经济，2015年是一个非常关键的时间窗口。这是中国适应经济发展“新常态”的第一年。新常态最大的特点之一，就是从高速增长转为中高速增长。

2015年中国GDP增速为7.04%，2016年为6.85%。对于十几年保持双位数增长的经济体而言，要适应高速增长之后的艰难转型，是一个非常煎熬和痛苦的过程。许多之前可以通过快速发展解决和掩盖的矛盾，逐渐暴露出来。

经济增速下滑和企业活力降低，导致的一个必然结果，就是商旅人群的差旅频次减少，甚至消失。作为连锁酒店加盟商的企业经营者，首先面临冲击。加上连锁酒店迅速铺开之后的竞争加剧，门店的数量上升和密度增加，也不可避免地会影响部分已有门店的业绩。连锁酒店品牌与加盟商之间的矛盾，从 2016 年上半年开始逐步激化。

2016 年 3 月，铂涛旗下 7 天连锁酒店加盟商，集体声讨近距离开店、指派店长素质低下、入住率与承诺不符等问题，并在长沙、成都、重庆、开封等地，发起了多点、小众、小批量的攻击。如家也遇到了小范围、小批量的猛烈攻击。

季琦曾经不无苦涩地说过：“华住影响最大，加盟商最多，他们对我们也最热爱，来的人也最多，直接到了总部。”

2016 年 4 月初，华住旗下品牌加盟商开始抱团发声，他们公开表达诉求称：“华住管理不善，近距离开店严重影响门店经营业绩，且华住的团队作为管理方，无视加盟商利益。”

当时负责山东、河北等北方区域开发的庞林印象很深刻，最先跳出来的，正是他负责的山东、河北等地的加盟商，“爆发点是开店太多、近距离布点等问题”。在全国所有省级行政区中，山东是汉庭开店数量最先突破 100 家的区域之一。

针对不断开店给加盟商带来的影响，2016 年 5 月季琦曾回应：“一个月内，想要退出的华住加盟商，可以免费退出，同时对于出现经营性亏损的门店，华住将减免部分费用或暂缓收取加盟商费用。”并在此后发布了《关于华住酒店集团相关加盟收费调整的通告》，调整了会员卡销售的分配比例并取消考核，取消财务监管咨询费，还推出了对经营困难门店的扶持政策。

然而，这些举措没能缓解双方的矛盾，后续又发生了多次加盟商请愿事件。

2016 年 5 月 18 日，近 200 名加盟商来到上海华住总部，要求董事长季琦就财务混乱、霸王条款等问题进行协商。

季琦和华住专门安排了跟加盟商的对话，表示“在每一个加盟项目立项之前，华住都会对相关项目的未来营收做出科学预估，但并不承诺加盟商的投资回报，也不参与加盟的利润分成。我们会综合考虑每家酒店的经营情况和市场环境，在遵守契约精神的前提下，对一些存在阶段性经营困难的门店给予政策扶持”。

立刻有一个加盟商提出来：“契约精神不能提。现在经济这么困难，怎么能提契约精神呢？”

季琦说：“如果不提契约精神，我们是慈善机构吗？不是，我们是一家商业机构。整个市场经济、世界架构，就是以契约为基础的。如果不谈契约，国何以成国？家何以成家？公司何以成公司？很多人缺乏契约精神，你可以不签这个契约，就像婚姻一样，如果不签没关系，谈恋爱没人说你要流氓。但如果结了婚，今天跟这个人住，明天跟那个人住，生一堆孩子，肯定就没有契约精神，这是最基本的婚姻契约。一个国家也是如此，一个企业也是如此，怎么能没有契约精神呢？”

5 月 18 日当晚，华住集团管理的微信公众号“华住微加盟”发表文章称，华住愿意协助全国加盟商建立自发组织的华住加盟业主委员会。

在 2016 年 9 月 22 日举行的华住世界大会上，张敏还专门沟通了此事的后续进展：华住已经在 10 个省推进业委会机制，通过建立每个省的业主委员会，改善和强化每一家单个加盟店和华住各个部门之间的沟通、协同，从而将双方的沟通制度化、常规化。

加盟商与品牌之间的纠纷，从表面上看，是双方对于管理方式的争议，但背后的深层原因，是经济增速减缓和市场竞争加剧，加上部分门店经营不善导致的加盟商收益下滑。

季琦对这个问题看得非常透彻。在 2016 年的华住世界大会上，季琦总结的酒店业关键词之一，就是“闹闹闹”。

“为什么闹？第一个原因，我归结成投资回报率较差，不挣钱。因为不挣钱了，所以他们开始到我们这来寻求打折、免费等，然后挑你的刺儿。我觉得挑刺儿挺好的，但不一定用这样的方式。闹的结果，我相信对大家都不太好。”季琦说。

第二个原因是缺乏契约精神，第三个原因则是别有用心。

季琦明确表示：“现在已经基本明朗了，大部分所谓闹事组织者，都被另外一个竞争伙伴收编了，一小撮不知情的加盟商也跟他们去了。不管好人、坏人，不管有什么用心，我还是用爱对他们，我不后悔，将来也会这么做。至于别有用心的人，他自己会难受的。”

在第二年的华住世界大会上，季琦又专门谈到了价值观的问题。很显然，这是基于对“518”加盟商纠纷的深刻思考，从更高的层面重新审视这个问题。

季琦开门见山：“华住世界的本质，是价值观的生态圈。如果加盟商的价值观跟我们不一样，我们不欢迎这样的加盟商。如果客人的价值观跟我们不一样，我们不欢迎这样的客人入住我们酒店。员工更是如此，合作伙伴更是如此。如果合作伙伴用欺诈的方法、行贿的方法和华住合作，我们坚决不做。”

季琦强调：“价值观不一致，不可能成为华住正能量生态圈的一分子，这是特别重要的事情。没有价值观的一致性，华住不会有未来。”

多一家好店才是一件好事情

庄松成是华住高级副总裁兼总参谋长，他全程见证并参与了

“518”加盟商纠纷。加入华住之前，庄松成做过多年律师。在他看来，加盟部门最核心的价值，就是帮助加盟商解决问题。

在庄松成眼里，“518”加盟商纠纷是由经济下滑的大环境、连锁酒店竞争压力加剧的小环境，外加一些人为因素，共同导致的。

“后来我们开玩笑说，这是另外一个维度上的天时、地利、人和的问题。”庄松成说，2015 年不管全球经济还是中国经济，都有较大的下滑压力，酒店行业从 2015 年年底到 2016 年面临巨大的经营压力和挑战。而 2015 年又是华住乃至连锁酒店行业上一个快速发展阶段的顶峰，那一年华住开了近 1 000 家店，其中不可避免有一些近距离开店的问题。从原来的每年五六百家店，一下子发展到接近 1 000 家店，意味着要多输出一倍的管理人员。

庄松成解释说：“‘天时’是经济不好，‘地利’是整个行业发展非常快，‘人和’则是行业快速发展导致人才供给跟不上。”

庄松成认为，“518”加盟商纠纷的最核心原因，就是季琦所说的“别有用心”：“整个行业都发生了类似的事情，为什么华住的加盟商闹得最凶？就是因为华住的门店，不管位置也好，还是体量也好，在有些人眼里是有价值的。这些人——名字我就不说了——希望通过这种串联的方式，把那些经营有问题或者碰到了一些矛盾的加盟店组织起来，形成一种所谓的酒店联盟。正是因为这个原因，不仅有些华住的加盟商被煽动起来，如家和 7 天那些在好位置拥有物业的加盟商也被煽动起来。”

这场纠纷的波及面到底有多广？参与了整个过程的庄松成说：“从最初的爆发到最后的高峰，全部过程涉及的加盟店数量不超过 300 家。当时华住的加盟商有 3 000 家左右，占比不到 10%。5 月 18 日当天，到华住总部现场的人差不多有 130 个，涉及的门店数量在

100 家左右。当然，我们也用了很多方式方法来应对，宣传啦情报啦，等等。这件事对我们的整体影响，并不像外界传言说的那么大。”

庄松成的说法，从薛官兵口中得到了某种程度的证实。2016 年 5 月担任汉庭天津区域经理的薛官兵，因为跟当地的一个龙头加盟商保持了很好的沟通关系，“全天津没有一个加盟商参与这件事情”。

庄松成感慨，这件事情加深了他对于人性的理解，“当时被煽动的门店数量不止这些，不少加盟商选择观望，不急于站队，不急于表态，反正最后有什么结果，自己肯定不冲在最前面，但是有什么好处也不能落下”。

“518”加盟商纠纷很快就得到了妥善解决，但这件事情对华住上上下下的冲击，巨大而影响深远。

“这件事情，让我彻底意识到了跟加盟商的关系，到底应该是一种什么状态。”庞林感受最深的是，以前觉得加盟商是依附于品牌的，但实际上，双方是一种平等共生的关系，合作才能共赢，“品牌好了，加盟商才会更好；反过来也是一样，加盟商好了，品牌才会更好。”

庄松成说，“518”加盟商纠纷看起来是坏事，但对于华住的发展其实有很大的正向促进作用，“是一件很好的事情”。

“一方面，纠纷帮助我们正确认识了过去 10 多年快速发展过程中，积累下来的问题和教训，并找到解决方案。这一点非常宝贵，等于加盟商在帮助我们进步。事情过后，我们的加盟费没有任何变化，只是减掉了 700 元的财务监管费，这也是我们原本就计划减免的费用。”

“面对类似事件，华住是整个行业中，唯一一家没有做出重大妥协和让步的公司。后来我们适应加盟商需求，进行了架构方面的调整，将区域制改为事业部制，从当年开始，所有跟加盟商相关的大小事务，都由加盟部负责跟进解决。我们更加重视跟加盟商的关系。”

另一方面，纠纷也帮助华住发现和暴露了体系里的不和谐因素，用季琦的话讲，就是那些“不志同道合的人”。

“当年差不多解约了100多家门店，其中我们自己主动关了80多家，加盟商自己举手说要退出的，差不多有40家店。这些解约的门店，用现在的眼光来看，不管是品质也好，还是整体营收也好，基本都属于不合格门店。”庄松成说。

不合格门店有哪些坏处呢？庄松成说：“首先，它是体系里的一个搅局者。其次，布点就像下围棋，我们现在做规划，每个点都很重要，当某个点位被占据之后，未来在它的周边再开店就会有很多限制。如果这个点位上是一家不合格门店，那就应该拔掉，早拔掉早解决，我们才能不断发展。”

从那之后，华住意识到，并不是多一家店就是一件好事情，只有多一家好店才是一件好事情。华住的加盟店综合评估体系，正是从这里起步并生长壮大起来的。

评估体系从不同维度入手，如对员工好不好、是否支持华住销售体系、能否按时缴费、是不是跟华住志同道合等，每年综合评定加盟店是否为良性，由此产生良性加盟商名单。

“这个体系还在逐步完善的过程中，估计2021年年底之前能磨合好。这一体系建设的源头，就是2016年的那场纠纷，这是纠纷延伸出来的证明成果。放眼整个行业，华住是唯一一家系统化考虑并解决这一问题的企业。”庄松成说。

连锁酒店行业有一套通用的加盟流程：业主先找到开发人员，评估合格后加盟进来，下一步要做工程，加盟商申请一个做工程的人支持，然后验收的来了，接着要准备开业，加盟商自己联系品牌IT部门的人，开业之后基本上有事情就找店长了。

一套流程做下来，加盟商至少要联系十几个不同的对接人，中间还可能发生各种意外情况。

这套流程导致的一个常见情况就是，加盟商遇到一个具体问题，找了这个部门的这个人，这个人推给另外一个人或者另外一个部门，如此循环往复。加盟商往往找来找去，耗费大量时间和精力，问题却总是得不到解决。

从 2016 年开始，喜欢创新的华住用客户思维来考虑这个问题：华住这么大一个体系，当加盟商遇到问题，如何第一时间找到最合适的对接人？

“特许事务经理”这个岗位，正是此时开始设立的。

庄松成如此描述这个岗位的职责：“特许事务经理，说穿了就是客户经理，加盟商的客户经理。这是公司跟加盟商之间的桥梁，加盟商有什么事，你找我就行了。我帮你传递信息，帮你寻找资源，帮你解决问题。不见得所有问题在我这里都能解决，但是你找到我了，你的事情公司就知道了，这一点很重要。”

截至 2020 年 7 月，华住总部有 30 多个特许事务经理，服务于近 5 000 家加盟店。

特许事务经理是联通品牌和加盟商的最重要渠道，除此之外，华住还通过店长帮助加盟商解决问题。

庄松成说：“店长肩负了很多跟加盟商沟通的工作，最核心的就是帮助加盟商解决经营问题。店长解决不了的，可以找他的区域经理甚至大区经理协助。这种事业部的设置，确保公司最了解最熟悉加盟商的人，能在最短的时间内帮助所管辖门店解决问题。”

“回过头来看，我们每年都进行大量的创新，加盟体系发展得这么好，不是我厉害，是整个体系厉害，公司愿意在核心领域全力投入。”庄松成感慨道，受到新冠肺炎疫情冲击，2020 年全公司没有一个部门是增编的，唯独新增了 30 个政委的编制。

“人力成本是最大的投入，为什么公司肯花这些钱？很显然，因为得加盟商者得天下，我们重视跟加盟商的关系，非常重视，而且未来只会越来越重视。”庄松成说。

行业罕见的“大手笔”技术投入

“老 IT 人”季琦，坚持用技术改造传统行业。从 2005 年的网站到 2012 年的免费 Wi-Fi，从 2014 年华住会 App 上的自助选房到当年成立盟广信息，华住在技术上始终倾注了巨大的心血。

2016 年第四季度，华住开始推动酒店管理的全面信息化。10 月，已经在全季直营店全面推广的自助入住终端机“华掌柜”，开始让所有加盟店免费试用。年底前，所有良性加盟商得到了免费的“易发票”服务——发票直连，前台只需一个摁键，发票就自动打印，解决了营业税改增值税带来的开票烦琐问题，从而导致前台排队等发票的痛点得以缓解。

“易客房”“易维护”通过移动端，实时展现客房房态尤其是清洁状态，达成客房清洁员工、店长、维修工之间的迅速沟通。

在客户端推出“易反馈”体系，住客可以为清洁员工点赞，或者马上反馈哪里有一些此前没注意到的小破损，哪里没有清扫干净，发动住客帮助华住进步，同时也增加了与住客的互动，进而增加住客黏性。

汉庭客房经理帅淑华对此感受深切。“最开始，大家不太熟悉，甚至还有点排斥。但后面用习惯了，发现确实帮我们省出来好多时间。现在我们都已经离不开它了。”帅淑华说，保洁阿姨们利用节省出的时间，“30分钟按流程做一间房，68项一条不落地做出来。”

客人在App上写来的感谢信，以及点击打赏按钮等动作，都会帮助保洁阿姨评选星级。“看到客人住得舒服、开心，自己的劳动能得到公司的肯定，阿姨们的积极性都非常高。”帅淑华说。

员工端启用“易培训”——华住云学堂，通过华住大学整套培训体系，打造整个行业最专业、最敬业的团队。

“电子小秘书”则是为店长和区域经理准备的一款新工具。华住的管理人员少，每个人都要身兼多职，一个店长要承担过去星级酒店五个部门负责人的工作。这款新工具，将所有相关工作进行分解和排序，帮助管理人员安排好所有工作内容，确保不会遗漏任何重要程序。

桔子水晶上海漕河泾宜山路酒店店长施珺说：“我们现在的工作，简单的时候很简单，困难的时候很困难。”

所谓简单，是因为线上就能看到所有门店的相关数据，对于店长来说一目了然。而所谓困难，是“因为更清楚店里还有哪些不足，以及自己要学习、要完善的地方会更多，因此压力会更大”，施珺说。

到2018年年底，华住的易系列应用从12个扩充至22个，完整覆盖从前台到客房、从维修到工程、从单店店长到员工、从后台到一线多个岗位。

在2018年的华住世界大会上，刘欣欣以详细的汇总数据，展示了易系列对于效率的提升和对于经营的强力支撑。

全季入住客流，43%通过华掌柜完成入住手续。凡是实行零秒退房的客户，84% 是通过华掌柜完成的。这意味着前台工作量大幅下降，客人入住和退房时间大幅缩减，极大地提升客人入住体验。

易发票在华住的应用，已经超过了 1 000 万人次，为客户和前台员工节省了 82 万个小时。

所有线上订单的 65%，同步线上完成支付，降低员工工作量的同时，将发生差错的概率进一步降低。

全华住进行推广的易客房，让所有客房主管和员工，都可以通过手持设备及时记录房间状态，带来的直接效果是整个出房速度缩短了 44 分钟。客房周转率的提高，使客人可以更快入住，也让加盟商有机会多卖两间时租房，为经营创造了更多可能性。

“我们把所有能够被易系列包围的各个业务功能模块，全部进行了技术上的简化，形成了闭环。闭环的背后，是我们用技术再次赋能和服务每一个环节，使我们整个运营体系成为全球最领先的一套体系。”刘欣欣总结说。

领先技术的打造过程，从来都没有“免费的午餐”，一路领先的背后，是巨大的资金投入。截至 2018 年年底，过往 13 年间，华住总共在 IT 上投入了 12 亿元。从 2019 年开始，华住继续加大技术投入，一年 1.7 亿元，差不多是此前 13 年年均投入的一倍。

在成本十分透明、利润极为微薄的酒店行业，敢于像华住这样“大手笔”进行技术投入的，没有第二家。

在 2018 年的华住世界大会上，张敏帮加盟商算过一笔账：“华住在 IT 上年复一年的投入，我相信小型连锁酒店根本没有这个实力，就算很多大型连锁酒店，也不舍得、不愿意去增加这笔开销。”

华住的高额投入，换来了什么呢？

张敏说：“为什么华住旗下酒店在运营过程中能够节省很多成

本？因为每一个人能够做更多事情，把质量做得更好，从而使华住能够用全行业最低的人房比，取得行业中罕见的高客户满意度。”

华住 2018 年财报显示，当年的净利润为 17.132 亿元，这是过往 13 年里净利润最高的一年。酒店业竞争异常残酷，华住还能创造这样的利润水平，没有 IT 利器是难以想象的。

现任科技中心副总裁宋洪方，曾在外企工作了近 20 年，深切感受过用技术改变行业的乏力。“我们这些在外企的中国人，做到后面总有一种被束缚的强烈感觉。无论我们在中国市场创造了什么，在总部眼里，这只是一个很本地化市场的创新，永远不可能上升为集团战略，更不要说用技术改变整个行业了。”

2015 年，宋洪方加入华住。对他来说，这意味着三大转变：从通用的 IT 到研究业务与业务结合的 IT，从外企到民企，从乙方到甲方。

进入华住的宋洪方很快发现，工程、营建、开发、运营、管理，在每一个细分领域，市场上的竞争对手都很强，而华住通常需要考虑的就是以少胜多，因为资源和资金永远都是短缺的。但让宋洪方欣慰的是，不管遇到什么困难，华住的两大技术基因始终在发挥作用，“一个基因是用技术改造传统行业的初心和决心，另外一个基因是自上而下的数字化战略清晰稳定”。

用 IT 提升效率

华住的 IT 战略是“胖线上，快线下，强中台”，2019 年升级为“人机合一”的互联网战略。

易系列扩充到 20 多个之后，线上产品已经足够“胖”。接下来要解决的，就是如何让线下“快”起来，也就是通过降低人房比提升效率。

“酒店行业的人工成本，占到了线下门店总成本的 30% ~ 35%，华住为什么始终咬住人房比不放？人房比的核心，是降低人工成本，提升效率。围绕获客效率、单店效率、管理效率这三个支柱，门店经营就会螺旋式上升。反过来，门店在经营中遇到问题产生的需求，又会倒逼技术升级。”宋洪方说。

获客效率和单店效率，针对的都是所有员工。在移动化之前，大家做完一件事情跑到办公室拿一张纸记下来，过一段时间汇总之后提交。这些数据，第一有延迟，第二不一定准确，第三浪费了很多时间。

有了类似“华掌柜”这样的应用之后，员工在执行过程中已经记录了工作情况，之后系统会自动汇总成报表，避免了数据的二次录入。宋洪方说：“我们就这样，从一点一滴，去降低一线运营的复杂程度。”

管理效率针对的是平台，包括开业前的管理效率和开业后的管理效率两方面。

开业前管理，比如怎么选址，华住有一个测算模型，而不是某个开发人员凭经验决定的，这个决策地图会叠加很多公开信息，华住 App 上的点击、电商平台的 POI（信息点）、客流量热力图等，不断更新，为决策提供参考。

开业后管理，将人、财、物相关的人事、财务、采购联动，业务跟财务一体化，这样数据就可以自然流动起来。

华住现在的 IT 团队中，三分之一是陪伴华住一起长大的老华住人，三分之一是像宋洪方这样有外企背景的人，三分之一是来自互联网公司的技术人员。宋洪方说："团队里这些拥有不同行业背景的人，可以提供非常难得的差异化视角。进行头脑风暴的时候，团队内部对于问题的争论是非常激烈的。不同的思考角度，可以帮助我们从不同的视角看待要研发的产品。"

让宋洪方记忆犹新的是，华住 IT 团队此前聚焦于数据采集、数据呈现，从而驱动决策。但团队中有互联网背景的同事来了以后，说了一句让宋洪方感到非常震撼的话："现在的数据运用，不仅仅驱动决策，更应该直接实时反馈到一线去驱动生产。"

IT 团队每次接到新任务的时候，都不觉得自己能完成。但没有人退缩，而是迎头冲上去。

研发 PMS 2.0 版本的时候，很多人觉得风险很高，因为 1.0 版本上有 4 000 多家门店的数据在运行，能否实时无缝对接，其实大家心里都没底。

刘欣欣跟研发团队分享了《阿里云的这群疯子》，鼓励大家亲手拆掉自己赖以生存的平台，做一个全新的东西。

宋洪方记得："大家看得热血沸腾，直接开干。别说'996'，研发 PMS 2.0 的 18 个月中，整个团队一直实行 711，每周干 7 天，每天干到晚上 11 点，就是这样冲出来的。"

PMS 2.0 研发团队，最开始的时候有六七个人，最高峰的时候有 30 个人左右，其中三分之一是老员工，三分之二是新员工。在不断挑战新目标的过程中，整个团队迅速融为一体。

宋洪方印象最深刻的是，"系统对接的时候，两个员工主动请缨，守着 1.0 版本，修补漏洞，等待 2.0 的竣工。到后来，我们研发团队中的所有人，都跟门店和事业部的同事关系非常密切。这是为什么？

因为我们一起战斗过，我们是一个团队”。

2014 年研发的 1.0 版本，是基于经济型酒店的管理，而 2020 年推出的 2.0 版本，则支持了全服务的酒店。

宋洪方说：“我们通过易系列，解决了全员移动化的问题。华通现在搭载了 67 个微应用，2020 年推出的华通 3.0 版本，是全员协同的平台，能够解决人与人之间点对点的沟通、人与群组的沟通、组织与人的沟通。我们还会解决系统与人的沟通问题。”

宋洪方总结说，在很多对客服务和流量平台上面，华住都是整个行业的第一：“我的支付是第一，我的结算也是第一——华住的结算能力，已经做到了 T+1，换句话说，我们可以把一个店长的月薪，做到按天支付。”

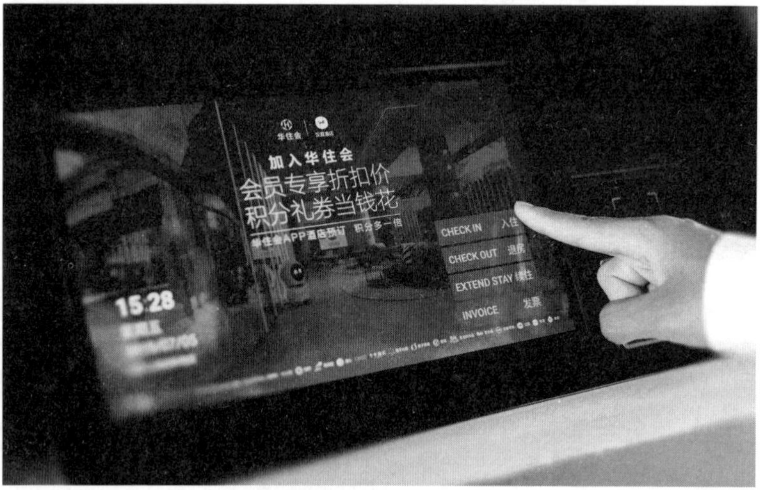

易掌柜应用于汉庭 3.0

当然，华住的 IT 系统并非没有遇到过挑战。

2018 年 8 月 28 日，有卖家将通过非法手段获取的部分内部测试数据，外加拼凑的一些其他数据，包装为用户姓名、手机号、邮箱、身份证号、登录账号密码等数据公开叫卖，并开价不菲。

这一事件迅速成为媒体关注的焦点，几乎所有矛头都指向华住，而黑客窃取华住数据并试图敲诈勒索这一基本事实，却在有意无意之间被忽略了。

以往发生的很多类似事件，往往不了了之，并且最后多以给企业带来无法挽回的名誉损失而告终。华住特别幸运的是，上海市长宁区检察院第一时间派互联网犯罪检察官办公室提前介入该案，引导公安机关侦查取证，在事件发生后的第 9 天，利用黑客手段窃取华住集团旗下酒店数据并在境外网站兜售（未交易成功）的犯罪嫌疑人刘某某，被上海警方抓获归案，刘某某后来对窃取数据、敲诈勒索等情节供认不讳。

“在华住高速奔跑的时候，（这个事件）突然绊了我们一下，但是我们没有摔倒。”刘欣欣说，这个事件给华住敲响了警钟，华住迅速反应并及时调整，进一步强化整体的信息安全管理，“包括用户数据在内的信息安全管理，是华住极端重视并投入了大量人力物力在做的事情，这不仅仅是企业责任，更是一种社会责任。”

华住在这一事件基础上举一反三，进而倡导成立了行业信息委员会，推动整个行业的信息安全管理迈上新台阶。“单独某一家企业，面对这类事件，力量其实是很有限的。只有整个行业携起手来，齐心协力共同推进，才能凝聚更强大的力量。”刘欣欣说。

从提升效率到质量管理，从支撑全服务到全球化架构，宋洪方说，华住所有的 IT 应用，全部基于开源技术，百分之百自主 IP（知识产权），“每一个字段，每一条代码，都是我们这帮兄弟一行一行写出来的”。

2012年4月，腾讯创始人马化腾曾经问来访的科技界预言家凯文·凯利："谁会成为腾讯未来的敌人？"凯文·凯利给了马化腾一个凯文·凯利式的回答："在互联网世界，即将消灭你的那个人，从来不会出现在一份既定名单里。"

宋洪方有类似的担忧："华住的对标，已经不再是行业内的竞争对手。我们遇到的挑战，不再来自酒店行业，而是无法预测的跨业竞争、异业竞争。"

宋洪方说："在华住，能活着是最大的认可。只要你活着，就有机会去改变未来。"

抢占移动互联网先机

堪称行业标杆的IT技术，确保了华住旗下所有酒店的运营效率，极大地降低了人工成本，这是从"节流"的角度帮助加盟商。但光靠省钱，显然发财只是一个梦。正如战国时期思想家荀子在《富国篇》中阐述的富国策略，"节其流，开其源，……使天下必有余"。只有具备强大的"开源"能力，加盟商的发财梦才会成真。

季琦从汉庭创立之初便大力发展会员体系，推动直销渠道，确保会员"官渠最优"策略。这套流量打法，是华住旗下所有酒店的开源利器。

如果说，IT是华住品牌的左脚，那么，流量就是华住品牌的右脚。没有流量支撑的IT，不过是一群极客的自娱自乐；没有IT支撑的流量，就像一盘散沙，无所依凭。IT与流量，缺一不可，共同构筑了华住品牌的基石。

2005年8月第一家汉庭开业至今，这套流量秘籍，华住也持之以恒地修炼了15年。

依靠全员销售发小卡片，华住会累积了最初的会员。进入移动互联网阶段，尤其是社交媒体大爆发之后，华住会的获客手段也与时俱进，花样百出。

"当时只是很单纯地认为，不能把获客这么重要的事完全交给第三方渠道。所以从第一天开始，我们就确定是要做会员直销体系的。回头看，我们可能走在了时代前沿，当时做的会员直销，就是今天互联网上人人都在谈的私域流量。"一手打造了华住会员体系的王玲说。季琦提出了发展会员体系的原则，给了她很大的发挥空间。具体推进过程中遇到的很多问题，季琦和管理层也都给出了很好的建议，以及坚定的支持。

2015年之前，是华住会用户流量的原始积累期。王玲记得："当时OTA整合没有完成，还是各自为政的，流量也比较便宜。我们一方面在快速扩张的同时大力在门店售卡，另一方面在各个渠道做一些外部的引流投放，获客成本都比较低。"

2011年，王玲隐隐约约觉得，移动互联网已经成为一个趋势。她就去支付宝挖了一个电商的负责人过来，那个负责人又从盛大网络挖来了一个产品经理。

王玲得以在她负责的营销部搭建了一个电商团队，她说："电商、产品经理之类的概念，那时在酒店业还很少有人知道，所以我们这个电商团队，不小心抢占了移动互联网的一个先机。"

这个先机，促成了华住会从第一阶段的广撒网拉新，进入2016年之后的第二阶段——除了拉新，还要做留存，做会员运营。

王玲说："华住已经从单一品牌向多品牌拓展，如何让沉淀的会员复购、如何将会员分层、如何匹配会员不同的消费场景等问题，成为这一阶段的工作重点。”

2015 年 10 月 26 日，携程与去哪儿合并。2017 年 12 月 29 日，同程和艺龙正式合并。加上背靠阿里巴巴生态圈的飞猪，以及腾讯铁杆盟友美团异军突起，整合完毕的 OTA 形成优势明显的头部平台。

对华住而言，外部流量变得非常昂贵。而对花钱买流量这种事情，尤其是花大钱，华住是没有这个预算的。怎么办呢？王玲开始带领团队探索各种新玩法。

微信有个功能叫“附近的人”，这是一项基于位置的服务（LBS）。有一段时间，微信团队把这项功能拿出来做商业化，让企业尝试，华住第一批申请成为合作伙伴。

王玲发动各个门店，将门店名称拟人化，通过“附近的人”先搜索，然后去添加好友。“光这一个简单的功能，就一下子拉进来几百万会员”。

虽然微信团队很快结束了商业化尝试，但华住不花一分钱的拉新战术，后来被作为微信团队的案例介绍。

支付宝做线下支付的时候，为了推广扫码枪，不惜代价。华住最早申请，旗下门店也第一批得到扫码枪。“逍遥子”张勇还出面推动了双方的合作。

支付宝铺设扫码枪，支付宝出钱补贴客户，华住则在这个过程中，既提升了运营效率，又免费拉来了大量会员。

“互联网公司的这些最新玩法，每一波我们都抢到了一些红利。华住跟支付宝的合作，也成为阿里巴巴的经典案例。”王玲说。

跟微信的合作，华住没花一分钱。跟支付宝的合作，华住还收了对方的入场费。王玲还记得那一幕：“支付宝的 1 000 万元到账之后，财务都觉得很奇怪，为什么人家做营销都是花钱，我们做营销不但没花钱，还赚了钱？”

用会员积分驱动营销

用最新玩法拉新，做留存，做运营，需要精心设计。在会员留存和运营方面，王玲对两件事情记忆犹新。

第一件事情是推销储值卡。当时王玲想的是怎么把客户锁定，但真正执行的时候才发现，财务、税务、法务等都需要协调。在国家政策不明朗、没有现成案例的时候，王玲顶着重重压力，为了单用途卡的备案，自己找到了商务部。最后这个项目还是上线了，2013 年当年储值就达到 7.3 亿元，2014 年到了 13.9 亿元，2015 年达到高峰，为 18.6 亿元。

2016 年是一个分水岭。2016 年 5 月 1 日全面实施营业税改增值税之后，储值卡受到限制。即便如此，当时华住账户上的沉淀资金也有 5.6 亿元。

储值卡帮助华住锁定了客户消费。王玲团队后来统计发现，有储值客户的消费能力是普通客户的 4 倍。

为了挖掘储值卡的各种功能，王玲打出了一套组合拳：推出之前便设计好产品，华住没有利息给客户，就做了一些储值返现；出于鼓励客户复购的目的，设计了连续折扣；为了鼓励员工的销售积极性，也设计了员工的提成等。

“在我看来，储值卡不是一个政策，而是一个产品。”王玲说。

第二件事情是混合支付。这种支付方式允许客户把积分当钱用，可以用积分加货币的方式结算。这件事情背后涉及的问题是积分货币化。当时酒店行业没有人这么做，华住又一次在行业内领先。

王玲2013年提出这个设想之后，财务坚决反对。王玲对此表示理解："积分是对客户的奖励，每一笔积分有效期是两年。从财务的角度，积分对企业来说是一笔债，是一笔应付成本。财务当然不希望把积分当钱用，因为过了有效期就失效了，企业就省了这笔债，也就省了成本。"

虽然感慨"营销和财务始终是一对矛盾"，但理解财务苦衷的王玲认定积分不是一个可有可无的东西，而是一个非常重要的营销工具，是整个会员计划当中的重要环节。

在金辉、解云航的大力支持下，积分货币化要解决两个痛点：其一，不让积分变成鸡肋；其二，住客用积分换免房的时候，不加任何限制条件。

住客最希望的是用积分换免房，但大多数同行要么挑出一些出租率偏低的时间段，要么安排一些位置不好的门店，留给住客的选择空间极小，体验极差，最终让积分形同鸡肋。

王玲敏锐地发现，住客攒积分的时候，可能是利用出差等公干机会，但住客在使用积分的时候，几乎都是个人行为。说白了，客户利用出差攒来的积分，只会在自己或家人出去游玩的时候才肯使用。

在这种情况下，客人肯定首选节假日最靠近旅游景点的好位置门店。如果不允许客人兑换，积分就没有什么吸引力；如果允许客人兑换，西湖旁边的加盟店也想在节假日做收益。又是一对天然的矛盾，怎么办？

王玲想到的办法就是积分货币化：设定积分的换算比例，公开透明，100积分可以在华住平台上当1元钱使用。华住跟加盟商结算的时候，会把积分按同样比例换算。也就是说，不管客人选择货币支付还是选择积分支付，加盟商收到的都是货币。

这样一来，门店尤其是加盟店，不再拒绝使用积分的住客。再加上价格杠杆的调节作用，加盟商开始更加欢迎选择积分支付的住客，因为这部分住客忠诚度更高。

王玲举了个例子来描述加盟商的心路转变历程：节假日，西湖边上的汉庭或者全季，房间售价 500 元，就相当于 5 万积分。离西湖 1 公里的门店，房间售价 350 元，相当于 3.5 万积分。“客人自愿选择，到底是花 5 万积分跟西湖零距离，还是只花 3.5 万积分再走路一公里。”

华住还鼓励客人混合支付。一间 500 元的客房，客人可以花 4 万积分再花 100 元人民币，也可以花 1 万积分再花 400 元人民币。这样一来，每一个积分，对于客人来说都是有意义、有价值的。

用了这些方法后，App 的活跃度、客户的复购率、会员消费对门店的拉动作用，全部进入了正向循环。

后续，王玲和团队还推出了一系列当时非常少见的创新举措，真正将积分变成了驱动营销的工具：“客户每天签到、推荐朋友、写点评等等，有一系列攒积分的办法。与此同时，我们还推出了积分商城，加上换免房等，也有一系列花积分的办法。这样一来，整个积分体系就活了，不再是一个鸡肋，变成了营销的巨大动力。”

2013 年提出积分货币化的设想，2014 年趁着巴西世界杯玩积分，2015 年开始做混合支付，2016 年推出线上积分乐园，2017 年又做积分的线下服务，2018 年打通十几种业务做了积分延展……一路走来，效果立竿见影。王玲说：“2015 年当年，积分支付的订单数就占了总额预付的 30%。我们的积分商城，引进了很多商家，五个人的一个小团队，2018 年一年，也能够给公司上交 1 000 万元的净利润。”

通过渠道、价格、直销、分销以及线上线下的互动，王玲将积分这笔企业的负债，变成了公司的一个收入来源。“这不就是现在大热的整合营销吗？”王玲用一句反问总结整个过程。

打造私域流量“蓄水池”

通过用心经营，加上华住品牌不断增强的吸引力，华住会会员发展迅速，并为华住旗下所有品牌酒店的经营，发挥了中流砥柱般的支撑作用。

2016 年，华住旗下所有酒店品牌全年 RevPAR 为 157 元人民币，继续保持增长态势。在当年的华住世界大会上，张敏从“把头回客变成回头客”的角度，分析了为什么华住能够取得骄人的 RevPAR 成绩。

“目前，会员贡献了我们整个间夜销售的 80%。如果把这 80% 做进一步的分解，就会发现，其中再次入住的客人占 55%，首次入住的客人占 45%，可见回头客对我们的贡献有多重要。”张敏说。

而会员的价值，则在于创造更多的间夜收入，并且季节波动更小。张敏对比说：“统计发现，一个有效会员在一年当中贡献的是6个间夜，而一个 OTA 客人贡献的是 1.4 个间夜，一个不是会员也没有被转化成会员的上门散客，一年的贡献是 2 个间夜。这中间是好几倍的差异。”

张敏还展示了酒店经营和会员发展之间的关系，推动加盟商在享受华住会带来的巨大流量的同时，反哺整个华住会会员体系。“根据过去 12 个月（2015 年 12 月—2016 年 11 月）的数据，全集团酒店年出租率是 85%，日均售卡 3.7 张，个人会员贡献的出租率是 59%。也就是说，85% 的客人中，59% 是个人会员。”

经营好的加盟店是什么情况呢？张敏说：“一天的售卡量为 5.1 张，明显高于平均值，会员贡献的间夜是 72%，同样明显高于平均值。”

相反，那些售卡更少的门店，会员贡献的出租率也更少。“这种相辅相成的关系是相当明确的，只有个人会员发展得好，我们的经营收益才能上去。”张敏说。

华住一直在推行积极营销，建立企业直销团队，做在线渠道推广（百度、App 等），推出员工销售奖励，等等。华住每年比竞品的市场营销投入高出 50%。目的是什么？是确保“官渠最优”的策略落到实处，只有让会员拿到最好的价格，他才会不断回头。

张敏说：“我们的酒店，在我们官方渠道上展示，有 1/3 000 的机会被选中。如果贴了‘干净’‘新品’等标签，被选中的概率更大。而如果在 OTA 上展示，可能只有 1/600 000 的被选择概率。所以要不断推动会员成为我们的忠实顾客，只有这样，我们的经营才能走得更稳健。”

2018 年 11 月 29 日，张敏进一步阐述了这一理念：“做直销这件事情，很费劲，但是我们坚持了这么多年。整个直销战略就好比建造一个大水库，水库里面的水位要比下游的高，我们要让水库里的水更深、容量更大，这样水库里的鱼就会比下游的鱼活得更滋润、更舒服。”

通过数据对比，可以发现华住私域流量“蓄水池”的增长曲线。

华住 2017 年财报显示，华住旗下所有酒店品牌，平均入住率为 88.3%，提升了 3.5 个百分点；全年 RevPAR 为 180 元，同比增长 14.4%；ADR（已售客房平均房价）为 203 元，同比增长 10%。截至 2017 年 12 月 31 日，华住会已经吸引超过 1.03 亿会员。在 2017 年，会员贡献了超过 76% 的间夜量，全年超过 87% 的间夜量通过华住的

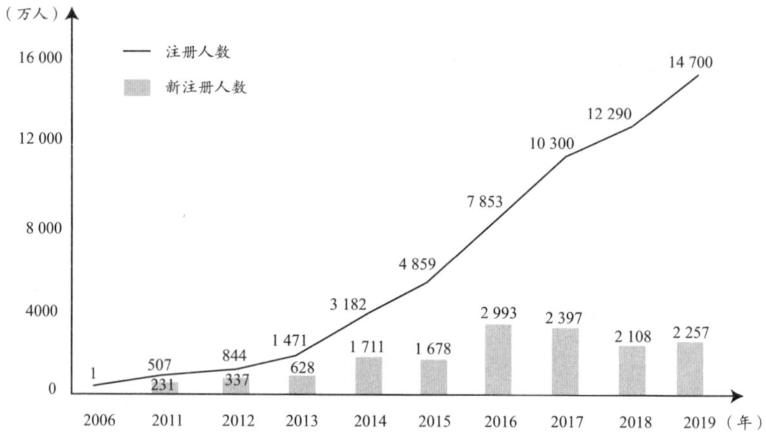

华住会会员增长曲线

直销渠道销售。

2018 年，华住旗下所有酒店品牌，平均入住率为 87.3%；全年 RevPAR 为 197 元，同比增长 10%；ADR 为 226 元，同比增长 11.2%。截至 2018 年 12 月 31 日，华住会吸引了超过 1.2 亿会员。在 2018 年，会员贡献了超过 76% 的间夜量，全年超过 86% 的间夜量通过华住的直销渠道销售。

2019 年，华住旗下所有酒店品牌，平均入住率为 84.4%；成熟门店（开业超过 18 个月的门店）全年 RevPAR 为 198 元，同比增长 0.1%；ADR 为 234 元，同比增长 3.6%。截至 2019 年 12 月 31 日，华住会已拥有约 1.47 亿名会员，这些会员贡献了 2019 年约 76% 的间夜量，约有 85% 的间夜量通过华住集团自有渠道完成销售。

华住会的混合支付，让积分成为黏住用户的有力工具。

“整个 2018 年，积分消耗首次超过 160 亿，首次使用积分的人次达到 1 500 万，积分丰富了华住会的玩法，让这个 App 的功能不局限于预定，而扩展为深度服务的融合。”王玲发现，铂金卡会员和金卡会员中，80% 首选华住会 App 作为他们触达华住的唯一入口。

在华住会 App 之外，王玲还开辟了会员体系的第二战场。

华住的微信会员，2018 年净增 1 200 万，达到了 2 578 万的总量；华住小程序用户增长了 150%，总量为 1 251 万。2019 年，华住的微信会员和小程序用户分别达到了 3 673.4 万和 2 569.75 万。

“我们正在形成从新客到熟客再到高忠诚度客人的有效转化，这是未来我们能够为加盟商带来更多商机、更多机会、更多连接用户的根本所在。”刘欣欣说。

强大的中央渠道和海量的忠实会员，使得华住的品牌创新更加顺利。

刘欣欣说：“自从加入华住之后，桔子水晶融入会员体系两个月，中央预定就达到了 20%。2018 年推出的漫心和 CitiGO 欢阁，上线当年，中央预定也达到了 32% 和 26%。流量‘蓄水池’对于新品牌的贡献，有目共睹。”

阿里巴巴首席战略官曾鸣说过：“网络协同和数据智能，是未来商业竞争所必须拥有的双螺旋，是新商业的基本 DNA。”

季琦很认同这一观点。他说：“曾鸣说的‘网络协同’，就是我说的‘规模’，还有一个更通俗的词，就是‘流量’，既包括线上的流量，又包括线下的流量。”

季琦认为，酒店行业的核心竞争力，来自四个要素：品牌、产品、效率、规模。

“华住的品牌有点多，但还是很清晰的，形成了从一星到五星、从经济型到高端的全品牌系列。品牌里面最重要的品牌，是华住会。”季琦说。

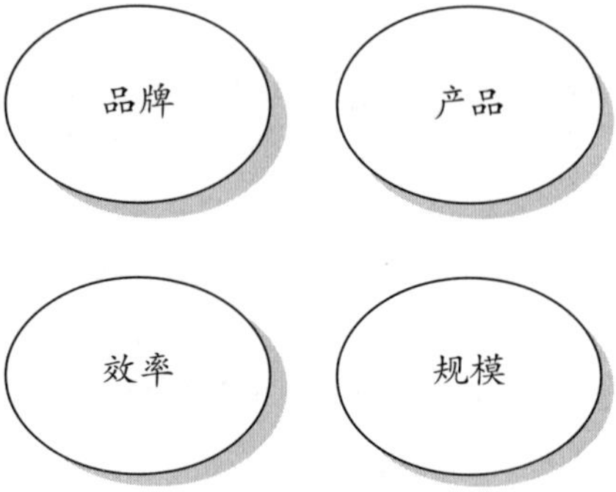

酒店核心竞争力四要素

彼得·德鲁克说："管理就是两件事：降低成本，提高效率。"

季琦一直对华住的效率引以为豪，"会员是华住效率非常重要的组成部分。曾几何时，门店都是通过发传单进行销售，如今这种现象已经消失。我们要重新建立平台、事业部、战区的三级直销体系，从销售开始提高效率"。

"销售是一切效率开始的源头。没有销售，没有直销，我们就很难生存。"季琦说。

酒店行业"投资宝典"

在 2016 年的华住世界大会上，季琦总结了一份"投资宝典"："中国的投资工具不多。你可以买股票，但可能被套牢，套的人很多。你也可以买房子，有人说我买的房子涨了好几倍了，这种事可能有，但我觉得充满了不确定性。投资加盟酒店，我认为目前是在中国做投资非常好的选择之一。酒店加盟，不但要做，我还鼓励你们多做。"

怎么做投资加盟店呢？季琦总结了四点：选对物业，选对品牌，控制好成本，控制好品质。

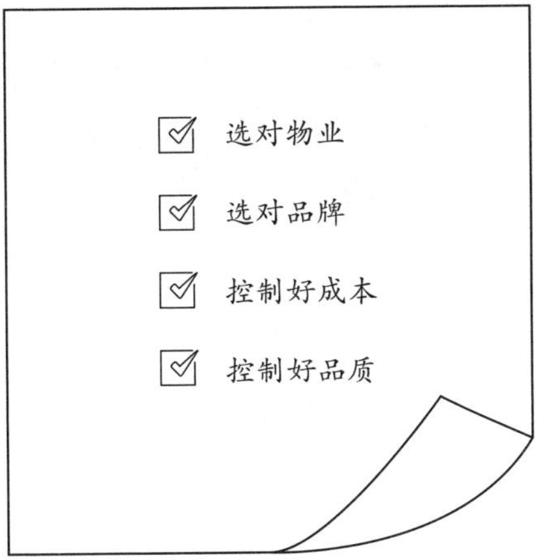

投资加盟店四个“对”

第一要诀，也是最重要的，不是选对品牌，甚至不是选对大公司，而是选对物业。“在盐城、淮阴、宿迁这样的城市，已经有 7 家、8 家、20 家、30 家经济型酒店，你再开一家，租金再便宜，基本上也是死路一条。选对物业比什么都重要，我认为这是投资加盟店成功的第一要诀。”

第二要诀，肯定是选对品牌。

第三要诀，控制好成本。“这个问题，有很多角度，我只谈一点。有的店装修标准不合格，被我们的质监人员要求返工，得重新来，那就浪费钱了。好的设计、好的施工队，对成本的控制是非常重要的。”

第四要诀，控制好品质。“有的新店搞得很漂亮，可没过两年，漏水、发霉、异味都来了，你得不断维修，不但增加维修成本，还影响经营收入。控制品质，尤其在新店营建的时候，非常关键。”

对于最重要的要诀，也就是选对物业，季琦进一步细化了关于布点的四个方向。

第一个方向，在县里、镇里，在落后的地级市，千万要注意，如果已经有很多店了，就不能再往里挤了，虽然那里房租便宜，投入资金少，也不能干。季琦打了个比方："小池塘养不了太多的鱼。鱼多了，要么池塘的水臭了，要么鱼死了。"

第二个方向，兄弟品牌比竞争对手要好。在上海的潍坊路，已经有两家全季了，还有另外一家物业，本来想改漫心的，最后还是决定改全季。"在 500 米到 1 000 米的马路上有三家全季，其中一家的房量是 200 多间，没有问题。如果那里开了一个其他品牌，品牌本身不好的话，反而会把全季的售价拉低。"季琦说，"客人是拉不走的，只要性价比高的品牌、好的产品，不怕竞争。"

第三个方向，低线城市一定要保守布点，在那些已经有许多同类酒店的低线城市、经济不发达的低线城市，谨慎布点。

第四个方向，潜力区域，比如开发区、新的旅游城市、新的规划区、新的高铁点、新的国家战略区，不要第一个冲过去。"第一个冲过去的都是先烈。等别人先去，不要急，我们是成熟品牌，要稳扎稳打。你只要提前半步，千万不要提前两步，提前一步也多了。晚一点，房租虽然高了，但是你踏实，你有把握。"

时至今日，季琦认为他总结的这份"投资宝典"仍然有效。这份"投资宝典"，基于季琦自己的观察、体会，以及无数加盟商的成功经验总结而来。而更多遵循了这些要诀和方向的加盟商，又反过来验证了这份"投资宝典"的实用性和可行性。

80 后贾可心是黑龙江人，从部队转业后，2008 年到 2012 年在华住工作了五年，负责施工管理。贾可心的太太是厦门人，最初为了让

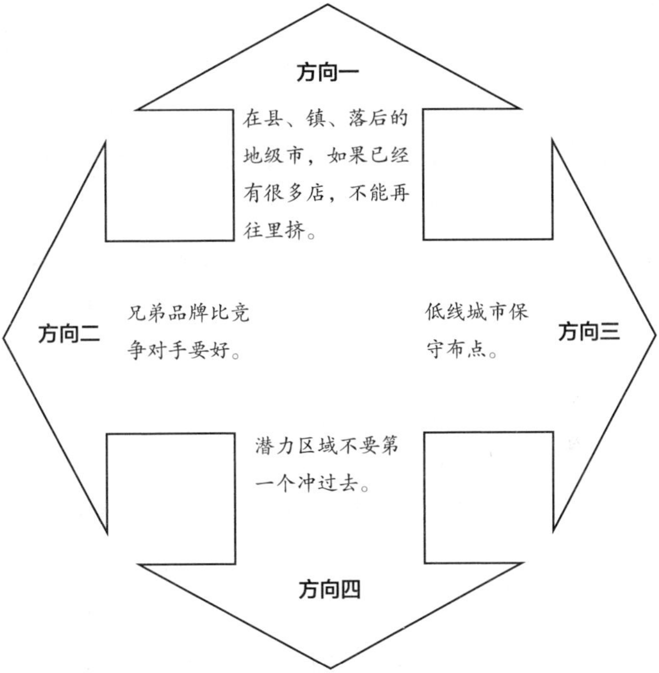

物业布点的四个方向

太太有事可干，他就在厦门大学旁边翻牌做了一家汉庭。

180 间房翻牌后，RevPAR 上涨了 140 ~ 150 元，很快就收回了投资。尝到甜头的贾可心干脆选择了离职，一心一意做起了加盟。

现在，贾可心有 13 家加盟店，品牌涵盖汉庭、全季、美居、漫心、桔子水晶等。运营了这么多品牌和门店，贾可心有自己的心得："前期考虑加盟的时候，要从租金、地段、产品等方面，好好分析清楚。提出加盟需求后，华住肯定会进行把控，但在这之前或者之后，加盟商要自己把控一轮。"

漫心上海淮海公馆店，是贾可心花了很多心思的一家新开门店。

改建的时候，他天天琢磨，光设计师就换了两轮，跟另外一个合作伙伴叶姐沟通了无数次，最终将这家开在老洋房里的漫心，设计得充满老上海情调。

季琦在禧玥酒店引进新荣记的做法，给了贾可心启发，他在漫心上海淮海公馆店引进了做融合西餐的靖里小馆，厨师团队全部来自南京西路325号历史博物馆五楼的ROOF 325西餐厅。酒店跟餐厅采用入股方式，一方面可以为住宿客人提供早餐，另一方面本身就在繁华的淮海中路黄金地段，午市和晚市也都有足够的客源。

开业以来的业绩，证明了季琦强调过无数遍的“位置”的重要性。“我们的住客，基本上是20多岁的年轻人，他们的消费能力非常惊人，很多客人一住就是一个礼拜。”贾可心说，新冠肺炎疫情对酒店的出租率带来了不小的冲击，但漫心上海淮海公馆店的反弹是最快的，“疫情刚刚解禁没多久，5月RevPAR已经到了591元，7月直接突破800元了，过夜出租率达到95%，综合出租率超过100%。”

越困难越能体现品牌实力

越是困难时期，越能体现品牌实力。这是贾可心的由衷感悟，也是最佳华住生态圈合作伙伴张培松的切身体会。

张培松最初做餐饮连锁，2002年下半年去杭州看餐饮店的时候，偶然被朋友拉着住了如家黄龙体育场店，瞬间被如家的风格吸引。他激动得一晚上没睡觉，对着房间里的《如家通讯》翻来覆去地看，一大早又下去拉着店长聊了半天。第二天一回到上海，他就找到了如家，后来认识了季琦。

杭州莫干山路上一处 4 000 多平方米的物业，是张培松跟朋友开的第一家加盟店，为了表明自己的信心，他跟朋友打赌："如果做不出业绩，我光着屁股回上海。"

后来那家店经营得很好，但张培松不满足，他主动请季琦牵线，想到如家学院接受培训。季琦给他安排了 2005 年春节后开班的课程。结果，2004 年年底，季琦自己离开了如家。听到消息的刹那，张培松的感觉是："好不容易生了一个孩子，还没好好养呢，就被人给抱走了。"

2005 年上半年，季琦打电话给张培松，请他到漕河泾的办公室坐坐。聊了一会儿之后，季琦问他："我想做一个酒店，叫汉庭，你觉得名字叫得响吗？"

张培松很喜欢这个名字，更喜欢汉庭的商务风格。所以，2006 年上半年，汉庭杭州第一家加盟店正式营业，业主正是张培松。

这里面还有一件趣事。当时的汉庭设计师叫张培根，跟张培松的名字，只有一字之差，以至于很多人以为这是兄弟俩。张培松说："实际上，我们两个人，之前浑身不搭界。合作之后才发现，培根把我的店设计得非常到位。"

当时，张培松还有 4 家如家加盟店，而沈怡均是如家的浙江大区经理。有一次去如家开会，张培松忘记带伞，就抓起车里备着的汉庭雨伞进去了。沈怡均看到之后，问："张培松，你屁股到底坐在哪边？"

现在，张培松有 18 家加盟店正在营业，绝大多数都是汉庭和全季。2020 年，张培松在常熟开了一家全季，在北京开了一家汉庭 3.5 旗舰店，加盟店数量达到 20 家。

季琦亲力亲为的做法，张培松看在眼里，并且运用到实践中。

管理门店的时候，张培松给清洁阿姨定下一个目标：用半年时间，在每次检查完所有房间之后，可以不用洗手。阿姨们都觉得做不到。张培松就从最基本的地方入手，教阿姨怎样用抹布。

“我告诉阿姨们，扫地是一门艺术。”张培松把这门艺术分解为各个环节：抹布要拧到八分干的程度，既可以擦干净地面，又不会留下水痕。抹布可以对折成 8 面，一面用脏了可以反过来用另一面，既节约时间又提高效率……这样操练下来，只用了两个月时间，就达成了检查完房间之后不必洗手的目标。

张培松说：“其实每个人都有无穷的潜力，关键要挖掘出来，鼓励他们。对于那些不知道该怎么发挥潜力的人，就要一点一滴教他们。”

有 20 家加盟店，疫情期间受到的冲击可想而知。但张培松一点都不慌：“华住这么大的一家公司，管理优势很明显，更明显的是价值观优势。我家就在华住总部旁边，我亲眼看到，从大年初一开始，管理层的人一天都没休息过。我也有很多做其他加盟店的朋友，我们沟通下来，疫情之后恢复最快的，也是华住旗下品牌。”

早就通过加盟华住实现财务自由的张培松，对季琦这个江苏南通海门同乡充满了信任：“当年如家在上海只有三四家店的时候，季琦就说要上市。我了解他的商业模型之后，对他坚信不疑。华住这么多年的成功，已经无数次证明了他的眼光。”

“这次疫情最严重的时候，我睡不着觉，在脑子里翻滚各个店的情况。后来一想，季琦有几千家店要考虑，他不知道会焦虑成什么样。万一哪天我真挺不住了，还有老季在呢。”张培松说，这就是自己面对 2003 年“非典”疫情和 2020 年新冠肺炎疫情时的最大不同。

当好加盟商的“靠山”

贾可心有华住工作经历，张培松的根据地就在上海。与“近水楼台”的他们比起来，江苏南京加盟商李长凯、山西加盟商李聪玉和刚刚拥有三家浙江加盟店的马赫，运营加盟店的成绩一点都不逊色。

李长凯最早加盟华住旗下品牌是从 2008 年开始的，当时加盟的是汉庭和海友客栈。到 2020 年 6 月，李长凯已经加盟了华住旗下 10 个品牌，其中体量最大的是汉庭，有 20 多家门店，近 4 000 个房间，其次是有 600 多个房间的全季，体量位居第三的是不到 300 个房间的漫心。

而这三个品牌，也是为李长凯带来最大投资回报的三个品牌。“汉庭就不用说了，后面之所以加盟了那么多品牌，就是因为从汉庭身上得到了实实在在的好处。后来加盟了全季之后，发现全季的投资回报率比汉庭还要高。”李长凯说。

2017 年 4 月，华住发布中高档个性化酒店品牌漫心，首家漫心城市酒店亮相上海。当年，李长凯就加盟了漫心，漫心南京夫子庙酒店是全国第一家漫心加盟店。“这个店的位置非常好，就在秦淮河边上。产品是周光明设计的，华住付了 150 万元的设计费，我自己付了 30 万元。总共 197 个房间，物业租了 10 年，总投入 3 000 多万元。投资回报相当好，两年多一点点时间，就全部收回来了。”

李长凯最大的特点，是非常注重产品品质。平时这些门店，他会不间断地巡店，稍微有点破损苗头，他就主动安排修补。很多产品，在华住还没有提出翻修要求的时候，他自己已经在进行翻修了。

“我们出去住酒店，都喜欢住干净的、崭新的、服务好的，那我们自己做酒店的时候，就要做到这几点。只有这样，客人才会愿意住你的店，才会住了这次之后下次还来。”李长凯说。

山西吕梁加盟商李聪玉是七八年前开始加盟华住旗下品牌的。通过煤矿生意完成原始积累后，李聪玉加盟过格林豪泰，尝试过做餐饮、互联网，投资了几百万元看不到什么希望，2013 年接触华住的开发人员之后，加盟了一家全季。

全季开出来之后，刚开始的经营很不理想。李聪玉一度以为自己又一次被忽悠了。后来他找沈怡均聊了一下，沈怡均给了他一些很好的建议。“遇到问题，直接就跟 CEO 聊上了，这还是让我很诧异的。我之前加盟了 6 家格林豪泰，但去了他们总部，他们不听我讲，只让我听他们讲。对比下来，华住很接地气。”李聪玉说。

根据沈怡均的建议，加上自己不断摸索，李聪玉的全季很快走上正轨。现在，李聪玉以每年两三家店的速度在做，目前共有 16 家在营业，其中 10 家全季、4 家桔子、1 家美居和 1 家漫心。这些店分布在山西的吕梁、临汾、长治、太原，陕西的西安以及浙江的杭州等城市。

“我在各个地方，都找了当地小股东进行合作。他们对当地情况比较熟悉，我对酒店管理和运营比较熟悉，大家各自发挥长处。”李聪玉说，从 2018 年年底开始，他想走出去，主要目标是深圳、上海、北京，目前有几个合适的物业，正在沟通和洽谈之中。

加盟华住之后，也不断有其他品牌找过来，想让李聪玉加盟，他都拒绝了。“我都告诉他们，现在这些店已经够我忙的了。实际上，我是觉得离不开华住的运营体系和他们的会员宝藏，这是其他品牌很难比的。”

李聪玉印象最深的，是新冠肺炎疫情期间，最难的时候，所有地方都买不到口罩。这时，店长告诉他，可以从华住平台上申请口罩。

“最初的时候，可以申请 100 个。最多的一次，申请到了 1 000 个。那个时候的心情，除了感动，没有别的。那种有靠山的感觉，让人心里特别踏实。”李聪玉说，他后来特意跟采购老总联系，感谢他给予像自己这样的加盟商强力支持。

那些乘风破浪的加盟商

与这些老大哥不同，毕业于日本东洋大学经济学专业的马赫，本身是东北人，父母在浙江桐乡做服装生意，利润比较可观，但特别辛苦。

开始创业的时候，马赫想换一个不必像父母那么累的行业，他根据自己的经济学知识，最终选定了酒店行业。在酒店行业的几家公司中，马赫又通过对比各项财务数据，还分别入住体验了不同的产品，最后决定加盟华住。

2015 年，马赫在浙江嘉兴下面的县级市海盐找了一处物业，自己通过华住官方网站联系了开发人员。这家物业的前身是一家单体酒店，管理不好，亏钱很厉害。但物业的位置很好，就在繁忙的十字路口，旁边有一大片工业区，离秦山核电站也不远。

马赫加盟的是汉庭 1.5 版本，“卫浴是整体安装的那种，不用做三层防水什么的，解除了很多隐患”。翻新之后，整个酒店有 90 多间客房，马赫就跟店长一起去跑销售，现在光酒店的年度协议单位就有 20 多家，经营业绩非常稳定。

一般情况下，马赫每周会去一次店里，看看有什么需要解决的事情。一般两三天跟店长通一次电话，了解店里的情况。整个门店目前有 20 个运营人员，包括 1 名店长、2 名前台经理、6 名前台、1 名客房主管、8 名客房阿姨、2 名保安。每个月的运营成本在 30 万元左右。这家店，马赫总共投入了 600 多万元，用了不到 4 年收回了全部成本。

有了第一家店的成功经验，马赫说自己现在敢冒风险了。2017 年马赫在桐乡开了第二家店，2019 年在海宁开了第三家店，这是一家汉庭 3.0，物业总面积 5 000 平方米，共 105 个房间。

“后面两家店，都是刚开业不久，这次的新冠肺炎疫情，是我遇到的第一次危机。说实话，我心里还是比较慌的。华住的加盟商之间，也有沟通平台，大家会经常聊天，我从老大哥老大姐那里得到了很多鼓励。现在店里的经营已经逐渐正常，也让我更加相信季总的判断。”马赫羞涩地笑了一下，95 后的脸上充满了朝气和对未来的无限憧憬。

在华住的平台上，像贾可心、张培松、李长凯、李聪玉、马赫这样的加盟商还有很多。他们充分利用华住的品牌优势、技术优势、流量优势，结合自己对酒店行业的独特理解，将占据华住门店总数 87.75% 的特许管理店和特许加盟店，运营得有声有色。

彼得·德鲁克在《创新与企业家精神》中说，任何有勇气面对决策的人，都能够通过学习成为企业家，并表现出企业家精神。季琦当然是一位有勇气面对决策的企业家，而同样的企业家精神，也闪烁在这些敢于直面市场竞争、不断乘风破浪的加盟商身上。

华住一直在成长、在壮大。作为华住生态圈重要组成部分的加盟商，也在一起成长、一起壮大。

第三部分

创造：华住已来

人要生活，就一定要有信仰，信仰什么？
相信一切事和一切时刻的合理的内在联系，
相信生活作为整体将永远继续下去，
相信最近的东西和最远的东西。

——弗兰兹·卡夫卡，作家

第九章

少年华住要再攀新高峰

每一次外人定义的巅峰和成就，都是季琦眼里的新起点。

少年华住，要再攀高峰。

15 岁，古人称为志学之年。这一年，少年初长成，风华正茂，意气风发，需立志于学，需琢玉成器。

2019 年 11 月 8 日，华住宣布，季琦兼任 CEO 一职，刘欣欣和金辉共同担任联席总裁，协助季琦主理日常事务、战略规划实施和华住各项业务，金辉专注于集团业务发展，刘欣欣将继续主管销售、信息技术及平台能力建设。

半年后，2020 年 5 月 15 日，华住创始人、董事长兼 CEO 季琦通过内部邮件宣布，为了适应集团新战略，对华住组织架构做进一步调整，设立华住集团和华住中国两个管理架构。“华住集团和华住中国，是一体两面的组织架构创新，各自表达，又是一个整体。”对于此次组织架构调整，季琦强调，华住的业务重心仍然在中国，中国市场是华住的根本和主体。

金辉将华住的战略期划分为三个阶段：2005 年到 2012 年是华住的创业期，2013 年到 2019 年是华住的成长期，2020 年开始华住要实现再突破。

“第一个阶段，华住成为中国领先的酒店集团；第二个阶段，华住成为世界领先的酒店集团之一；第三个阶段，老季提出的目标，是成为世界级伟大企业。”金辉说，到第三个阶段，没有了“酒店”二字，意味着华住瞄准和对标的对象，已经超越酒店行业，而是其他各个产业领域的世界级伟大企业。

汉庭的辉煌时代，证明了季琦和华住在经济型连锁酒店领域的成功。全季的灿烂绽放，证明了季琦和华住在中档酒店领域笑傲江湖。这次，季琦和华住要实现新的突破：千城万店，决战高端，华住国际化。

这就是季琦和金辉最近一直在说的“三座高峰”。

不断内省的思想者

2020 年 1 月，华住更新了企业哲学。这是华住历史上，第一次对企业哲学进行系统完整的阐述。

季琦一直认为，企业文化是一个非常宽泛的概念，不如企业哲学来得更加内核化、更有针对性、更具引领力。“文化是哲学的表象，不是机理。”季琦说，“企业是一个商业组织，不是宗教组织，但是一样有指导企业的准则，有形而上的思想来指导形而下的实践，我们选择用‘企业哲学’，代替‘企业文化’的叫法。”

一家公司的企业哲学，和创始人的人生思考密不可分。季琦对生命意义的终极思考，开始于大学二年级时，在华山路上海交大校园的梧桐树下，在包兆龙图书馆里，他迷上了宇宙、地球、时间、生命等最本质的概念，并从中思考人活一生的意义。他想明白了“生命是个过程”。

季琦的多次创业和不停折腾，其实是探索各种可能性，让生命之花尽情绽放的一次又一次努力。

当然，自己的生命之花，不能建立在别人的痛苦之上，更不能伤害他人来满足自己的私欲。不仅如此，还要在生命这个过程中为世界带来一些好的东西，让世界因每个生命而美好。

经过这些思考，并且不断在现实中磨砺，季琦将自己的生活哲学概括为“求真、至善、尽美”。

创始人的人生观、世界观、宇宙观，必然会应用于他主导的企业中。“求真、至善、尽美”由此成为华住思想和理念高屋建瓴的凝聚与总结。

企业哲学直接决定了季琦对企业意义的思考。

做企业当然需要赚钱，但这只是做企业的表层目的，企业真正的意义在于，“通过对创业、创新者的利润激励，造福于绝大多数人。是为了社会的进步，为了让这个社会公平，为了更多的人能够过上好的生活，让每个人通过劳动，通过创造，过上有意义和有尊严的生活”。

季琦认为，企业就应该像熊彼特说的那样，不在于为女王提供更多丝袜，而在于能使丝袜的价格低到工厂女工都买得起。

搞清楚了企业意义，企业的初心、愿景、价值观和使命自然水到渠成。“华住的初心、愿景、价值观和使命，是华住企业哲学的有机组成部分。”季琦说。

创办华住的季琦，其主要目的已经不是追逐财富，而是希望能够做点不一样的事情，做点让自己觉得有挑战、有激情、有意义的事情。所以，华住的初心是，一群志同道合的朋友，一起快乐地成就一番伟大的事业！

华住的愿景，就是对初心最后一句话的更清晰表达：成为世界级的伟大企业！“伟大”不仅仅关乎规模，还关乎企业价值观：如何做？怎么做？

季琦将华住价值观概括为六点：价值创造、平等共生、奋斗为本、取法乎上、结果导向、美好生活。

华住的使命，跟华住哲学和初心一脉相承，表述为：成就美好生活！

企业使命又可以分解为既相互联系，又有先后次序的六个方面：为住客成就美好生活，为员工成就美好生活，为加盟商和业主成就美好生活，为合作伙伴成就美好生活，为股东成就美好生活，为社区和国家成就美好生活。

以“求真、至善、尽美”为总领，华住的初心、愿景、价值观、使命，有机地组成华住企业哲学。其中最为核心的是华住的企业价值观。

季琦说：“企业要走得远、做得大、长得高，必须有一些人文的东西在里面。不能光是商业，否则这个企业就会比较脆弱，大家都是为了利而来，为了利而去。没有信念，没有理想，这样的企业是走不远的。一家企业能够走多远，能够有多强大，是由这家企业的思想决定的。思想的高度与深度，决定了这家企业的力量和潜质。”

全新的企业哲学，折射了季琦自身的变化：从刚开始做汉庭时的争强好胜，到现在的悲天悯人。

“这种变化，表明季琦不断通过自我学习、自我提升，获得了更加安静、沉稳的力量。”中国商业文明研究中心联席主任秦朔认为，作为中国最知名的持续创业者之一，季琦的成功表明，一个企业家必须是一个经常内省、由内省而超越的思想者。

秦朔说：“现在很多公司都是按照季度考核的模式经营，这是华尔街定义的模式。这种‘季度资本主义’模式是有效的，也是有限的，而且很容易导致急功近利，让创业者忘记自己的初心。一家公司要真正长期发展，必须在公司的季度性财务目标之上，找到与社会相关的核心价值。如果没有这样的核心价值，一家号称为解决社会问题而生的企业，可能会成为新的社会问题。”

华住企业哲学刚刚更新，新冠肺炎疫情突如其来。季琦坚持了他一贯的做法，即“价值观要在事上磨炼”：“这场始料未及的新冠肺炎疫情，正是考验我们价值观的时候。价值观要在事上磨炼，不只是停留在口头、张贴在墙面的标语。在抗击疫情的战斗中，华住企业哲学要借此浴火而生根！”

2020 年 2 月 13 日，新年复工的第一天，季琦对核心干部进行了华住价值体系和华住哲学的深度培训。

“新冠肺炎疫情大流行，对我们来说，多一事不如少一事，开店既不挣钱，风险又高，我们为什么还是坚持把店都开着呢？”季琦自问自答：“因为对华住来说，最关键的是，客人在这种特殊时期需要你、信任你。”

季琦坦言，自己写下“一群志同道合的朋友，一起快乐地成就一番伟大的事业”这句话时，并没有想到会经历这么多异常艰苦的困难。“不过，这个初心没有变。不管在什么时候，我都希望华住能通过自己的努力让自身美好，并改善生态圈的生活——不单单是我们的员工、我们的客人、我们的加盟商，还有这个社会。我希望多为他们

企业哲学

求真　至善　尽美

初心

一群志同道合的朋友，一起快乐地成就一番伟大的事业

愿景

成为世界级的伟大企业

价值观

价值创造	平等共生	奋斗为本
取法乎上	结果导向	美好生活

使命

成就美好生活

住客	员工	加盟商和业主
合作伙伴	股东	社区和国家

华住企业哲学

做点事，虽然这件事情对我们不是最方便、最便宜，也不是最有利的。我们要用华住的初心、愿景、价值观、使命，去验证每一个人、每一件事。更重要的是，把它融入我们的血液，变成我们的行动指南和做事准则。”

季琦对华住的核心干部坚定地表示：“我不敢预计疫情过后是个什么样子，但有一点是肯定的：通过这次疫情，华住会迎来更好、更快的发展。”

攀登“三座高峰”

向“世界级伟大企业”的飞跃，就是季琦为华住核心干部描绘的“更好、更快发展”的新蓝图。季琦的这次回归，正是为此而来。

华住已经分别在经济型酒店领域和中档酒店领域创造了巨大成功，要实现新的飞跃，意味着必须在下沉市场、决战高端和国际化方面开辟新局面。下沉市场对华住的规模扩张至关重要，高端酒店则是酒店行业“王冠上的明珠”，而一家不能在国际化方面有所作为的企业，又谈何“世界级伟大企业”？

千城万店、决战高端、华住国际化，季琦将这三大战略任务称为“三座高峰”。

近年来，尤其是进入2020年以来，中国经济形态发生了非常大的变化。一方面，以拼多多为代表的下沉市场、以美团为代表的本地生活服务等快速发展，表明中国经济尤其是金字塔的底层部分，有很强的韧性。另一方面，中美贸易摩擦加上新冠肺炎疫情，使经济更加复杂多变，经济增速的下行风险进一步加大。

2020年6月12日，金辉在为“华柱班”所做的华住战略培训中，对住宿业宏观环境进行了STEP（社会、技术、经济、政治）分析，并总结了华住面对的威胁以及迎来的机会。

社会方面，2019年年底中国大陆人口总量增加至14.000 5亿，其中流动人口2.36亿。常住人口城市化率目前为60%，预计到2035年增加至70%，届时将有超过10亿中国人完成城市化。

从华住创业的2005年，到2019年为止，世界旅游业平均增长率为9%，是世界第一大产业，此后的增长速度还会更快。中国旅游业保持了更快的增速，并且有自己的鲜明特点：每年增长超过10%，2019年国内旅行60亿人次，消费升级趋势明显，个性化体验、家庭休闲游增长显著。“人，归根到底是一种注重社交和体验的动物。”金辉说。

技术方面，中国仍在继续投资建设高铁和机场，让人们的出行更便捷。5G时代，旅行体验更便捷、更丰富，进一步刺激了旅行消费。商务旅行可能因视频会议的出现减少频率，但是会更高效地促进企业以及社会各类组织的联结。金辉认为，“技术的发展，让商务和旅行结合变得更有可能”。

经济方面，虽然有下行风险，短期内对就业率产生压力，但人均收入和购买力增长稳定，三、四线城市将受益于快速推进的新型城市化进程。

政治方面，中国是稳定的世界最大单一市场，有健全的旅游法治体系，并从国家层面鼓励、推动服务业和旅游业的发展。

基于这些分析，金辉认为，华住仍有很大的发展空间。

华住面临的威胁主要来自两个方面：“一方面，进入经济增速的下滑周期，消费力增长不足，导致企业增长乏力，加上疫情中受灾严重，整体营收增长放缓；另一方面，人力成本和酒店业的政府监管成本（如消防、环保等）在持续增加。”

威胁和机会并存。

金辉分析说：“作为世界最大单一市场，消费人口总量巨大；便捷交通，进一步增加人口流动，利好出行；下沉三、四线，本地城市化，催生大量需求；受政策鼓励，服务业的宏观政策稳定向好；物业供应增加，租金下滑，带来周期性窗口期。”

华住能否继续保持快速发展，就看能否把握这些战略性机会，其中有的机会稍纵即逝。

2020 年 5 月到 6 月，季琦和金辉在带队先后考察了湖北武汉、陕西西安、江苏扬州、浙江杭州、云南昆明、北京、四川成都、江西南昌、湖南长沙、河南郑州、福建厦门和福州、广东广州和深圳、山东济南、内蒙古呼和浩特、山西大同、宁夏银川、甘肃兰州、重庆、贵州贵阳、广西南宁、西藏拉萨等二十几座城市之后说：“‘万家灯火’的口号提了很多年，我觉得到 2022 年应该百分之百能够实现。”

“实现这一目标的重点是什么呢？我们不能局限在一、二线城市，我们要下去了。华住从一、二线城市开始，从华东开始走向了全国。未来，华住还有很多广阔天地，大有可为。我和大家一起去了西北、华中、苏北、皖北，发现这些城市确实有很多机会，华住一定会深入中国大部分地方。”

突破下沉市场与中国大循环

2020 年年中，面对当今世界正经历的百年未有之大变局，以及改革开放以来最为严峻的外部环境挑战，中国最高决策层提出，要加快形成以国内大循环为主体、国内国际双循环相互促进的新发展格局。

如是金融研究院院长、首席经济学家管清友在解读这一战略的时候说：“我们有些产业，确实转移或者外溢到东南亚地区和拉美地区。但现在，我们通过提升运行效率，改善营商环境，让那些原本打算转移到东南亚和拉美的产业链，转移到广西、甘肃、宁夏，让产业链在内部实现梯度转移，通过双循环，把更多产业留在国内。”

构建双循环新发展格局，正是要在前所未有的不确定性中找到确定性。如果对照季琦和金辉考察过的二十几座华住下沉市场的目标城市，我们就会发现，一家公司的企业战略，与整个国家的宏观战略，不期然地发生了共振。

这绝非一个巧合。季琦和金辉对中国市场的长期看好，早已不是什么秘密。下沉市场战略的提出，同样是因为华住在尽可能地把握中国市场的确定性。

金辉则把这个目标描述得更直接：“我们必须利用自己的能力和优势，在中国市场生根，要到三、四线城市去，到每个县、每个镇上面去。”

下沉到三、四线城市，能不能下得去？怎么下？不是靠拍脑袋，而是需要扎实的依据。

“这是对我们规划能力的重大考验。”华住收益及数据洞察副总裁朱逸慎说，“我们对抓取的大数据进行分类清洗，通过各种模型筛选，目前已经罗列了300多个地级市和县级市，然后把6 000多家店，像撒种子一样，撒在了这些城市里。”

在大数据布点的基础上，华住还会通过人工干预调出坐标圈。“对于很多规模不太大的县城，我们也会对照其他行业领先者的布点，采取跟随策略。比如，在县城里的肯德基门店周边、安踏门店周边布点，这些位置肯定都是县城的核心位置。”朱逸慎说。

华住自创的适应中国市场中档以下酒店的收益管理系统，则为加盟商的投资回报提供了切实的保障。

在朱逸慎看来，收益管理系统的重要意义，在于重新定义了开发人员的身份。“使用这套系统后，华住的开发人员会转型为加盟商的投资顾问。他们可以提供扎实的测算和预判，清清楚楚告诉加盟商，需要投入多少资金，以及多少时间能够收回投资。”

触摸梦想的“高度”与“广度”

如果说，突破下沉市场，实现“万家灯火”，是在探索华住发展的“深度”，那么，决战高端，就是在提升华住发展的“高度”。

季琦有非常清晰的逻辑规划。在2017年的华住世界大会上，季琦就说过：“从经济型到中档，下一步我们要做的就是高档的管理。前面更多是做直营和加盟，到了高档主要是靠管理，这是华住接下来的一个大台阶。”

不断实现新的突破，尤其是一群志同道合的朋友一起成就一番伟大事业的初心，正是刘欣欣、夏农等外部优秀人才源源不断汇入华住的主要原因。夏农基于对华住梦的信念而来，如今是华住全球高端品牌事业部CEO，肩负的重任是带领华住突破高端。

我们为创作本书而采访的90多位华住人，大多数都像季琦倡导和引领的那样，以IT风格的装扮为主，T恤加牛仔裤加运动鞋，便于随时跑动起来，或者拿起背包就赶赴机场、高铁站出差去了。而在上海闷热的夏季高温中，夏农以标准的正装出现，深色西装外套、白衬衫、口袋手帕、深色西裤、黑色皮鞋，这是极为罕见的一幕。“这还不是最标准的，今天没有打领带。”高高大大的夏农，在国际豪华酒店品牌工作了20多年，讲究着装的规范和考究，是他长期工作习惯的一部分。对于志在突破中高端的华住而言，夏农积累的高端酒店管理经验是一份宝贵的财产。

“从经济型到中端到高端到国际化，这是老季四浪叠加的华住发展规划。这个规划的目的，是要满足华住会会员在不同场景下的消费需求，能为会员在所有的细分市场，提供高性价比的闭环服务。华住要成为世界级的伟大企业，如果没有高端品牌，不进入高端市场，是不符合企业愿景的。”夏农说，他在华住的主要任务，就是创新高端品牌发展模式，带领团队，不断提升对高端产品、设计、服务的理解和创新。

从经济型和中端的有限服务，到中高端的全服务，对华住是一个巨大的挑战，但华住同样有巨大的优势。

“酒店的运营，可以分为前台、中台、后台三个部分。前台就是对客人服务的部分，这部分可以多样化、个性化。中台包括人力资源培训、销售等，后台则是系统和管理，中后台都要标准化。”中后台的标准化之所以能够达成，夏农归因于华住本身的核心竞争力。

“经过大半年努力，我们已经启动了高端品牌共享服务中心。基于华住IT系统的核心能力，将高端酒店的财务管理、人力资源管理等标准化内容，纳入共享服务中心。这部分成本，行业内通常会占到总收入的25%，而我们可以低成本解决这些问题，为所有高端酒店赋能。”夏农说。

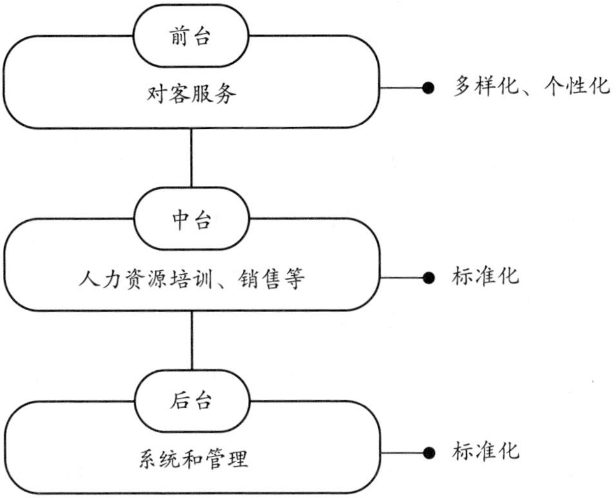

酒店运营的三个部分

而华住会的长期积累和低成本流量优势，更是夏农早先还在国际豪华酒店品牌工作时就赞叹不已的。

“国际酒店的重点是全球市场，他们在会员方面的做法，基本上是绑定性较弱的‘入住即送会员’那种，自有流量占比为20%~25%，其他流量主要靠OTA。我很早就在关注季琦和华住会，华住发展会员的方式是行业内非常创新的，我们国际酒店管理层在互相交流的时候，都觉得非常厉害。”夏农带有明显的南方口音，他边说边竖起了右手的大拇指。

对于高端酒店的突破方向，夏农认为，能力的升级是目前最迫切的，“比如中餐厅，高端酒店的餐厅运营，是一件很困难的事情。像禧玥引进新荣记那样，华住未来会跟知名餐饮品牌合作，在全服务模式下采用平台化策略解决这个问题。而从特许管理和特许加盟的轻管理，到高端酒店管理中的发展速度与服务品质的均衡，更是需要接下来重点考虑和不断探索的”。

在“深度”和“高度”的基础上，华住也必然迈向国际化的“广度”。

夏农认为，在目前阶段，华住的国际化，一方面依托 DH 在欧洲的发展，另一方面要开始扩大华住会的影响。

日本 2019 年接待了七八百万中国游客，泰国接待了 1 200 万，夏农在重点研究了日本和泰国酒店市场后发现，“在不少国际市场，华住的知名度相对较低。因此目前最重要的，是判断哪个品牌更适合哪个具体的市场”。

在季琦的规划中，华住未来将逐步把国际总部设到新加坡，以新加坡为基地开展国际化业务，并整合好 2019 年收购的 DH，进一步寻找适合华住的并购和投资对象，将主要关注欧洲和亚洲的目标公司。

与此同时，对于国际化，季琦和金辉还有另外一个维度的理解。

“成立华住中国，释放了一个非常重要的信号——深耕中国。”金辉表示，中国是全世界最大的单一市场，整体经济快速发展，华住一直在思考如何“把中国当作世界”来做，“我们要确保组织架构可以满足深耕中国的需要，把中国市场做成世界规模，把世界上好的酒店品牌、管理、技术拿到中国市场。这是另一种形式的国际化。”

这契合了季琦对国际化的思考，“做中国老大是可以的，但却是不够的”。

2017 年的华住世界大会上，季琦的结论已经非常清晰：“不管是将来，还是我们的设想，华住都会走向全球，至少是以全球化的眼光、全球化的能力来做企业，而不只是蜗居在上海，蜗居在中国。我们一定要用全球化的视野和思维，来做一家世界级的企业。”

“三位一体”打造合金军团

目标已定，如何实现、能否实现这个目标，考验的是企业的战略能力。季琦提出的战略模式叫“三位一体”。

“或者，也可以叫‘一体两翼’。”他抓起面前的纸和笔，勾勒出一架飞机的轮廓，“最中间的这块，是品牌，品牌我们对标的是万豪和希尔顿这样的国际酒店集团。两个翅膀，一个是流量，一个是技术。流量方面，我们对标的是缤客（Booking）这样的在线平台；技术方面，我们对标的是甲骨文这样的技术巨头。”

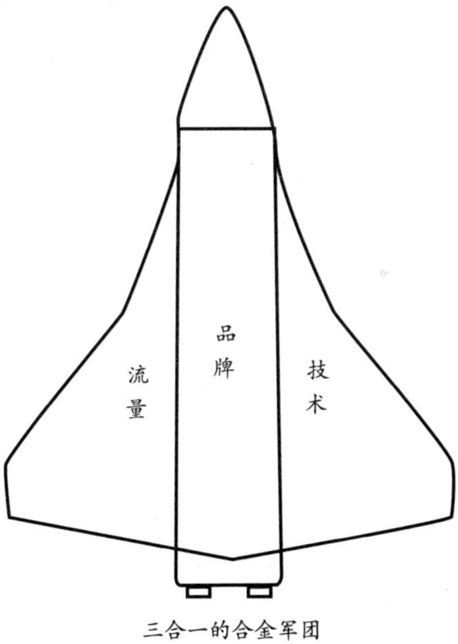

季琦提出的“三位一体”战略模式

这是季琦认为的酒店业发展的第三阶段——复合材料打造的合金军团。“华住的关键创新在于，要打造一个未来型的酒店集团。这种类型的酒店集团，人类历史上还没有出现过。”他说。

品牌、流量和技术正是打造合金军团的关键材料。

“华住的千城万店是基础和基体，中央渠道和以会员为主的销售模式是关键增强物，而技术是高科技的添加剂和催化剂。合金的品质取决于每一种材料的纯度，因此，每一项战略都必须达到极致。”

季琦将酒店业发展的第一阶段，称为依附于房地产的“钢筋混凝土”阶段，这一阶段的特点是资产重、发展慢，只服务于高官、豪族和有钱阶层。

第二阶段是以特许和管理为主要发展模式的“钢结构”阶段，这种轻资产模式依赖于商务旅行，核心服务人群是新成长起来的白领阶层，规程、简约、亲切是这个阶段的特点。

而对于第三阶段，季琦认为：“除了传统的商务旅行、休闲度假和展览会议，蓝领工人、进城务工者、学生、探亲访友者、恋爱约会者、广场舞大妈、快递小哥、探病者等，都会是我们的消费者。”

“应该将酒店业归为消费类企业，因为覆盖的客人群体已经达到上亿级规模。”季琦宣称，“华住在中国的潜在客户不是 4 亿 ~ 6 亿，而是全部 14 亿人民。酒店不再是少数人的奢侈品，也不是部分人的消费品，而是广大人民群众美好生活的必需品。”

“钢结构可以建造摩天大楼，可以建到上百层。但是，复合材料打造的航空器、航天器可以飞上天，甚至飞向太空。不管我们的梦想有多远，我们的合金军团都能到达那里。”季琦说。

秦朔认为，季琦之所以提出这一概念，是因为他本身就是一个合金型人才，他要求团队成为合金型团队，他理想中的华住集团要成为合金军团。“何谓合金？精诚所至，金石为开。千锤百炼，永无止境。”

这正是“世界级伟大企业”的题中应有之义，就像金辉所说的，华住的愿景是“世界级伟大企业”，而不是“世界级伟大酒店企业”。“有没有‘酒店’两个字，区别很大。有‘酒店’，意味着我们的眼光仍然局限于行业内。没有‘酒店’，意味着我们瞄准的是每个细分领域的世界级标准。”

华住现在有二十几个酒店品牌，从经济型到中档，到高档，到豪华酒店，涵盖不同类型，瞄准不同的消费人群。

季琦说：“酒店品牌越多，整个集团的个性化自我发展就越全面。中国消费市场是一个正金字塔结构，越低端的消费群体越庞大，越高端的消费群体越稀少。从酒店品牌的角度来说，越低端的需求越简单，一个汉庭，就能满足洗好澡、睡好觉、上好网的基础需求。”

“我们在经济型和中档领域都是很强的，但在高档和豪华领域，我们是弱的。就像爬山，现在我们刚到半山腰。我觉得通过自创和收购，有机会慢慢在这方面建立起优势。”

而品牌中的中心品牌，是华住会。季琦多次说过：“品牌里面最重要的品牌，是华住会。华住的流量、效率、规模、收益，都跟华住会密不可分。”

希尔顿的品牌，是季琦选定的标杆。他说：“希尔顿的品牌很强，强到什么程度呢，有些老的品牌，上面落了一些灰，生了一点锈，希尔顿把灰和锈擦干净，转身就可以卖个好价钱出来。这就是品牌的价值。”

技术方面，华住对标的是甲骨文。“五六年前，甲骨文以 53 亿美元收购的 Micros Systems 是酒店系统集成商，目前 90% 以上的国际豪华酒店品牌，都是在用这套系统。”

季琦为机械工程专业出身，对技术极为敏感，他说：“对于未来的酒店行业，技术是非常重要的。没有技术，一家像我们这么大规模的连锁酒店集团，包括各种客户的管理，很难做起来。”

流量方面，华住对标的是缤客这样的 OTA 企业。“流量不仅仅是发展好会员就结束了，做好会员积分计划，会员通过我的系统预定，不但有积分，价格还能最便宜，而且更方便，能直接把要住的房间都选好，这才是我说的流量。”

季琦说，大连锁要有大流量，否则是没有前途的。“我们这个行业，出租率在 65%~70% 可以保本。要想赚钱，必须提高出租率，要有自己的流量来源。”

“品牌、技术、流量，三个因素互相促进、彼此成就，企业才能走得长远。”季琦说，企业家不能被眼前的小恩小惠迷惑，要看清问题的本质，“否则就很容易像被温水煮的青蛙，还在那里很开心地跳舞呢，然后咣一下，就死掉了。”

超能少年是怎样炼成的

以“三位一体”为核心，华住将自身的能力和运营管理工具，扩充为一整套商业操作系统。

这套系统，以线下门店为硬件系统，以品牌、市场、金融、供应链、IT 和 AI、投资顾问、品质控制、产品、培训、云服务、会员、收益管理等十二个方面内容的融合为软件系统。

硬件系统与软件系统互相激发、互为驱动，全面为华住生态系统赋能。

“三位一体的三个角，都是围绕客户体验展开的。三位一体战略以及华住商业操作系统，其实就是业界广泛讨论的产业互联网 SaaS

（软件即服务，即通过网络提供软件服务）云服务平台。”金辉说，华住的愿景，是利用三位一体战略，成为世界级伟大企业，“这个战略，重新定义了酒店集团的管理模式，打开了新型酒店集团的发展格局。”

在刘欣欣看来，三位一体战略是季琦一脉相承的初心之所在。

创业之初以 IT 改造传统服务业，2012 年前后实行“胖线上，快线下”，2017 年前后修正为“胖线上，快线下，强中台”，2019 年到 2020 年实行“人机合一，三位一体”。

“这些不断升级的举措，要达到两个目的：第一，单店效率要高；第二，发展速度要快。”刘欣欣说，这也正是华住旗下每个品牌的发展路径。

刘欣欣举例说，近 3 000 家汉庭、1 000 多家全季，从单店维度，技术会帮助它们提升运营效率，而从第一家汉庭发展到现在的规模，从第一家全季发展到现在的规模，技术同样保证了每个品牌的快速复制和成长。

在整合桔子水晶、花间堂等品牌的过程中，华住赖以成功的秘诀，同样是技术和效率，刘欣欣说。

业界一直有一个说法，华住的店长是比较好做的，但如果华住的店长到其他酒店，其他酒店的总经理会比较难做。

为什么会发生这种情况呢？刘欣欣说，因为华住的店长是被武装过的，他知道怎么使用各种各样的工具，他知道怎么去发展会员，他知道怎样去进行 GOP 管理，“我们这套系统，就是超人的那套衣服”。

超人（Superman）是美国 DC 漫画公司（Detective Comics）旗下的超级英雄，也是美国漫画史上的第一个超级英雄。他有着与生俱来的超能力和极强的正义感与同情心，每在危难时刻，便身着蓝色紧身衣，披上红色斗篷，行侠仗义，拯救世人。

刘欣欣经常用一个形象的故事，来说明华住的IT系统如何发挥像超人衣服那样的神奇功效："可能我们每个岗位，都需要一个1.8米高的人才能符合要求，而每个1.8米高的人，必定要求跟1.8米匹配的工资。但其实，我们只要招聘到1.2米高的人就行了，我们给他穿上这套超人的衣服，让他具备1.8米的能力，然后付给他跟1.5米匹配的薪水。他得到了超出他能力的收入，公司也节省了成本，这是一个多方共赢的局面。"

除了通过各种工具降低工作复杂度，另外一种情况，"现在有很多工作，其实可以通过系统完成，而不需要人工去做了。"刘欣欣说。

华住正在全方位推广的华小二接打电话机器人，正属于这种模式。刘欣欣测算过，使用了华小二接打电话机器人的门店，能节省每个员工每天25%~26%的时间，按每天8小时工作时间计算，能节省2.3小时的工时。

还有完全由系统执行的工作。"我们已经有2 000多家门店用上了自助餐厅的设备。我们还要把华掌柜自助入住推广到华住旗下所有门店。"刘欣欣说，华住的人房比现在是0.17，已经做到了全行业最低，未来还要做得更低。

"当中台强到一定程度，它其实就成了华住的大脑。那么下一步就必然是人机合一的问题了。"刘欣欣语速极快，像一台高速运转的超级计算机。

"有人说达·芬奇是画家，有人说他是科学家。我前几天把《列奥纳多·达·芬奇传》又看了一遍。黄金比例当然是科学，但同时也是艺术。所以，我觉得最美的，就是能把艺术和科学结合起来。"季琦说。

他的理想，是在企业管理中，把科学的精细、严谨，与艺术的美妙、愉悦结合起来，“只有做到这一点，华住才能脱颖而出”。

面向未来的架构调整

有了愿景，有了目标，有了战略，还需要有配套的组织架构来实现。

麻省理工学院斯隆管理学院资深教授彼得·圣吉在《第五项修炼——学习型组织的艺术与实践》一书中说：“领导者以个人魅力解决问题是短期的、非系统的，真正解决问题要依靠系统的力量和集体的学习。”

“当华住发展到一定规模的时候，如果沿用原来的组织架构，是无法支撑新的战略执行的。”何冰樱说，季琦对华住组织架构的调整，正是为了提升“系统的力量”。

此前，华住集中在一、二线城市开店，包括开发人员在内的所有人员都集中在一、二线城市。“当季琦看到三、四线城市的巨大市场，想要下沉却无法触达的时候，他提出了组织变革的命题。”何冰樱说。

2020 年 5 月 15 日，季琦通过内部邮件宣布，为了适应集团新战略，对华住组织架构做进一步调整，设立华住集团和华住中国两个管理架构。

对于此次组织架构调整，季琦表示：“华住集团和华住中国，是一体两面的组织架构创新，各自表达，又是一个整体。这样的区分，能够让金辉及其团队，更好地聚焦中国，探索性的、边界比较模糊的事情交给我。华住中国的预算、战略、品牌定位、VP 以上人事、薪酬体系、重大资产处置等报我批准，但我会从日常事务中脱离出来，聚焦在创新、变革、战略、探索等领域。”

金辉对此的理解是：“在华住中国这个平台上，我们刚做了‘大部制改革’。像经营支持中心、事业发展中心，都有很多细小的拆解，重新根据功能整合。其目的，一方面是进一步提升效率，另一方面是拆掉部门内部、部门与部门之间原有的四面墙，让各个职能部门能够协同作战。”

华住一直有很强的赛马文化基因，为过去这些年的集团高速发展，以及不断在产品上推陈出新，立下了汗马功劳。金辉认为，面对新的企业愿景和发展战略，赛马文化同样面临升级换代问题。

金辉说：“赛马文化导致每个部门拼命在挖自已那口井，每口井都很深，但很少看别的部门是怎么挖井的，很少考虑能不能一起组队来挖。所以，横向的协同和团队的协同，效率不高。‘大部制改革’拆掉部门之间的篱笆，就是为了强化部门与部门之间、部门与平台之间的协同能力。与赛马文化匹配的，是强管控。但随着华住的多元品牌逐步发展起来，尤其是推出三位一体的新战略之后，我们的管理思路要转型到部门协同和平台赋能上来，这是一个巨大的管理跳跃。”

小步快跑，不断试错

金辉认为，华住中国有三个核心工作重点：第一是中国增长，包括用户增长和门店增长两方面内容；第二是组织力建设；第三是人才辈出计划。

作为组织力建设的重要内容，华住引入了班委会和“三三制”等组织建设方式。“我们组建了组织部，还在平台、事业部、门店等各个层级，采用了班委制，学习运用三三制等。”

金辉说，不管是班委制还是三三制，往小了说是成立一个最小的政治单位，往大了说就是作为治理庞大组织的管理工具，其目的都是打仗、打胜仗。

“千城万店，下沉市场，走出一、二线，要实现这些目标，我们必须组建一些突击队。单打独斗不行，需要高效协同配合，精锐突击撕开口子，大部队跟上，扩大战果打歼灭战。”

人力资源部先推动班委会成立，然后将开发部门划分为不同的军区和战区。何冰樱说，2019 年 6 月季琦有了这个想法，2020 年 4 月新的组织架构便真正成型。

“华住的特点，也是很多中国头部民营企业的特点，就是决策和执行都非常迅速。”在具体执行过程中，何冰樱说，小步快跑、不断试错、随时纠正，是一种常态。

“比如下沉市场的司令，需要什么特质的人，政委、参谋分别需要什么特质的人，我们一直在边跑边摸索。”何冰樱说，这些变革配合不同的激励措施，要达到的最终目的，是“怎样让这些‘小团体’越干越有劲”。

摸着石头过河了一段时间之后，《事业部 / 中心班委工作机制》对班委会成员的分工做了明确规定：

班长：全面负责事业部 / 中心的日常管理，对事业部 / 中心的战略、产品、品牌、商业模式、经营结果等最终负责。

政委：负责华住哲学、价值观在事业部 / 中心的落地；推动事业部 / 中心干部队伍及人才梯队的建设；负责重点岗位人员的选拔、晋升、评估、任命，对重点岗位的任命及晋升有一票否决权；推动组织架构与组织能力升级。

参谋长：关注竞争对手、行业内外最新动态与最佳实践，收集客户（住客、加盟商）的信息与反馈，为事业部 / 中心的战略制定与落地进行策略性研究；事业部与平台沟通的桥梁，支持跨部门项目的推进，推动重大项目的落地。

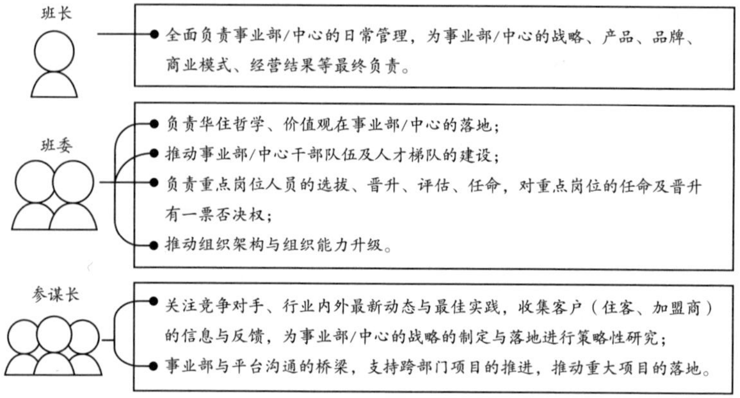

班委工作机制解读

《事业部 / 中心班委工作机制》还明确了班委的核心职责、能力模型、决策方式、汇报关系等。

门店多、分布广、链条长、发展快等特点，决定了华住的管理复杂度极高，必须有一整套完整的管理体系来支撑。

“理念统一和充分授权，精准执行和适应变化，东道西术，以及三结合，这就是华住组织的阴阳之道。”季琦说，所谓三结合，就是管理和领导相结合，规范和创新相结合，现实主义和理想主义相结合。

基于华住组织的阴阳之道，新的组织力建设要达成的目标，是既能确保适当的平台集权，又能“一竿子到底”直达基层。

不能说No的法务部

在“大部制改革”清单上，有一个部门不在其列。但这个部门，对于华住却重要无比，那就是法务部。

2005年汉庭刚成立的时候，法务部就成立了，当时只有朱芳骅一个人。“老朱是华住法务部的奠基人，他为集团搭建了基本的流程和模板。”法务副总裁荣跃武说。

加盟华住之前，荣跃武在深天马工作，曾于2009年参与对日本企业的收购。荣跃武觉得，“当时很少有国内企业收购国外企业，我在这些方面的经验可能是季琦和华住比较看重的”。

2011年，荣跃武被季琦面试之后，在机场书店看到《一辈子的事业》这本书，恍然觉得封面上的这个人有点眼熟，定睛一看，才发现是刚刚面试过自己的季琦。

“于是我就买了一本，平时经常翻看。”荣跃武印象最深的，是季琦面试时跟他说的那句话：“法务部门要配合业务部门的工作，公司在拿项目的时候，法务部不能说No（不），而要说How（怎么做）。”

2011年9月8日，荣跃武正式入职。办完手续之后，荣跃武打算去拜访公司相关部门的主要负责人，同时了解一下他们对法务部的需求。结果，他还没回到工位，就看到旁边站着一个很精神的小伙子。

那个小伙子看到荣跃武过来，自我介绍说“我是金辉”。接着，金辉对荣跃武说，汉庭要快速发展，要大量收购，但现在流程、制度都还没有建立，希望法务部能跟财务部、投资部等业务部门一起，建立规范流程，推动业务快速发展。

"金辉非常敢于担当。"荣跃武说，有时候遇到一些比较棘手的法律风险，实在拿不定主意，会请金辉定夺，"如果觉得项目比较好，他会果断拍板：拿！"

如今，法务部已经建立了清晰的工作流程，供开发人员和加盟部使用的"租赁房屋明细表"，以及在公司收购兼并中必不可少的"尽职调查清单"，都已完善到前所未有的程度。

"在集团内部，我们法务部打交道最多的部门是具体的门店，每天都有大量咨询工作。"荣跃武说，其次是开发部门和加盟部。

在"518"加盟商纠纷中，法务部配合加盟部，以合同为基准，运用仲裁等法律武器，有效地推动了纠纷的化解。华住跟雅高达成战略合作协议后，有30多个加盟商不愿意加盟华住。法务部跟业务部门合作，最终跟加盟商圆满解决了这一问题，除了个别选择退出，绝大多数加盟商选择了加盟华住。

2013年5月2日，季琦曾经针对收购怡莱和花间堂过程中出现的来回拖延等现象，给包括荣跃武在内的7个人发过一封意味深长的邮件。

季琦在邮件中说："发展和风险控制要平衡：一味强调风险，没法高速发展；一味追求速度，当然风险极大。我们稍微偏'左'了，要再积极主动一些，好的直营项目不好拿。

"我一直讲，支持部门要多到一线，但实际上不太可能，那就请各位多配合和理解吧。控制风险的同时，以服务的精神配合好一线。尽量在授权范围内将事情办了，主要负责人要拿出自己明确的意见，没有把握或者牵涉到大的利益，从速提高更高一级来拍板，而不是进入连绵不断、无休无止的所谓流程和协调中。

"在中国做企业，就像在泥泞的原野上走路，同时充满了机会和不确定性。皮鞋肯定不好使，跑鞋也不好说，最有效的是两脚赤裸，紧抓大地。路滑时，顺势向前找平衡，偶尔会有小石子、小玻璃划破脚，却不会有大碍，虽然有些泥污，但是踏实、接地气。”

荣跃武说，他一直将季琦的这些话，视作对法务部工作的指导和引领。

汉庭，中国最大酒店单品

在平台和门店之间，事业部集群是承上启下的关键环节。

汉庭事业部是华住的根基。“经济型酒店，不管现在还是将来，都是华住酒店集团的中流砥柱。”2016 华住世界大会上，季琦明确表示。

在 2017 年的华住世界大会上，季琦提出了“国民酒店”的概念。

“汉庭第一个提出，要完成从经济型酒店到国民酒店的过渡和转变。这两个定义是完全不同的，经济型酒店的核心是经济，国民酒店的核心是身份，国民是一个独立、自由、骄傲、有自尊的人。

“汉庭虽然不是这个市场里规模最大的，但在精神引领、产品升级上，是国民酒店的代名词，也是未来引导国民酒店发展的主要品牌。”

在 2019 年的华住世界大会上，季琦进一步阐释了“国民酒店”，“绝不是中档酒店，也不是一般意义上的经济型酒店”。

“我们看到一些数字，中国有 10 亿人家庭年收入低于 8 万元，这些人出行的时候，对价格是非常敏感的。我们希望，将来不管是农民工、司机，还是军人，抑或是教授、企业家、公务员，都可以住汉庭，都觉得不丢脸、很实惠、功能足够。”

“中国有2 000多个县城，我们的下一步计划是把汉庭开到中国的每一个县城。”

2020年7月，汉庭3.5版本旗舰店——汉庭成都武侯祠永丰酒店正式对外运营。

汉庭3.5以“为国人提供好而不贵的酒店”为设计理念，亲切、温暖的设计风格，24小时全天候机器人、房间内精通7种方言的智能语音客控等黑科技硬件设施，一城一味的中式摊点早餐、大堂书吧、健身房等空间配置，树立了国民酒店的全新标杆。

“汉庭3.5版本，是对整个产品线的重新定义。”设计管理部高级产品经理王越说，基于国民酒店的普遍适用性，汉庭产品的消费者画像，下到16岁，上到80岁，涉及不同年龄层次，“3.5版本颜色更丰富，运用大的色块让人觉得耳目一新。色调选择以中性偏灰为主，这是考虑到大部分住客的接受度。”

全球酒店行业领导媒体、美国《酒店》（*HOTELS*）杂志2020年7月下旬发布的“世界酒店50强品牌”榜单上，拥有224 626个房间和2 372家门店的汉庭酒店，仅次于智选假日酒店、希尔顿欢朋（Hampton by Hilton）、假日酒店（Holiday Inn），位列第四，是中国最大的酒店单品。

“汉庭在高效率和标准化方面，一定是独树一帜的。我们的新产品，通过工业化的方式，大量定制，加上更加标准化的服务，让加盟商成本可控，让住客产生记忆，增强住客的获得感。”汉庭事业部CEO徐皓淳说，汉庭现在有两个非常明确的目标：“第一，坚持做好产品；第二，坚决下沉，实现三、四线市场的精准布点。”

徐皓淳预计，2020年新开汉庭800家以上，两年半时间内，也就是到2022年年底，将90%~95%的汉庭老产品完成翻新。

全季，十年突破百城千店

2020 年 9 月 28 日，位于南宁市的全季酒店正式开业。

这是落地广西的首家全季酒店，意味着全季在广西实现了零的突破。入驻广西，不但强化了全季在华南市场的布局，也让全季实现了除港澳台地区之外全国 31 个省级行政区的全覆盖。

更重要的是，这是全季的第 1 000 家店。

全季的第 1 000 家店开业

从 2010 年作为升级版汉庭的“汉庭 · 全季”，到 2012 年作为独立的全季品牌运营，再到实现百城千店，全季仅用了 10 年时间。而其他品牌要走完类似历程，至少需要 30 年。

如今，全季酒店是毋庸置疑的中档品牌领军者。

全季 4.0 版本，更是奠定了世界级产品的标准。在《酒店》杂志的榜单上，异军突起的全季以 104 521 个房间和 831 家门店的规模，较去年蹿升 10 位，位列世界酒店 50 强的第 25 位。

“全季的商业模型，就是基于两点：第一点是为最多数人服务，第二点是好而不贵。”全季事业部 CEO 沈怡均说，全季的所有操作、服务、组织架构、逻辑、效率等，都是从这两点出发的。“尤其是客户体验。接下来全季要实现服务方面的转变，顾客导向要超越 KPI 要求。我们原来对客人的礼貌，很多是在模仿，现在对客人的礼貌，应该是由内而外的、得体的。”

沈怡均认为，中档酒店还有非常广阔的天地：“看看美国的酒店市场就可以发现，中档酒店是橄榄型结构的中间部分，占比超过 50%。我们有这么庞大的市场、这么巨大的客群，对于全季来说，最大的挑战是我们自己。全季现在的规模，离智选假日酒店、希尔顿欢朋等近 3 000 家店的规模，还有很大的差距。”

从 0 家到 1 000 家门店，全季用了 10 年，而从 1 000 家跨越到 3 000 家门店，全季最多给自己 5 年时间。

沈怡均说，全季的目标是 2023 年门店数量达到 2 500 家，贡献给集团的利润达到 25 亿元。

桔子家族，满足住客对美的要求

桔子家族事业部涵盖了水晶酒店、漫心酒店、桔子酒店等品牌。季琦给桔子的定位，是全季这个长机的僚机，二者共同占领更多的市场份额。

“在中国这个市场，首先一定要产品领先。”桔子家族事业部

CEO 曹娟记得，她跟季琦梳理水晶项目不下 10 遍。她说：“如果推出一个品牌，我们预计开 50 家店，但签约数最终没达到目标，原因很简单，一定是产品不符合市场预期。”

2020 年 7 月 30 日，桔子家族活力焕新新品品鉴会在桔子水晶成都宽窄巷子店举行，这里一如既往的设计感，更加符合年轻消费群体的个性化选择。

曹娟认为，消费者尤其是女性消费者，对美的要求在提升，酒店产品必须满足消费者的这些需求。她说：“我们最新研发的产品，保留了此前产品中的音乐、香氛、气质等优点，同时加强了温馨度、设计感。”

“华住旗下品牌，往往是通过节约的方式赚钱。我们要打破这种方式，通过高品质、高 RevPAR 来赚钱。”曹娟介绍，2019 年，桔子酒店平均 RevPAR 在 295 元左右，桔子水晶的平均 RevPAR 在 378 元左右。

“目前来看，桔子家族的唯一弱点，是市场占有率没有那么高。桔子家族的门店，现在分布在 79 个城市，未来两三年会覆盖 150 个城市，那才是比较符合我们预期的情况。”曹娟说话的声音很轻，但语气中充满了毋庸置疑的坚定。

桔子水晶品牌运营部运营总监荀玉莲分析多家门店的消费群体之后发现：“我们的客群构成中，女性客户占到 50%~55%，跟全季完全是互补的。”

“桔子希望传递给消费者的信息，就是健康、阳光、活力、开放、现代、包容。桔子的使命就是两个字——重塑，而且是华住体系内的重塑。”桔子品牌 CEO 杨耀辉说，桔子的 GOP 率很高，与全季的差距，首先是品牌的完整性，其次是规模的局限性。

杨耀辉表示，桔子的目标，是三年百城千店，虽然桔子的发展整体上比全季晚了三年，但希望能用两年半时间追上。

突破高端，舍我其谁

“突破高端”的全新使命，非高端酒店事业部莫属。

“目前已经开业的有5个品牌：禧玥、花间堂、美居、美爵、诺富特。其中禧玥已有8家开业门店，花间堂已有24家开业门店，美居、美爵、诺富特是跟雅高合作的三个高端品牌，跟他们学习怎样运营高端酒店。”全球高端品牌事业部CEO夏农介绍，华住收购的DH旗下有三个品牌正在孵化：Intercity在上海浦东有两家直营店，2020年年内开业；施柏阁有几个项目在谈判过程中，希望2021年能开出第一家门店；施柏阁大观（Steigenberger Icons）还需要看机缘。

美居CEO顾林自从2019年6月上任后，美居差不多用一年时间新开了30多家店，并且在店面数量翻了一番的情况下，出租率跟去年同期持平。“2020年下半年再开几十家，美居的门店数量年内会突破100家。”顾林说。

“美居单一酒店的房量是全季的1.5倍，体量越大，造价越高，对会员的多元化需求就越高。”顾林有多年豪华酒店管理经验，是除夏农之外，另外一个以标准正装形象接受采访的华住人。

他说，目前美居的客源需要转变为“华住会＋企业会员”的模式，这涉及公司“以会员为核心”定价策略的调整，还需要不断摸索，“比较理想的客源结构是，60%~65%来自华住会，30%是企业会员，10% 来自 OTA。”

美居是欧洲最大、全球第二大的中高档酒店品牌。顾林认为，美居的使命，是扮演好“珠峰大本营”的角色。“中高档以上的竞争，是品牌影响力和附加值的竞争，这一点，在国外豪华酒店品牌进入中国之后立刻显现出来。华住只有把美居这样的品牌做扎实，同时积累足够的高端客户群体，才有机会继续冲击‘皇冠上的明珠’。如果把华住突破高端和豪华品牌比作攀登珠穆朗玛峰，美居就相当于华住的‘珠峰大本营’，在这里完成登顶前的所有准备。”

在夏农看来，从有限服务到全服务，最关键的是找对人，并加以培训，“高端和豪华品牌，要回到服务的基本面——真诚、微笑、沟通等，需要具备崇尚服务的文化”。

夏农说，华住突破高端和豪华品牌，目前面临的最大挑战，是愿意做服务行业的优秀年轻人越来越少。

显然，头部企业对优秀年轻人有更大的吸引力。高端事业部两位年轻的 90 后女孩儿宋文汐和张晓曼，就是最好的证明。

宋文汐有在雅高做文化类培训的经验，于 2018 年 11 月加入华住高端事业部培训团队。她是季琦的崇拜者，2011 年就读了《一辈子的事业》，2018 年又读了《创始人手记》，曾跟季琦在微博上互动过。张晓曼在喜达屋工作过近 7 年，2019 年 8 月加入华住，现在负责美爵和诺富特的运营。她们共同的感受是，华住的机会特别多样化，“不会长期局限于某个方面，而是有非常多的交叉机会，这对年轻人的成长很重要”。

目前，高端酒店事业部共有 60 多人，算上店长有 100 多人，“高端酒店事业部对华住利润的贡献，还是负数。当然，这里面有历史原因，一是只发展了不到 10 年，还需要时间成长，二是开了很多直营店，成本负担比较重。”

夏农预计，高端酒店事业部预计2022年实现盈亏平衡，过了这个临界点之后，将进入盈利状态。

多元事业，多元开花

多元事业部现在有海友酒店、宜必思酒店、星程酒店三个品牌，按目标人群分类，从低到高。

“季琦为什么要从携程手中买下星程？因为那是他的初心。”多元事业部CEO薛官兵说，星程是一个非标准化品牌，相当于标准化品牌全季的护卫舰，不断为全季引流，不断给全季输送弹药，“对于很多单体酒店加盟商来说，要全改造的我们建议加盟全季，只进行小改造的肯定做星程，不断为品牌蓄水。”

在公司里，大家都喜欢叫薛官兵“黑哥”。这个皮肤晒得黝黑的西北汉子，笑起来的时候脸上写满了羞涩。

“黑哥”接手星程的时候，总共有180家门店，但2019年一年，星程就新开了150家店。他说：“对于星程来说，这是一个史无前例的数字。星程的运营人员，大部分都是从汉庭抽调的工作了10年以上的老员工，他们把星程的业绩普遍提升了20%~50%。”比如，好评如潮的“星程那碗面”，大碗面里飘荡的浓浓乡愁，成为招徕住客的一大卖点。

现在，星程65%的门店分布在三线及以下城市。“2020年我们计划新开450家星程，虽然受到疫情影响，这个进度要往后推迟一点，但目标不变。”“黑哥”说，星程的重点发展区域是河南省，2021年河南省的星程门店数量要突破 100 家。

宜必思是欧洲第一的经济型品牌，热情、音乐、红色、舒适等，都是宜必思的标签。

“宜必思是汉庭和全季之间的一个补位，不仅仅是价格的补位，更是风格的补位。”宜必思品牌 COO 滕秀霞说，宜必思的客户忠诚度很高，但现在的问题是赢利能力一般，“目前宜必思大部分在三、四线城市以下，租金高低差异非常大，管理上的难度也很高。”

“宜必思的门店数量不多，现在的重点是进一步提升品质。比如，宜必思的大堂，基本上都是 150~200 平方米，非常大，我们会把大堂空间做成一个消费空间，吸引更多高频消费。”滕秀霞说，宜必思 7.0 的单房造价成本是 7.5 万元，刚刚推出的 8.0 版本已经落户天津，单房造价成本为 8.5 万元。

海友则在改变模式，现在在一线城市做得特别好。

“为什么呢？因为补缺了小物业。1 000 平方米的小物业，做不了汉庭，更做不了全季，做个三四十间房的海友酒店，进行小投入、轻管理，只要物业的位置好，很容易就做起来了。”“黑哥”介绍，海友的单房造价成本是 4 万元，100 万元就可以开一家海友酒店。

滕秀霞在来到宜必思品牌之前，2012 年曾负责过海友的开发和运营。“无停留退房就是从海友开始的，华掌柜也是。海友的成本要求，决定了必须走科技化道路。”滕秀霞说。

海友未来的发展方向，是智能化，是以产品驱动服务，“我们现在在房间里，放置了跟视频直播相关的配套设备，很受年轻人喜欢。”与此同时，海友正在研究，怎样下沉到最底部的市场。

2020 年 5 月开始担任海友 CEO 的田磊，此前十多年一直在河南、苏北等地运营汉庭，他希望将海友打造成一个创客孵化平台。

“海友的房间虽然小，但体验不能差。海友商业模型已经做到第五稿，2020 年 9 月发布了 6.0 版本的产品。”田磊说，海友这种高度标准化、人房比极低的品牌，特别适合夫妻老婆店的管理模式。

疫情期间，浙江台州一个村的村主任带着村民收购了 6 处物业，每把一处物业改造为海友酒店之后，就留下一对夫妻管理，然后继续收购、改造下一处物业。

“村主任跟我说，之前加盟海友酒店的村民，已经有好几家成功致富，现在大家都在踊跃报名，头疼的是找到合适的物业很难。”田磊说，每加盟一家海友酒店，就相当于帮一对夫妻找到了一个创业项目，未来等海友平台上聚集了足够多的创客，就可以做更多孵化创客的事情，那会有更大的想象空间。

美仑的“创业事业部”

2020 年 6 月，重新打造的美仑事业部，成为华住平台“大部制改革”的新生力量。

美仑是华住高端战略里面的另外一条路径，与标准化的高端产品禧玥形成双轮驱动。美仑事业部的定位和目标，是开辟传统业务的新业务，是一个“创业事业部”。

“美仑事业部的创新价值，对于华住而言，是真正进入了中国的全服务高端领域。”美仑事业部 CEO 张书荣认为，事业部的新定位，对传统的能力搭建提出了进一步的要求，“我们有一句话，一听就知道我们要做什么：对于所有的高星级酒店，美仑事业部都要敢于去管理。”

如何达成这个目标？张书荣说，要两条腿走路，一条腿是美仑自身的快速发展，一条腿是拓宽朋友圈吸纳更多志同道合者。

加快自身发展，首要任务是从 0 到 1 建立样板店。“截至 2020 年 7 月，正在营业的有 20 家店左右，还有其他管道进来的 20 多家。9 月底的集中签约发布会，同时进来了 10 家店。”

张书荣介绍说，美仑事业部自身有两个品牌，一个是定位为中高档、提供相对全服务的美仑酒店，一个是定位为高档、提供全服务的美仑美奂，“未来五年，美仑事业部的目标是新开 300 家到 500 家门店”。

拓宽朋友圈，同样要从两方面入手。“一方面，要发展有影响力的行业领袖成为合伙人；另一方面，要发展有影响力的酒店管理公司成为合作伙伴。”张书荣说，这是他跟金辉来来回回沟通了多次之后达成的共识。

晋人葛洪在《抱朴子·外篇》中写道：“志合者，不以山海为远。”“美仑事业部就是要找到那些‘志合者’，就是季琦说的‘一群志同道合的朋友’，不管他们是谁，不管他们在哪里，一起快乐地成就一番伟大的事业。”张书荣说。

张书荣如此定位美仑事业部的高端流量战略：“一方面，美仑事业部要开出更多合格门店，让华住会里面的高端会员有适合的产品供给；另一方面，我们也会把其他高端产品吸纳到我们平台上来，将非华住会会员发展成华住会的高端会员。”

张书荣是酒店管理专业出身，管过国际品牌，做过五星级酒店的总经理。“那时候，我年纪很轻，但职位很高，总感觉脚下是空的。”后来，他到如家工作了五六年，在收益管理、客房管理等方面积累了很多扎实的经验。

2006年前后，张书荣追随季琦来到汉庭，到2016年的时候，他深感自己对行业的认识亟待加强，于是去读中欧国际工商学院的EMBA（高级工商管理硕士）充电，后来进了房地产交易代理公司。

“虽然从履历上看，我离开过华住，但实际上，在内心里，我从未离开过华住。”张书荣说，他不在华住工作的那段时间，从不同的角度丰富了自己对大住宿业的了解，即便在他自己创立头部养老品牌的过程中，不管执行力还是亲力亲为的习惯，都带着强烈的华住色彩。

随着华住开启国际化、高端化战略，2020年4月前后，金辉和张书荣经过多次充分沟通，对公司的未来着力方向，以及美仑事业部的发展模式，达成了高度一致。6月1日，张书荣正式回归华住。

“金辉是一个非常典型的助梦人。”张书荣说，他很善于鼓励团队，并给予每个员工充分施展自己才华的空间。“一方面，他不断激发我们打开新思路。另一方面，他不断提醒我，一定不要急着赶这赶那，要稳扎稳打。”

在张书荣眼里，美仑事业部是华住平台所有事业部中，起步最晚、挑战难度最大的事业部。他说：“公司对我们的定位，和我们对自己的定位，就是创业。我们都是这样一路走过来的，我们不惧怕任何挑战。”

张书荣对美仑事业部每个员工的要求，是成为具备四方面特质的“奋进者”：强烈内驱、敢于担当、善于学习、正直的人。

“美仑有两支开发队伍，华住本身的开发团队以及美仑的独立开发团队。”张书荣说，“疫情给美仑事业部创造了两到三年的窗口期，这段时间属于我们。我希望每个人都能成为奋进者，成为创业者。”

城家，打造“独居的美好时代”

城家 CEO 王玲是 2019 年 1 月开始负责这个品牌的。

“从整个公司的战略来说，公寓是酒店的延伸和补充。客人出差旅游的时候，住华住旗下酒店，而客人要租房和生活，就可以选择城家公寓。”王玲介绍，城家的品牌口号是“拒绝合租，选城家”。

城家品牌由华住集团和 IDG 资本共同出资成立，后来又引入了博裕资本、阿里云锋基金等，但华住的大股东身份一直没有改变。

致力于打造“独居的美好时代”的城家公寓

“城家运营团队都是华住出身，不管运营知识还是运营能力，都来自华住独一无二的基因。对城家来说，华住不仅仅是一个财务角度的大股东，更多的是提供了华住核心能力和核心资源的共享。”王玲说。

城家打造的是集中式运营管理的公寓，王玲认为，这种模式本质上和华住是一脉相承的。“华住把一栋楼改成100间客房，开酒店。城家把一栋楼拿下来，改成100间公寓，里边有电磁灶、洗衣机、电冰箱。两者的原理完全相同，只不过城家的目标，是‘独居的美好时代’。”

跨界合作和异业合作，是王玲的拿手绝活。当年她打造华住会时的种种奇思妙想，完全应用到了城家公寓的运营中。

热门电视剧《安家》的创业原型，正是城家公寓。“剧本的结尾是我们改的，原本还是卖房子，但我们把它改成两个人去创业，做了一个公寓叫城家公寓，为了成就白领在异地打拼的梦想。”王玲说。

这部由六六编剧的作品一炮走红之后，城家收获了极高的知名度，很多企业客户申请把他们的管培生送过来住，因为这样一个管理规范、有品牌的公寓，让他们有安全感。

王玲表示：“从规模上来说，我们的公寓大概有2万间，跟那些动不动就有20万间、40万间的，还有很大差距。但从品牌知名度和影响力上看，城家现在已经是公寓领域的头部企业。”

从002号员工到华住中国CEO

金辉为华住中国勾勒的三个工作重点，一是增长战略，二是组织力建设，三是人才辈出计划。其中，人才辈出计划是前两个工作重点的最重要基础。而金辉从002号员工成长为华住集团总裁兼华住中国CEO的过程，本身就是极为典型的人才成长范例。

加入汉庭第一天，金辉就负责整个公司的开发业务，为汉庭上市和公司发展立下了汗马功劳。2011年，汉庭开了一个关于营建的会议。

在那次会议上，金辉从开发的角度，提出了一些关于营建的思考。

“其实我根本不懂工程，所谓的思考，都是站在开发角度的看法而已。”金辉说，开发和工程，其实始终处于相互矛盾的状态，如果一个项目没有搞好，开发人员往往觉得是工程没做好，而工程人员又往往觉得是开发人员没选好位置，“可能想从根本上解决开发人员和工程人员之间的配合问题，季琦决定把公司的营建交给我来管。”

从2012年开始，金辉跟陈意搭档，负责整个集团的营建工作。金辉善于梳理流程、打造标准化工作的特点，在这一阶段展露无遗。

金辉在吃透了整个营建流程之后，率先提出了“综合工期”的概念：“此前，开发人员负责选项目，工程人员负责营建，这两块工作是割裂的。但实际上，从签好合同拿到物业的第一天起，公司就已经在支付成本了。所以我把开发和工程串联起来，把从业主将物业交过来到门店开业那一天的整个过程都包括进来，称为‘综合工期’。”

通过这个概念，金辉将开发人员和工程人员习以为常的互相指责转变为彼此配合，因为综合工期不是对开发人员的考核，也不是对工程人员的考核，而是对二者的综合考核。

金辉还学习万达的系统和苏宁的系统，从选址到营建，到综合工期管理，主导了符合华住特点的营建一体化系统，又在这个基础上搭建了华住的整个决策系统和造价系统。“概算、预算、决算的概念，也是我首先提出来的。”金辉说。

金辉挑选四员精兵强将，组建了营建一体化系统工作小组。金辉对这个项目的唯一要求，就是打造一个“傻瓜系统”——哪怕一个人什么都不懂，也能立刻上手使用。

现任城家公寓营销高级经理谭嘉琳当时是发展部流程管理经理，全力协助金辉搭建营建一体化系统。从2013年年初启动，到2015年年初基本成熟，整个系统打磨了两年左右。2016 年又完善了前期投资决策的智能化，2017 年开始做一些移动化的应用，2019 年进一步优化框架结构。

“从开发到签约，再到设计、采购、营建等不同阶段，以前需要一整套手工流程，有很多表单，得经过很多审批流程。将这些不同阶段整合进营建一体化系统之后，审批时间大大缩短。”谭嘉琳说。

如果采用传统做法，一个项目从头到尾走完全部流程，往往需要两三个月。即便是一些成熟项目，纯粹走流程，最少也要两周时间。通过营建一体化系统，审批流程缩短至 5~7 天，至少能节省一半的时间。

为了将金辉提出的要求落到实处，项目组按照每个阶段的不同节点设计了一目了然的流程图，工作完成后，只需在每个节点上打钩，便能清晰地掌握营建进度。

谭嘉琳认为，这套系统至少解决了两个痛点，“第一个是杜绝了很多推诿扯皮导致的效率低下，第二个是及时将各个节点上的资料收集整理，方便调阅”。

而营建一体化系统更大的意义，在于其前瞻性。“在人工操作尚能覆盖所有项目的情况下，便思考通过系统、流程、技术来驱动，可以说，用 IT 取代人力工作的理念深深根植于华住人的内心。”谭嘉琳介绍，搭建营建一体化系统之时，华住每年开六七百家门店，而 2014 年到 2017 年这段时间，华住开店数量大幅增加，营建一体化系统的应用极大地提升了工作效率。

负责集团营建工作的那几年，金辉从一个有创新意识、有决策能力的开发负责人，转变为一个以流程和标准化驱动工作的业务管理者。

“季琦看我管理营建做得不错，就把采购交给我，后来还把设计交给我。”金辉对产品、设计的认识正是从这个阶段开始构筑的。

随后，跟雅高的战略合作，张敏出面谈判，金辉负责具体落地。自称英文不好的金辉，硬着头皮啃一本又一本英文材料。

华住的几次大的并购项目，金辉也都是主要参与者。2012 年，金辉带队到漕河泾整合星程团队。2015 年和 2016 年前后，金辉又接手了漫心和禧玥的管理。

集团的迅速发展，提供了宝贵而又接连不断的机会，拓展了金辉的国际化视野，丰富了金辉的运营管理经验。加上此前的积累，金辉对华住的每一个业务单元均有扎实的一线基础，以及深入的管理思考。

有一段时间，金辉在工作中事无巨细，都自己上阵，结果搞得自己疲惫不堪。有个朋友建议他在管理中合理放权，说：“好的管理者应该是邮件越来越少的。”这句话让金辉豁然开朗。现在他很善于授权和激励，他说：“积极信任你的同事，学习他们的优点，他们就能经常给你带来惊喜。当你从一个视角去看问题的时候，肯定只能看到问题的一个方面。但当你从 360 度的不同角度，立体化去看问题的时候，你的视野和格局，肯定会不一样。”

在每个工作岗位都学到很多新东西，这是金辉成长如此迅速的原因，也是他要求关键岗位的干部必须轮岗的原因。

同样是这个原因，季琦安排金辉 2016 年 6 月 1 日兼任城家董事长和 CEO。金辉说，这是自己成长最快的一个阶段。与季琦和金辉都共事过近 20 年的华住首席合规风控官陈慧也发现，“从华住到城家再回到华住的过程中，金辉的进步最明显”。

小说家和哲学家阿道司·赫胥黎说过：“经验不在于一个人经历

了什么，而在于他如何有效利用他的经历。”担任城家 CEO 的三年时间里，金辉把过往经历教会他的东西发挥到了极致。

“在一个领导团队中负责某一方面的业务，跟带领一个团队独立面对所有机会与挑战，差别还是很大的。”金辉说，“在城家的这段经历，让我深刻感受到了创业者的孤独，就像一个人单枪匹马走进了沼泽地。没有人跟你分享，没有人帮你做决策，只能自己面对。”

金辉经常在凌晨 4 点醒来，思考工作中遇到的问题。压力太大的时候，他选择用跑步来释放自己。黑夜、独处，最初为了身体健康选择跑步的金辉，后来发现跑步能够极大地舒缓工作压力，开始慢慢上瘾。平时他一般每次跑 60~80 分钟，大约 12~15 公里。

“跑步带给我的放松是深层次的。而且跑步是很好的专注力训练，不断重复的动作，能让我进入 flow（心流）的状态。内心越纯粹，能感知的世界的美好就越多。”金辉说。

爱上了跑步的金辉，越跑越快，他的马拉松最好成绩是 2 小时 49 分。金辉半开玩笑地说：“我没有考证过，但这可能是中国上市公司 CEO 的最好成绩。”

经历了最初的孤独之后，金辉从人员、业务、战略等角度，重新梳理城家架构，“大胆提出战略，然后确定团队、鼓舞士气，最后就去融资”。2017 年 7 月，城家完成 5 000 万美元 Pre-A 轮融资。2019 年 9 月，城家完成近 3 亿美元 A 轮融资，由著名股权投资机构博裕资本领投，云锋基金、华住集团、雅诗阁、建银国际等重量级机构跟投。

2019 年年底，金辉回归华住，出任华住集团总裁兼华住中国 CEO。“我觉得自己特别幸运的是，之前带过我的每个领导，都有他们的独特之处。我自己其实就是一个海绵，不断学习他们的优点，反思自己的不足。”金辉说。

成军的格局和战略思维非常强，极具煽动力；张拓是一个非常职业化的管理者，当时可能大家不太理解，但今天来看，他的专业化和职业化让整个公司受益匪浅；解云航在推行新举措的时候非常平稳，用他性格中很柔的那一面，达到春风化雨的效果；张敏的专业化思考非常精准，她探索问题的思维点经常让人眼前一亮。

“季琦就更加不用说了，对我的影响和帮助是全方位的。”金辉说，自己有时候会觉得奇怪，这些领导其实是完全不同的人，但他们的长处都能在工作中得到充分发挥，这正是季琦那句“一群志同道合的朋友，一起快乐地成就一番伟大的事业”的完美演绎。

金辉说，集团班委会的几个成员风格完全不同，他们在工作中的相互帮助和相互补位非常重要。

从城家到华住，金辉最自豪的一点是培养了很多副总裁，“沈挺、朱贺、陈雨明、庄松成、华浩峰、杨晓林、庞林、张晓虎、李轶……都是我带出来的。”

造就中国酒店业“黄埔军校”

为了鼓励“又红又专”的人才从不同维度脱颖而出，人力资源副总裁游帆总结华住至少有 7 条赛道，而其中非常重要的一条赛道，就是每个重大战役都需要优秀人才攻坚，而在攻坚克难的过程中，总会有一批优秀人才冒尖。

华住在发展壮大的过程中，既在公司内部通过赛马文化造就了一大批人才，又为整个中国酒店行业乃至中国连锁行业，输送了无数新鲜血液，堪称中国酒店业的“黄埔军校”。

汉庭当年的11个大区经理赛马，2014年到2016年间，优化、整合为三个大区，分别由曹娟、徐皓淳、艾春霞三人负责。

三个人性格迥异、脾气不同。一方面，他们要在业绩上互相比赛，彼此谁也不服谁。但另一方面，在业务和生活中，他们又互相帮扶，守望相助。

曹娟对他们三人的关系，有一句十分经典的描述：“徐皓淳经常发脾气，艾春霞经常发牢骚，我就经常安慰他们。”

如今，三人分别担任不同事业部的CEO，这种既竞争又合作的氛围，一直延续到现在，延续到他们对年轻人的带教中。

曹娟喜欢挑战年轻人的思维，并在这个过程中不断树立他们的信心。“我用人的标准很简单，那就是死用他、狠用他，用到他完全能接招，才算成功。”这个在苏州出生、长大的江南女子，自有一身的干练与豪迈。

“黑哥”薛官兵是2008年11月加入华住的，第一轮面试通过之后一周，曹娟和王海军对他进行复试，他们看着薛官兵在每家公司待不到两年的过往履历，问：“你觉得你进了汉庭能干多久？”

其实，“黑哥”之前频繁跳槽，不是因为待不住，而是工作对他已经没有了挑战。到了华住之后，挑战的机会一个接一个，“黑哥”也就一路迎接挑战，一路从店长做到区域经理，到分公司总经理，到星程事业部CEO，如今是多元事业部CEO。

“在华住，你有多大能力，就有多大的工作量给到你。”“黑哥”羞涩地一笑，露出雪白的牙齿。

“黑哥”记得，曹娟带教他的时候，有一次巡店，发现存在很多问题，曹娟当场一一指出。第二天一早，曹娟拿出了她自己做的一个 PPT，现场培训门店员工，告诉他们如何关注产品细节、提升服务意识。

“那个 PPT 的名字叫‘阳光心态’，前一天巡店的内容都在里面。很显然，这是她牺牲了睡觉时间，连夜赶出来的。”“黑哥”说，曹娟用她的实际行动，给自己上了一堂叫作“敬业”的课程，“一路走来，我从娟姐身上学到了非常多的东西。”

对于曹娟的言传身教，老搭档杨耀辉比“黑哥”的感受还要深切。2005 年 8 月 28 日汉庭第一家门店开始营业的时候，曹娟是店长，杨耀辉是前厅经理。

跟很多老汉庭人的经历类似，杨耀辉也是降级加盟的。他之前是星级酒店的前厅经理，第一家汉庭开业的时候，他的头衔虽然还叫前厅经理，但回想天天骑着电动车到处找客户的日子，杨耀辉觉得汉庭的前厅经理要劳累很多。

那段日子，从酒店日常管理到团队组建调整，从物业选址到与住客沟通，杨耀辉近距离观察曹娟的一举一动，事后再思考她为什么会那么做。

一路从前厅经理到 2020 年年初被任命为桔子品牌 CEO，杨耀辉说：“娟姐至少让我在三方面受益匪浅：第一，公司提供的环境再优越，仅依靠内部的成长也是远远不够的，必须借助外力刺激；第二，多向行业内的大佬学习，借鉴他们的经验，避免他们的失误；第三，要跳出行业局限性，跳出圈子，要站在酒店行业之外回过头来看酒店行业。”

潘莉和田磊则是徐皓淳一手带出来的。

潘莉 2009 年刚加入汉庭的时候，汉庭在全国差不多有 200 家门店，当时准备在上海设营销经理，于是潘莉就成了汉庭的第一任营销经理，第二任是“黑哥”薛官兵。

有一次，潘莉将不同汉庭门店的业绩汇总了提交上去，徐皓淳看了一眼，说：“这些数据不对，你重新核实了再提交给我。”潘莉回去一查，果然有两个数据搞错了，“这么小的问题都能一眼看出，一方面说明他对于业务非常了解，另一方面说明他做事非常细致扎实”。

做了一段时间的营销经理之后，潘莉发现自己离一线业务的距离太远，于是主动申请去门店锻炼。“我从头开始管理一家门店，那家店是从一个老牌三星级酒店翻牌而来的。从门店装修到开业准备，从爬坡期到做到满房，徐皓淳一点一点教我，我遇到困难的时候也向他求助。”

潘莉说，管理门店的经历，让她明白了，以后做任何决策都不应该在办公室里拍脑袋，而应该考虑这些决策能否在一线落地。

如今，作为汉庭事业部副总经理，潘莉继续与徐皓淳搭档，探索如何死磕产品，让作为华住发展根基的汉庭酒店，继续赢得更多住客的青睐。

田磊是2008年11月加入汉庭的，刚办好入职，徐皓淳就把河南的第一家汉庭交给了他。

“那家店，共118间，其中差不多一半是暗房。我们占据了两层楼，而楼下开了一家酒吧，每到晚上客人要睡觉的时候，正是酒吧的营业高峰期，感觉整个地板都在震动，客人根本没法入睡，所以出租率越来越低。”接了这个烫手山芋之后，田磊在2008年当年，以及随后的2009年考核中，都排在末位淘汰名单的倒数第二位。

所幸，汉庭没有放弃田磊，他也没有放弃自己。徐皓淳经常晚上十一二点还在跟他打电话讨论业务，田磊自己则一边聘请律师准备打官司，一边背着包开启了上访之路。

有一次，徐皓淳赶到河南处理酒吧的事情，那天正好是他的生日。中午跟律师一起吃饭沟通情况的时候，律师说这个案子基本赢不了。连续提了几个想法都被律师认为不可行之后，几乎从不喝酒的徐皓淳，那次直接用红酒杯喝起了白酒，一杯接一杯地干。到了晚上，正在气头上的徐皓淳，干脆没有入住自家酒店，而是住到了附近的如家。

“我知道，他是用这种方式表达自己的愤怒。”田磊说，自己除了将这件事情搞定，不可能有其他的选择。

后来，经过艰难沟通，楼下的酒吧被责令停业三年，并且之后的两年这里也不能再开酒吧。田磊说，这件事情，让他切实体会了“从管理者到经营者的转变”是如何痛苦，“这样的痛苦徐皓淳一定经历过很多很多”。

组织部 15 场年轻人才盘点

“人才辈出计划，是华住愿景和三位一体战略能否落到实处的关键，所有的事情最后都是要靠人去解决的。”

金辉说，人才辈出计划的重点内容包括：组织盘点，关注年轻干部；执行班委制，帮组织松土、施肥；人才多元化；重视人才培养。

何冰樱为华住引入了西方企业管理中成熟的人事组织管理方法体系，又在新阶段为华住搭建了具有中国特色的组织部。

少年华住如何再攀高峰？在目标已定的情况下，从 2019 年 12 月到 2020 年 3 月这段时间，何冰樱担任秘书长的华住组织部，对集团人才进行了系统盘点。

“这段时间，是国内疫情防控最为严格的阶段，也是疫情对经营冲击最为剧烈的阶段。”何冰樱感慨道，“但恰恰是在这个阶段，华住反而在人才建设的投入上加大力度，包括华住历史上第一次大规模招聘管培生、第一次大范围做人才盘点及华柱班课程升级等。”

在何冰樱看来，成立组织部这一举措本身，足以让所有华住人都看到公司对人才的重视和投入。她说：“关于人才建设的事情，我以前甚至觉得要放到 KPI 中才能推动下去，但现在不需要了。”

2006 年诺贝尔经济学奖获得者费尔普斯认为，成功、财富、创业，都与生命的活力密切相关。个体固然如此，组织也不例外。

这正是季琦一以贯之的态度。当大多数人被接踵而至的“危”吓得惊慌失措之际，他总是在利用一切“危中之机”，激发整个组织的生命活力。

“季琦在人才建设方面的大手笔投入，是因为他看到了集团‘强’背后的危机。我觉得，这是华住和我们这些人的幸运。”何冰樱说。

华住 2020 届春季管培生计划于 4 月 7 日正式上线，共收到 3 673 份申请，经过初步筛选，组织部通过电话、视频等形式，共面试了 1 493 人次，443 人参加了测评，耗费约 500 个小时。终极面试由集团班委直接主持，经过 4 场集体面试，共录取 48 人。

在对事业部、开发及平台的 15 场次人才盘点中，共盘点了 125 位年轻干部，准备了近 900 份 360 度反馈内容，建立了 125 份管理测评和人才档案，组织部委员投入人才盘点时间合计逾 260 小时。

华柱班的整体投入，在不包括学员每月一次出差住宿的情况下，引进中欧国际工商学院的课程、外聘老师以及场地、茶歇、班服、班级活动等方面的投入，已经超过 500 万元。

华柱班合影

“当集团业务的复杂程度提高了之后，需要每个团队都有战略思考的能力。”何冰樱在相关课程中加入了战略思考、战略解码等内容，就是为了推动团队去思考战略背后的意义，去思考集团为什么要出台这个战略，而不仅仅是将战略执行完毕。

何冰樱最初对于季琦的很多战略，也是只知其然而不知其所以然，但在不断跟季琦沟通的过程中，她逐渐开始考虑这些战略背后的逻辑。“我自己也不断加强学习，其中《红色管理——毛泽东管理思想的当代应用》和《人民公开课——中国共产党与国家治理体系和治理能力现代化》两本书，对我帮助极大。”她说。

整个人才盘点过程中，何冰樱对金辉的人才判断印象深刻：“组织部的 15 场次人才盘点，他每场必到。在人才的识别和判断上，金辉有惊人的直觉，对于有些之前接触不多的年轻干部，金辉都能准确分析他们的长处和不足，提点他们，这是非常难得的。”

“千城万店、决战高端、华住国际化这些重大战役，都不是一天两天能完成的，需要人才的持续成长。人力资源部也在不断转型，适应新的发展需求。”何冰樱将人力资源部门的功能定义为“人才运营团队”，更加关注人的发展。

在行之有效的人力资源三支柱基础上，游帆还从个人体检的经历中得到灵感，针对每个事业部，开始尝试推出“组织体检卡”。2019年，线下人力资源体检卡搭建完成。2020年初，组织体检卡正式线上化。“组织体检卡从组织概况、组织稳定、组织造血、组织效率、组织绩效、人力资本使用率六大模块入手，帮助事业部检验组织健康状况。”游帆说，最初挑选了100多个指标，后来经过不断调整，优化为六大模块。

每个模块都可以帮助事业部找到具体问题，从而对症下药。“通过这些方式，将人力资源工作与具体业务工作结合起来，从而更好地服务于企业的高速成长。”游帆说。

华住大学的症状解和根本解

除了人力资源部，华住大学在人才体系搭建、人才发展培养等方面也肩负重任。

“人力资源部和华住大学虽然是两个部门，但我们做的都是跟人相关的工作，很多事情都是两个部门一起讨论决定的。”何冰樱举例说，一个优秀员工愿意长期与公司共同成长，除了薪酬方面的物质激励，技能培养、能力提升等职业发展方面的激励同样不可或缺，甚至在某种程度上更加重要。

华住大学高级副总裁王晨深谙季琦的思路，他根据季琦规划的“华住要成为世界级伟大企业”的愿景，描绘了华住大学的发展愿景。

“华住大学要成为世界级伟大企业的人才发展平台。”王晨抿嘴一笑，说：“当然，我们在内部是这样说的，而对外的话，我们会说，华住大学要用十年时间，分三步走：第一步是成为中国酒店业的培训标杆，第二步是成为中国连锁业的培训标杆，第三步是成为中国服务业的培训标杆。”

2019 年，要做下沉市场的季琦，直接来找王晨要人。王晨说：“我已经准备好了。”季琦很诧异：“你是什么时候准备的？怎么准备的？”

原来，2012 年前后，季琦就说，华住应该成为一个教练型企业，因为我们是高度复制、快速发展的企业，所以要高度复制、快速发展人才。于是他就布置给王晨一份长效作业——为集团培养教练型人才。

“现在我估计季琦早就忘记了，但我认为这件事情有价值，所以从 2012 年一直干到了 2019 年、2020 年。”王晨说，仅汉庭一个品牌，就培养了四五百个教练店店长，这些店长既是区域经理的储备力量，又是华住文化的传承力量。要打造突破下沉市场的铁军，可以直接在这些人里面选择。

按照王晨的规划，80 后那一批人才中，出来五六个品牌 CEO 应该没什么问题。他说：“我们正在打造华住中欧班，一半的课程由中欧国际工商学院的老师来上，一半的课程邀请每个业务模块的负责人来讲，比如金辉讲战略、我讲文化、何冰樱讲人才发展、王玲讲销售等。这一批学员有五六十人，就算以 10% 的比例，出五六个品牌 CEO，肯定没什么问题。有的人，现在已经是事实上的品牌

CEO 了。”

85 后的一批人才中，目前有 200 人正在接受打磨，“里面再出 20 个品牌 CEO，应该没什么大问题”。

王晨的下一步规划，是开实体大学，他说：“我们开实体大学的成本是非常低的，别的企业大学都说没场地，华住大学的场地就是遍布全国的各个门店，我们的培训，都是训战结合的模式。”

华住将所有的人才培养当成项目来做，“事上磨炼”：事先网上学习；事中举办面对面训练营，可能用两天，可能用三天，也可能分两三个阶段；事后要完成某个或者某些具体的经营指标。

“这就是学习项目的严格性和严肃性，每个项目都有 10% 的淘汰率。这些人已经是选拔出来的优秀人才了，通过学习，工资等收入可能会上涨，职业生涯的路径也会进一步拓宽，华住的人才都是在实战中磨炼出来的真材实料。”王晨说。

“打造华住铁军的时候，我们现场拿目标定绩效、定方向，然后拿你的方案，大家互相论证、互相 PK，当场就有人被淘汰。淘汰了之后重新选择，再入组、再淘汰，这样循环往复，三四天就要出成果。所以很多人把来华住大学培训叫作参加魔鬼训练营，事实上是很残酷的。当然，比起华住大学的培训，市场竞争更加残酷，更加不可预测。”

王晨的理念，是培训一定要对结果负责。他说：“大学毕业一年多的时候，我进了一个三资企业投资的酒店，带了一批人，管理了一年。到了年底，老板说，你们这批人都给我走。我很诧异，辛辛苦苦一年做下来，就是这个结果？老板当天深夜打电话给我，说你和另外一个最敬业的人留下来，其他人统统走。”

“我问他是怎么想的，老板说，搞了半天，经营都是亏损的，作为经营者，你不对结果负责，你对什么负责？”王晨说，他当时二十六七岁，“对结果负责”这句话，从那之后一直深深地刻在他脑子里。“长期价值和短期利益，始终是一对矛盾。假如采取了注重短期利益的行为，结果一定会带来长期的痛；假如选择了长期的价值，那就一定要付出短期利益的代价。归根结底，取决于要做根本解，还是要做症状解。”

“舍本逐末”是《第五项修炼》提出的九大系统基模之一，彼得·圣吉说：“较为容易的‘症状解’，经常只能改善症状，并不能改变潜在的问题，不是‘根本解’。更有甚者，潜在的问题不但未曾解决，反而更为恶化，但因为症状已经暂时缓解了，问题便不再引人注意，因而使系统丧失了寻求解决根本问题的能力。”

华住之所以能够持续快速成长，在于决策者较好地协调了症状解和根本解之间的矛盾，两手都抓，两手都硬。

“我们对人才的培养也是基于同样的道理，既要看到短期的效果，也要立足于个人和组织的长远发展。”王晨说，他在华住大学培养后备梯队，也遵循了同样的思路，“既要满足季琦立刻要人的需求，也要着眼于未来几年、十几年的发展目标。”

第十章

成就美好生活

彼得·德鲁克曾说：“大公司的特征，除了其组织形式、大规模生产的技术以外，还有第三个决定性因素，那就是大公司在多大程度上实现我们社会的信仰和希望。”

这同样是季琦一直在思考的问题。第一次、第二次创业的时候，为了挣钱、为了出名，这都很正常，这是人性。

“对于今天的我来说，如果不能让这个世界更美好，做大做强没有任何意义。百年之后，没有人会因为你腰缠万贯而记得你，但如果你创造了某种价值，那你会被人记住。这才是我们做大做强的唯一原因。”季琦说，“一定要让你的周围，因为你这个企业的存在，因为你这个人的存在，变得更加美好。”

基于这样的追求，季琦将华住的使命，阐述为既相互联系又有先后次序的六个方面：为住客成就美好生活，为员工成就美好生活，为加盟商和业主成就美好生活，为合作伙伴成就美好生活，为股东成就美好生活，为社区和国家成就美好生活。

季琦说：“华住旨在建立一个良性循环的生态圈，这个圈层里的每一个单元都快乐、健康、幸福、美好，充满正能量。通过我们的努力，不仅自身美好，还能够改善我们生态圈的生活，并让这个世界更加美好，甚至能够促进人类文明的进程，这才是我们所理解的伟大事业和尽美人生。”

住客排在第一位

季琦明确表示，华住使命的六个方面，有先后次序。“排在第一位的，就是住客。对于住宿客户而言，最重要的是要有符合他们需求的产品（含服务）。我们的产品（包括预订等全过程体验）要方便客户，价格合理。”

季琦还针对不同代际的消费诉求分析说，60后、70后的消费传统是注重高性价比，而新生代80后、90后则加入了情感诉求，会更注重生活品质和体验。

好产品、好服务通过哪些途径可以实现呢？季琦归纳为四个方面：创新、培训、主人翁、位置。

创新指的是不断推出符合住客需求的产品和服务。通过创新，零秒退房、自助登记入住等方式，大大缩短了住客的等待时间，提升了体验度。通过创新，汉庭3.5、全季4.0、宜必思8.0等标准化产品不断迭代，坚定地朝工业化、定制化、标准化方向发展。

2020年5月28日，中国基本控制住新冠肺炎疫情，而欧洲和美国仍在疫情大流行的时候，季琦与雅高CEO巴赞曾有一次视频连线。

季琦跟巴赞介绍说，华住旗下所有门店，疫情期间坚持开业，其中机器人、自动化等服务发挥了很大作用，尤其是机器人送餐到房间，全程无接触，大大提高了安全性，降低了疫情传播概率。

巴赞听后感慨：“中国的人工智能至少领先欧洲一年，华住对人工智能的应用，同样远远领先于全世界酒店同行。”

这正是通过创新为住客提供好服务的一个典型案例。

培训在提供好服务的过程中同样重要。华住大学除了魔鬼训练营，还有大量关于不同岗位的培训课件。

2014年前后，王琦曾在华住大学负责培训工作，她发现之前的视频课件，时长差不多都是45~60分钟，学起来容易觉得枯燥，看不下去。于是她就干了一件事，只要超过60分钟的课件，每隔5分钟她就设置一次测验。一方面增加跟员工的互动，另一方面避免枯燥增加节奏感，而且通过不了测验就无法进入下一步，也保证了员工的学习效果。王琦还把打扫卫生的15分钟流程拆分成短视频，铺床、测无菌等课件也全部改为2~3分钟的短视频。

所有这些事情，都是王琦一个人干的。不会做动画，她就去网上找教程学习。没有合适的配音，她就忙到晚上，等办公室没人之后，自己配音，既清晰又避免了杂音。

“当时也没想到什么短视频风口这些事情，就是觉得，给别人看的东西，起码得是自己喜欢的，这样才能让别人的被动学习转化为主动学习。”王琦说。

而在培训课件之外，华住一线还有针对各个岗位的传帮带现场培训。

华住对管理干部的要求，是“带一级看一级”，管理层直接带教部门负责人和城区总经理，同时要往下再看到部门总监和资深店长这一级；城区总经理直管资深店长，同时要看到店长和多店店长，以此类推。

主人翁精神，是指不能光靠制度和流程，还要考虑好每一个岗位的现状和远景，让每一个岗位的员工充分发挥主观能动性，从而能够自在、自发地为住客提供发自内心的好服务。

所以，华住在选人的时候，不是像绝大多数企业那样，先看学历再看各种证书，而是重点考察是否具有服务精神，能否积极主动地做事情。

现在汉庭品牌部的沈一飞，2011 年 11 月 28 日面试，12 月 2 日入职。在市场部做了没多久，他觉得离业务太远，向公司提出申请，转行做开发，去挑战一下。他一个人背着背包，从上海火车站出发，去了北京。作为土生土长的上海人，沈一飞离开上海的那一刻，觉得特别茫然。

沈一飞 2012 年 3 月 24 日到了北京，就住在海友北京直营店的地下一层。每天坐 3 站地铁，走 8 公里路，沿着自己在北京地图上标出来的 42 个五角星，持续进行陌生拜访重点商圈。但一直到 7 月，还没有拿下任何项目。

华住的开发人员，有一条不成文的规矩，要是三个月不出项目，那就基本上等于被淘汰了。眼看着三个月就要到了，焦虑又迷茫的沈一飞，这个 1.91 米的大男孩、从小到大的学生会主席，在北京的大街上，对着右手边的建外 SOHO 和左手边的央视大楼，号啕大哭。

哭过之后，生活还要继续，陌生拜访也要继续。

现实就像流行歌曲中唱的那样，“我受过的伤，都是我的勋章”。7 月 18 日，北京木樨园店，沈一飞的第一个项目签下来了。

“我一辈子都不会忘记这个日子。而且我的第一个项目就是全改造项目，不是翻牌项目，用的是当时最新的一代产品。”欣喜若狂的沈一飞，奔回地下室走合同流程。“业主是个内蒙古人，叫李伟，直到今天，我都非常感谢老李的信任，我们一直有联系。当时，我拿了合同回去，嫂子也是内蒙古人，直接端了一盆白酒上来，非得请我一起好好庆祝一下。”沈一飞放飞了自己，还没尝到菜是什么味呢，直接就醉过去了。等醒来的时候，他怀里还紧紧抱着那份合同。

有了第一家，仿佛之前的所有努力都有了回报一样，一发不可收拾。在一个开发年度之内，沈一飞一口气签了 24 个项目。“以当时的情况，开发人员一年签 11 个项目就是非常厉害的了。更让我开心的是，一直到今天，这些项目没有一个亏损的。”

沈一飞后来还主动做过前台、客房等不同岗位，对每一个岗位都发自肺腑地去尝试、去学习。“我在华住不断地成长，为什么能在一家公司待这么久？因为我们这些人，都把心放在了事业上。”

沈一飞说，企业的价值观和使命，并不是完全来自季琦的号召，而是靠 10 多万人扎扎实实践行出来的。

不欢迎不讲理的客人

有了好产品、好服务，还要匹配好价格，才能让住酒店变成一种普惠消费，变成熊彼特所说的“让纺织女工也买得起的丝袜”。

季琦始终坚持直销，并强调实价销售。“华住不依赖中间商，更不依靠传统的包团、团队等。直销不仅仅可以保证净房价，还可以降低沟通成本。实价销售是我们从经济型酒店发展出来的策略，在中档甚至高端酒店也要坚持。跟顾客交流的第一时间就给予他们真实确定的信息，而不是拐弯抹角。在信息高度对称的时代，这样做尤其必要。”

给予住客有竞争力的价格，意味着华住内部必须高效，否则住客就要为体系的低效和臃肿买单。

季琦的原则是：“不管平台还是区域管理，都是为了一线客户，任何浪费和多余都要避免。比如，在差旅上，可以乘火车就不乘飞机；在管理层级上，可以设三级就绝不四级；甚至打印纸都要用双面，办公室也要充分利用边角料空间。”

当然，秉承“住客至上”的原则，并不意味着对住客的纵容。早在 2017 华住世界大会上，季琦就明确表示：“华住世界的本质，是价值观的生态圈。如果客人的价值观跟我们不一样，我们不欢迎这样的客人入住我们酒店。”

2016 年 8 月 16 日凌晨，华住旗下全季酒店常州恐龙园店前台小石，因对方身份证不全而拒绝了三男一女的开房要求后，竟然遭到了两名壮汉的一顿暴打。

事件发生后，时任 CEO 张敏在朋友圈愤怒发声：“暴徒已被公安机关抓获归案，在此，我代表华住向公安机关与广大关注此事的网友表示感谢。”

她表示：“华住的伙伴，有 20 岁出头的小美女、帅小伙，也有 50 岁上下的慈祥阿姨、和蔼大叔。我们诚心诚意、竭尽全力为旅人提供干净安心的住所。这起性质恶劣的事件，不仅违反了公安部门‘入住酒店需出示身份证’的明文规定，更是对酒店这些勤劳善良的伙伴的严重不敬与挑衅。”

张敏认为，以前服务行业流传的“客户是上帝”相当于说“有奶便是娘”。“客人不是上帝。服务的人和被服务的人是平等的。”在华住，酒店提倡“待客人如亲友”。

张敏说："客人也要对华住的伙伴态度尊重。欺负人的、不讲理的客人，我们不欢迎；伤害我们华住员工的人，我们必要追究到底，将他绳之以法。"

张敏最后向社会各界呼吁，尊重每一位服务行业的员工。"在酒店、在餐厅、在便利店，多传递一分尊重，给你的世界带来多一点善良和美好。"

每年有上亿人在华住旗下酒店里工作、会客、交友、吃饭、洗澡、睡觉，华住的酒店就是在路上的人们的"家外之家"。

正是基于这样的使命感，当新冠肺炎疫情发生的时候，华住旗下所有门店坚持开业，季琦说："越是在疫情这样的灾难面前，越要回归我们生意的本质：给旅途中的人们提供一个安全放心的居所。"

在 2020 年 1 月 23 日上午发出的关于新冠肺炎疫情的第一封内部信中，季琦更直言不讳地表示："住客和员工的安全比生意更重要。"

仅 1 月 21 日至 4 月 7 日期间，华住旗下酒店累计提供房间数量 13 334 310 间夜，接待 6 293 811 人次（其中接待医务人员 34 307 人次），被各地政府征用 781 家次。

住客们留下的一封封感谢信、一句句滚烫的话语，是对季琦和华住最大的认可、最高的肯定。

把员工当自己的兄弟姐妹

"对于我们所有的员工，你们的安全健康是第一位的。作为董事长，我绝不会支持任何人出于业务原因，对员工的安全做出妥协。"季琦在新冠肺炎疫情的第一封信中，将员工的安全放在第一位。

“这次疫情，班委带头，领导层薪资打折。你说华住差不差这点钱？不差这点钱。那为什么呢？我们想告诉我们的员工：在这样的时候，对我们高层来说，可能是少拿了点儿工资，但是对员工来讲，至少我们能多养活一些人。

“我们为了员工做出一些牺牲是应该的，没有什么高尚之说。如果我们高管没有这么做，那就是喊口号了。我们这么扛的目的是什么呢？就是用行动来告诉大家，我们真的把员工当自己的兄弟姐妹。

“照顾 11 万员工担子很重，但在这个时候，我们是不会抛弃员工的。”

季琦还进一步表示，如果这次疫情的持续时间是一年，封城一年、封路一年，那华住肯定会把最宝贵、最重要的骨干保留下来，通过各种方式，哪怕贷款发工资都要保留下来。

这是华住一以贯之的态度：发生危险的时候，不管地震、疫情、战争，还是其他人类无法抗拒的灾害，第一考虑永远是员工。

在季琦的概念中，员工包括三个层面的人员：基层员工、干部、领导者。

基层员工有三个基本诉求：报酬有竞争力，工作稳定，在一个轻松愉快的环境里工作。“我们有 11 万名员工，每年接待上亿客户，每一次跟客户的接触、每一顿早餐、每一间客房的打扫，都是我们的基层员工在完成，他们的专业水平和敬业程度，决定了我们的服务水平。”

华住将员工看作自己的家人。一个门店、一个部门就像一个个小家庭，团结友爱，互相帮助。季琦说：“利益不是大家抢来争来的，而是大家齐心合力做出来的。业绩好的门店总是那些团队心齐的门店。”

与此同时，华住将基层员工的薪酬和经营业绩挂钩，多劳多得，（业绩）不好少得。不搞“大锅饭”，不搞平均主义，否则企业就难以维继，也就没有能力持续经营，员工工作的稳定性也就没法保证。

为了给员工创造一个轻松愉快的工作氛围，华住互助基金专门帮助那些遇到特别困难的家庭。比如在汶川地震后帮助那些无家可归的员工，比如当员工的直系亲属丧失劳动能力时，资助他们的子女上学等。

干部跟基层员工一样，也要养家糊口，因此，同样希望有丰厚的薪酬。但是他们对于发展空间和学习成长有更多期待。高层干部，还要有归属感和成就感，希望在企业里能够当家做主，能够被信任、被重视。

季琦说：“华住在我的带领下，走到今天，我们的规模不是简单的叠加，我们的速度不会是循规蹈矩的增长，我们面临问题的艰巨性和复杂性，绝不是我一个人可以单独担当的。这需要一批领袖级人物来共同完成——这就是我所谓的‘群龙无首’。我们需要的是具有主人翁精神的创新者、领导者、管理者。”

“从没想过期权真能换成钱”

在华住，干部的收入跟企业效率和规模挂钩，基层通过精益经营门店来获得稳定的收入，中层靠管理的规模来增加收入，高层靠整体的规模扩大和效率提高来增加收入。股票和现金差别不大，越高层的干部，期权比例会越高，只有企业增长了，个人才能增长；企业做得好了，他们也分享得更多。

汉庭事业部CEO徐皓淳认为，商业的本质就是人性。“这个词听着很抽象，但实际上，员工在工作中获得成功的这种成就感，员工自我价值的实现，都是人性。如果能够把人性调动起来，企业基本上就能成功，如果调动不起来，即使成功也是暂时的。”

季琦之所以能带领华住快速发展，靠的正是充分调动人性。

他早期规划的蓝图，说要开几千家店，说要上市，很多人包括徐皓淳，都觉得他是在忽悠。“我们很多参与创业冲锋陷阵的人，并没有季琦那样的眼光，也没达到那个高度，基本上对他半信半疑，他给我们描绘的场景，画的蛋糕、画的饼都很漂亮，加上他对我们还不错，所以我们就干下去了。但等到一轮轮融资进来，尤其是上市之后，我们对他的信任就比较坚定了。”

2020年华住回港股上市

“我们对产品每个环节的价值，都进行了充分挖掘，这样就让每家店都运营得非常好。在这个基础上，我们不断复制，整个商业模式变得非常轻快。经过几轮这样的发展，可能也就相当于复制了五六次，总共有 100 多家直营店，然后就上市了。”

直到签期权合同的时候，徐皓淳还是不太相信。“那时候也不懂什么股权期权的，反正就觉得，先签了再说，万一最后实现不了，至少可以把它裱起来作为纪念。”徐皓淳说，自己从来没想过，期权真的都能换成钱。

不过，徐皓淳记得很清楚的是，自己的工资一直在增长。“刚进汉庭的时候，工资并不高，但加薪加得很频繁，加上我当时的业绩算是比较好的，做得也比较努力，曾经连续几个月涨薪，有时候涨 1 000 元，有时候涨 2 000 元”。有一次，人力资源部的同事让徐皓淳在涨薪文件上签字。徐皓淳说，我签过字了。同事回答他：那是上个月的，这个月又涨了。

“所以，对于我们这些出身传统酒店的人来说，季琦和华住真真切切改变了我们的人生道路。”徐皓淳说，在传统酒店，往往是通过人脉、通过抱团才能够生存下去，而且晋升非常缓慢，很多人到总监这个位置就该退休了，还有很多人永远到不了总监这个位置。

“再往大一点说，通过如家和汉庭，我们真的把酒店做成了一个生意，而且效率很高，不但赚钱，还有股票期权。”徐皓淳认为，“其实这个模式改变了整个中国酒店人的生存状态，我们不再依附于谁，而是实实在在成为一个商业主体。”

在与季琦的日常相处中，徐皓淳最早觉得他是大忽悠，兑现承诺之后又把他当神一样看待，“他偶尔跟我们一起吃个面，大家都挺激动，觉得能跟那么有钱的老板一起吃饭，三生有幸”。但现在，徐皓淳觉得季琦更像兄长。“我有一次跟他打电话，有点开玩笑地说，领导有何吩咐？他当时就急了，电话里直接开骂：徐皓淳，你喊我‘领导'，你是什么意思？"

有一次，季琦带着徐皓淳等高层干部巡店，到了大堂里就找厕所，可偏偏那家门店的大堂里没有厕所。季琦当场发飙："徐皓淳，我说过多少次了，大堂里要有厕所，方便客人使用。可你把所有面积都用来挣钱，你有没有把客人放在第一位？"

可徐皓淳也有苦衷，这家店是其他大区划过来的，已经在运行，并且生意在当地还是最好的。但他又不能跟季琦争辩，加上还有其他一众管理干部，觉得脸上挂不住的徐皓淳扭头就跑。

季琦边追边骂："徐皓淳，你给我站住，不把问题解决，你还跑了！"

徐皓淳被追赶得紧，他摆手求饶："我帮你找个厕所行不行？"

季琦怒气未消："我不要，我就要找一个有厕所的汉庭！"

徐皓淳后来说，自己之所以跑开，是仗着和他熟，换作别人，可能慌都慌死了。

"他说的经营上的道理，我都懂，他也知道我懂。但他的情绪需要发泄出来，他的意思其实是，都这么多年的老兄弟了，你怎么还犯这种低级错误？如果对其他人，他肯定不会这样。"徐皓淳说。

华住的应许之愿

华住对待其他人，确实不是这种方式。

最近几年，华住 IT 部门打了不少硬仗，斩获多个重量级奖项。2017 年，华住移动化案例被苹果公司评为最佳实践，视频在苹果官网展示；同一年，华住凭借"基于胖线上、快线下的华住互联网 + 平台”，获得IDC中国颁发的“数字化转型综合领军者”奖项；2019年，华住摘得被誉为“技术界奥斯卡奖”的CIO 100全球技术大奖；同一年，华住会首次推出“双十一”狂欢活动，售出28万张预售券和5.8亿元的日历房，交出了一份漂亮的成绩单……

每一项荣誉、每一场硬仗，对于IT部门都是一次考验。2011年加入华住的吴占俊是科技中心的老员工，负责项目管理和质量体系。

“公司业务这些年发展很快，我们部门的加班比较频繁。除了机房要24小时值班，遇到重大事件，部门三分之二以上的员工都在加班，是很常见的事情。”吴占俊说。

这么多人员加班，如何解决晚餐是一个大问题。考虑到员工自己订餐很不方便，而且容易出现卫生健康等问题，刘欣欣牵头联系了附近一家美居酒店的餐饮部门，统一配送。

每天，IT部门会提前统计好加班人员的数量和名单，跟酒店沟通好当日菜谱，然后给加班员工发饭票。吴占俊说，同事们都为公司的这项举措点赞：“既让加班同事感受到了温暖，又帮助酒店餐饮部门增加了收益，一举两得。”

为了决战2019年“双十一”，最后几天，IT部门同事基本上吃住都在公司解决，餐饮集中配送，住宿就在旁边的全季酒店，几个人一个房间。刘欣欣跟整个部门的人同吃同住，到周末的时候，她还借用全季食堂，带大家包了一次饺子。

吴占俊回忆说：“大家都很累，但我们一边包饺子、煮饺子、吃饺子，一边看着交易量的上涨，那种感觉太美妙了！”

那一刻，他们不是同事，不是上下级，而是一家人，是兄弟姐妹。

现任汉庭苏州分公司运营经理的左亚娟，是通过自己的妈妈，开始了解汉庭的。

左亚娟的老家在甘肃，12 岁那年，为了在老家盖房子，家里欠了很多债。妈妈孤身一人从甘肃到上海打工，成了一名汉庭清洁师。汉庭是什么？对左亚娟而言，就是千里之外的妈妈。每次想妈妈的时候，左亚娟就偷偷去村口小卖部打长途电话，哭着喊妈妈回老家陪她。

有一次，妈妈说了一句话，让左亚娟至今记忆犹新："她说，每次看到带着孩子住店的客人，都会想到我和哥哥。"

2008 年到 2011 年，妈妈连续几个春节都没有回老家过年。实在忍不住想见妈妈的左亚娟，一个人趁着暑假，从老家坐了 25 个小时的车，颠簸了 1 600 公里来到上海，第一次见到了妈妈工作的汉庭酒店。

妈妈当时的领导周连花非常照顾左亚娟，还送了她一个特别新潮的 MP3。周连花对左亚娟的妈妈说："让女儿跟着你吃，跟着你睡，这里就是你们的家。"

为了离妈妈更近一些，左亚娟后来特意报考了上海的大学。读书期间，左亚娟开始在汉庭兼职挣学费，大学的毕业课题也和汉庭有关。2018 年毕业后，左亚娟毫不犹豫地选择加盟汉庭。

这些年，随着汉庭实现从 1.0 版本到 3.5 版本的蜕变与飞跃，左亚娟一家的生活水平也同步升级。如今，左亚娟一家四口都在汉庭工作：妈妈是客房经理，爸爸是安保，哥哥是店长助理。一家人在汉庭的工龄，累计已经超过 20 年。

左亚娟一家的变化，在甘肃老家有目共睹。受他们启发，老家的很多亲戚朋友，也选择加入汉庭，他们的生活也都因此得到了改善和提升。

截至2020年年中，华住已有超过11万名员工。

“他们在一个相互尊重、友爱的氛围里工作、生活，视彼此为兄弟姐妹。他们通过自己的劳动和创造，获得成功。他们用薪水供养父母、抚育子女、改善生活；他们在华住学习成长，施展才能；他们参与到一番伟大的事业里，寻找到生命的意义和价值。”季琦说，“员工的美好生活，是我们的应许之愿。”

对待加盟商的两个核心原则

截至2019年12月31日，华住特许管理店和特许加盟店的占比高达87.75%。所以，华住如何看待加盟商、加盟商的最大诉求是什么、如何帮助加盟商发财，成为决定华住命运的关键问题。

季琦提出了对待加盟商的两个核心原则：赢利与尊重。

季琦说：“对于赢利，我们很容易理解。大部分加盟业主从事加盟业务，是为了获得稳定可靠的回报。所以，我们品牌的聚客能力、管理团队的专业和敬业，显得非常重要。”

但尊重是比较容易被忽略的，“加盟市场的火热，和某些人的‘官本位’情结，造成对加盟商的漠视和偏颇，生出‘皇帝老子朝南坐’的架势。甚至有些人，以权谋私，收受（索要）回扣，极大地影响了华住的声誉，破坏了加盟市场的公平和公正。”

“我们已经在组织和机制上做了许多补救和改进，但还不够，还要进一步在华住内部宣讲‘加盟商是合作伙伴，是客户’的理念，要平等对待，要珍惜和尊重每一个华住的加盟商。”

在两个核心原则基础上，季琦总结了对待加盟商的三个比喻：像被子一样贴身，像淋浴一样知冷暖，像Wi-Fi一样便利。以此为标准，打造华住特色的中国服务。

从2013年起，华住连续推出一系列加盟政策，华住的加盟规模得以迅速发展。2014年年底的时候，华住已开业的1 995家酒店中，有1 376家加盟管理店和8家特许星程酒店，特许管理店和特许加盟店的占比为69.37%。到2019年年底，华住所有在营业的5 618家门店中，特许管理店和特许加盟店共有4 930家，占比猛增至87.75%。

加盟商阵容的迅速扩大，固然得益于得力的加盟政策，但更根本的原因，在于加盟华住品牌之后的赚钱效应。季琦说："我们的目标是加盟商发财，这个提法土归土，但是很能说明加盟商加入华住的根本原因。"

后来，华住还曾对所有加盟商做过分类："中"就是中等，"发"就是发财的，"白"就是白板。

季琦的阐释是："'白板'就是位置不好、产品老旧，或者是在低线城市开店太多，还有就是租金太高被别人忽悠了等。分类的目的，是更好地为加盟商服务，消灭'白板'，争取绝大多数加盟商都是发财的。"

季琦经常挂在嘴边的一句话是："做酒店不是最好的投资，但是是一项很好的投资。"为什么是一项很好的投资？因为有非常稳定的投资回报率。为什么能有非常稳定的投资回报率？因为华住有一套秘籍。

张敏曾将这套秘籍形象地描述为"六脉神剑"。"最佳的品牌、产品的创新、质量的领先、积极的IT技术、强大的会员和中央渠道，以及共赢的生态圈，这套'六脉神剑'，就是华住让加盟商发财的秘籍。"

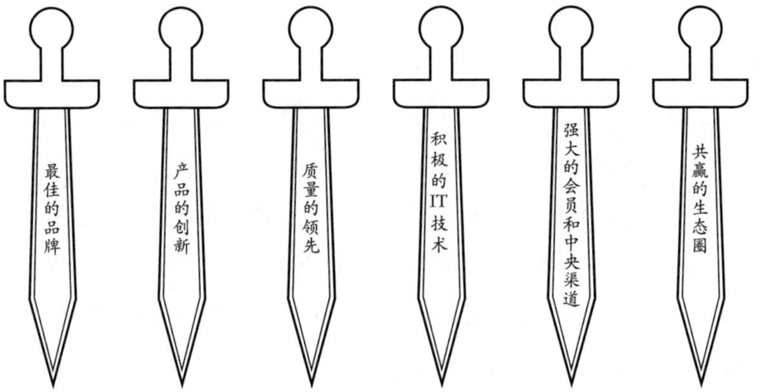

华住酒店投资的“六脉神剑”

华住旗下品牌，从一星级到五星级，从国产到进口，一应俱全，这些强有力的品牌组合，可以确保每一处适合做酒店的物业“物尽其用”。

出色的产品创新能力，则保证了所有产品能与时俱进。

上海西藏南路店汉庭升级为汉庭3.0之后，开业第一个月，RevPAR达到358元，比上年同期改造之前，上涨了102元，这意味着这家店一年的营收会增加400万元。全季北京安贞店是将原来一个竞品的经济型酒店改造而成的，RevPAR增长了116元，开业的头三个月平均RevPAR是430元，一家店因此一年多产生500万元的营收。

领军者不是喊出来的

华住首席质量官孙清一认为，对于以客人复购为主要消费方式的连锁酒店而言，保证产品的一致性体验，是质量把控和品质要求的立足点。

孙一清说："首先要建立非常细致的标准。营建标准是否全面，小到开关，复杂到窗，台面耐用度怎么样等，都要考虑到。

"其次是运营阶段的SOP流程。工具和消耗用品的品质很关键，比如我们的清洁剂都是用艺康的，这是全球500强公司的标准产品。再比如，为了找到最合适的马桶刷，我们不知道找了多少家供应商，现在这个马桶刷是弯曲的，能把边边角角都擦洗到。

"再次是深入的培训。我们充分利用云学堂体系，对门店人员先进行培训，然后考试，合格了才能上岗。

"最后还有质检和工程验收，我们都是聘请第三方专业机构负责，都有非常细致的标准。比如门的降噪率，全季要达到45分贝，汉庭要达到42分贝，否则就是不合格。除了门本身，还有施工工艺，都有一整套的要求。"

除了为住客创造一致性的体验，品控部门还要倾听客户声音，摸清客户隐藏在冰川下的需求，同时要抓好消防、治安、卫生、信息安全等底线管理。

孙清一介绍："在确保体验一致性的基础上，我们还努力创造惊喜，让客人有难忘的峰值体验。比如早餐用农夫山泉熬制的五常大米粥，就是希望给客人留下难忘的印象。"

在2020年5月25日于西安盛大举行的"乘风好去，长空万里"行业复兴计划启动仪式上，华住集团发布了酒店行业首份安心白皮书——《安心360白皮书》。这是中国酒店行业的首份专业清洁标准报告。

"我们遵循公开、透明的科学战'疫'原则，利用先进的无接触技术和便捷透明的线上互动平台，建立了一套完备的消杀体系，全面覆盖华住集团旗下共计 6 000 余家门店，确保为每位住客提供 360 度无死角的安心住宿体验。”孙清一说。

强大的 IT 技术、高效的会员和中央渠道更加不用多说，这是华住在市场上崛起和领先的看家本领。共赢的生态圈则是华住区别于其他酒店集团的显著特点。

新冠肺炎疫情极大地冲击了酒店行业的出租率，华住自然也无法幸免。加上频繁的贸易摩擦的负面影响，酒店业的宏观经济环境像极了 2015 年、2016 年。

2019 年又是华住旗下门店大发展的一年，华住 2018 年财报显示，2019 年预计有 1 105 家酒店开业，占已开业酒店的 26%，创历史新高。2020 年 3 月 27 日发布的华住 2019 年财报显示，截至 2019 年 12 月 31 日，华住旗下已开业酒店数量为 5 618 家。对比 2018 年年底的 4 230 家，2019 年全年实际开店数量为 1 388 家，比当时预计的 1 105 家超额 25.61%。

一方面是经济增速下滑的宏观大环境，一方面是连锁酒店竞争压力加剧的小环境，华住自身的开店速度还这么快，不能不让华住的高管们担心。2020 年 4 月，季琦和金辉先后问过庄松成同样一个问题："类似'518'加盟商纠纷那样的事情，会不会再次发生？"

庄松成的回答是："品牌和加盟商的矛盾是天生的，只要品牌继续收取费用，加盟商继续尽可能不花钱，这对矛盾就会永远存在。有矛盾不可怕，人类社会就是在不断解决矛盾和问题中向前发展的。但类似'518'那样的恶性事件，在我看来，再次发生的概率极小。"

他随后给出了自己的理由：那一拨跟我们不志同道合的加盟商，都已经不在队伍中了，现在这些加盟商的总体素质和水平，包括所拥有物业的位置，以及加盟商对于未来的期许，都是非常好的，当年的“人”的因素已经不存在。“更重要的是，最近五年，华住在提升与加盟商关系上所做的工作、所投入的资源、所给予的重视程度，是 2015 年之前不能比的。这次疫情期间，武汉封城第二天，加盟部就同步加强了与被封闭区域加盟商的联系，让我们所有加盟商心里有底，知道总部是在关心这件事情的。”

庄松成最欣慰的是，华住对 B 端加盟商的所有扶持政策、支持政策也好，减免政策也罢，都成为整个行业的标杆。他说：“各家公司发给加盟商的通告文件，基本上就是拿我老庄前一天晚上写的文章抄一遍，甚至连里面的字都不改一个。”

季琦对庄松成说：“你应该庆幸，你所在的华住，是整个中国酒店行业的头部企业。”

“一个行业的领军者，不是喊口号喊出来的，而是你的所作所为，不断为整个行业树立一个又一个标杆。”庄松成说。

季琦说：“这次疫情，加盟商们非常不容易，开业的门店和不开业的门店，大部分都是他们在扛。我们也采取了很多措施，武汉是减免征收费用，全国是减半征收费用。在这个时候，宁可我们的利润少一点，钱可以挣回来，但好的伙伴、好的加盟商，是钱买不来的。加盟商在这种时候相信华住，而华住要表现出我们的担当，有事大家一起扛。只有在患难之中，才会见真情！”

供应链支持中心不许赚钱

在社会分工高度发达的时代，每一家企业的成功，都离不开优秀的供应商和合作伙伴。

“是他们，帮助华住开出许许多多门店；通过他们，我们能够买到好品牌、好质量、好价钱的产品和服务。”季琦说，“我们不能一味地压低价钱，要给供应商留下足够的利润，保证优质供应商健康可持续发展；要给合作伙伴带来益处，互利多赢，才能够建立长期稳定的合作关系。”

华住跟供应商和合作伙伴之间，在相同价值观的基础上，建立信任，公平合理地交易，相互支持，共同成长。

供应链支持中心高级副总裁陈意已经“三次”加入华住。

2008 年，经时任 CEO 张拓牵线，正在欧贝德效力的陈意跟季琦相识，决定加入，当时签约的抬头还是力山投资。但只待了三天，觉得不太适应的陈意回到了欧贝德。

2010 年欧贝德被百安居收购后，整个团队的氛围不太好，正好当时汉庭刚上市，张拓邀请陈意回来。

2016 年 4 月，公寓概念走红，陈意离开华住到如家投资公寓去了。但后来盈利不理想，季琦通过金辉找到陈意，于是陈意在 2018 年真正加入了华住。

2019 年年底，华住把工程部、采购部、成本管理部、工程维护部、供应链信息平台等板块整合在一起，成立供应链支持中心，全面负责华住旗下所有品牌的酒店公寓工程全生命周期管理工作。

“目前，我们拥有超过 1 000 家直营店和 5 000 家加盟店。而我们在工程筹建、采购、审计、工程维护管理等方面具备丰富经验。实施酒店公寓项目的能力，每年超过 2 000 家；管理维护运营酒店的支持能力，每年超过 10 000 家。”陈意说，供应链支持中心旨在通过专业服务，赋能一线，打造住宿业一站式供应链服务平台，服务能力在整个行业内遥遥领先。

省心、省钱、省时、省力是供应链服务平台的四大优势。以某品牌床垫为例，市场价 6 999 元，华住供应链服务平台的价格为 1 263 元。

“我们并不是往死里砍价，让合作伙伴亏本赚吆喝。我们深入产业链上游，帮助合作伙伴找到了成本更低的高品质供应商，同时华住的采购量非常庞大，足以保证非常可观的利润。”陈意说，“供应链中心提供最优质的服务和性价比最高的产品，但集团对我们没有盈利要求。品牌床垫我们都是平价进出，以同样的价格，提供给所有直营店，也提供给所有加盟店。”

陈意的说法得到了金辉的证实。金辉明确表示，供应链支持中心的价值，在于通过规模化迅速提升效率和降低成本，而不是赚钱。他说：“2019 年供应链支持中心成交额接近 40 亿元，要想赚钱很容易。但我很严肃地跟供应链支持中心的专家讲过一句话，不许你赚钱，你就帮所有门店提供中国住宿类物资最便宜的采购价格。”

金辉和陈意的出发点都是一样的，就是季琦确定的基本原则：保证优质供应商健康可持续发展，互利多赢，建立长期稳定的合作关系，赋能华住旗下所有门店，尤其是加盟门店。

采购部采购副总监张嘉鋆从大四实习至今，一直在华住工作。2006 年 1 月加入华住的他，曾跟金辉立过大旗：“我做不了最早的员工，但我要做工龄最长的员工。”

张嘉鋆 2011 年开始做采购，九年做下来，已经掌握了在工程、设计、客户之间达成平衡的秘诀：“比如墙地砖，抗污和耐滑功能是不兼容的。以前用的是玻化砖，很容易清洗，但是耐滑不达标，客人容易摔跤，那显然是不行的。我们后来换了防滑的墙地砖，耐滑指数上去了，但加盟商不满意了，因为要用很多清洁剂才能擦干净，成本变高了。怎么办呢？我们就找到供应商，给他提出了抗污、耐滑的明确指标，同时还不能超出我们的预算。供应商一算账，做不下来。老季说，我们不能让供应商亏钱。那我们就找到他上游的石材供应商，跟他一起砍价，最后把成本控制住，同时让各项指标符合要求。”

张嘉鋆说，产品符合要求，客户满意、加盟商满意，尤其是合作伙伴，通过给华住提供高性价比产品，也获得了稳定可观的利润。

每平方米墙纸从 53 元降到 28 元，再到 22 元，一直到目前的 11 元。全季的床头柜造价从 500 多元降到 350 元，到 320 元，再到现在的 280 元……

“通过偷工减料的降价是不合理的，那会损害产品品质和客户体验。我们的采购降价，是通过产品研发、价格结构调整、供给侧改革等一套组合拳实现的。没有完善高效的供应链管理能力，就不可能达成这种多方共赢的局面。”张嘉鋆说。

采购部的四句口号

如何让工程、设计、客户取得多方共赢，是从张嘉鋆到采购副总裁陈雨明，所有采购部同事的共同追求。陈雨明 2012 年刚到公司后，就是拿卷筒纸“练手”的。

当时，门店采购的卷筒纸 4 角 8 分 5 一卷。“我刚加入公司，想在老季面前表现一下，于是就找卷筒纸供应商，让他们降价。人家不肯，我就在公司旁边的星巴克请供应商喝了一杯咖啡，这杯咖啡喝出了大门道，喝得值。”陈雨明笑眯眯地回忆道。

原来，卷筒纸的采购成本中，相当一部分费用是单独配送的运费，其中的最大头又是最后一公里的配送费。考虑到卷筒纸一般都是一两个月集中采购一次，陈雨明跟供应商商量了一个变通的办法，卷筒纸不再单独配送，而是在门店采购其他物品时搭一下配送的便车，个别门店可以用私家车，到就近可以配送到的其他门店取货。

“这种方式，一直沿用到现在。”陈雨明说，通过控制成本中的大头，加上从供应商的采购源头上帮助压低原材料成本，后来卷筒纸的费用降到 4 角 1 分 5，每卷降了 7 分钱。

陈雨明掰着手指头说：“卷筒纸是消耗品，整个公司每年的卷筒纸采购量大得惊人，每卷降 7 分钱，公司一年就能节省几十上百万元的开支。”

当然，在为合作伙伴成就美好生活的过程中，并不是每个合作伙伴都能理解华住的苦心。

早年，汉庭酒店为会员提供免费咖啡。咖啡机由供应商免费提供，但汉庭需要向供应商购买咖啡粉。陈雨明开始负责采购咖啡粉之后，去市面上对比了一下，发现供应商提供的咖啡粉售价，明显高于市面上的同类产品。

“我算了一下，一家汉庭门店，一年向供应商购买咖啡粉，多花出去的钱，远远不止一台咖啡机的价格。”摸到供应商赚钱的窍门后，陈雨明要求供应商降价，但供应商不肯。于是，陈雨明通过公开比价，寻找其他咖啡供应商。

陈雨明此举，等于断了之前那家咖啡供应商的财路。供应商不肯罢休，派人跟踪陈雨明，跟到他所在的小区，甚至跟到他家楼下。陈雨明一度非常害怕，有时还跟同事换车开，以降低危险系数。季琦知道这件事情后，还安排专人保护，无论陈雨明去哪里，都避免他单独一人行动。

陈雨明回忆说："后来，可能对方觉得实在没必要耗下去，加上上海的治安状况也非常不错，所以，大概持续了两个月之后，这件事情就算是过去了。"

降低成本并不是采购部的唯一目标，采购部还必须同时保证质量。

有一次在做棉织品招投标的时候，陈雨明对这个之前从未涉足的行业研究了好几天，最后把成本降低了18%。知道这件事情后，时任CEO张敏提醒陈雨明说："降价这么狠，质量怎么保证？"

这句话让陈雨明心里一惊，他说："我开始意识到，不能单纯追求低价，而是要制定产品标准，否则低价低质，反而会影响住客体验，进而损害公司利益。"在升级换代的采购部采购标准中，提高产品品质被放在了第一位。

陈雨明将采购部的发展划分为四个阶段："第一个阶段，一个人把什么都干了，属于菜场买菜型。第二个阶段，我们制定、完善了很多规章制度，比如三方比价、反腐条例等。第三个阶段，通过供应链管理，降低供应商的成本，从而达到提高质量、降低成本的目的。第四个阶段，就是借助华住易购系统，打通上下游，通过平台为加盟商和合作伙伴赋能。"

"关于如何为加盟商服务，我们有一个四句话的口号：低价保障，质量保证，7天无理由退货，先行赔付。"陈雨明说。

数据显示，加盟商的装修材料和运营物品，从华住易购平台采购的比例，由2013年的30%左右逐年提升到2019年的85%左右，采购总额也从2013年的3亿元逐步提升到2019年的38亿元。

为股东创造长期价值

住客热爱、员工美好、加盟商发财，华住的业绩自然也好，规模和利润就会稳步增长。

季琦说："除了留存足够的发展资金，华住每年会给股东分红。我们不关注股价的短期波动，华住通过产品、品牌、经营管理能力、连锁系统等，建立长期竞争优势，致力于为股东创造长期价值。"

华住上市以来的股价走势，经过复权可以发现，2010 年 3 月 5 日上市至 2013 年 6 月 30 日，股价在 1.62 美元至 5.48 美元之间震荡；2013 年 7 月 1 日至 2015 年 12 月 31 日，股价在 2.83 美元至 6.74 美元之间震荡；2016 年 1 月 1 日开始大幅走高，截至 2018 年 6 月 30 日，股价最高纪录为 2018 年 6 月 18 日创下的 48.92 美元，其间曾创下自 2017 年 1 月至 10 月连涨 10 个月的纪录；2018 年 7 月 1 日至 2020 年 10 月 31 日，股价维持在 25.01 至 46.30 美元之间。

金辉将企业的生命周期划分为创业期、成长期、成熟期等不同阶段，他认为，2005 年到 2012 年是华住的创业期，2013 年到 2019 年是华住的成长期，2020 年之后是华住高速发展的成熟期。

对比金辉划分的三个阶段，华住在纳斯达克的股价走势，基本上反映了公司的规模和利润走势。

规范的财务制度和严格的内审内控，成为华住为股东成就美好生活的"守门员"。CFO 赵汝泉认为，公司财务部门的职责就是两方面内容，一方面是"做杠杆"，为公司发展提供充足的资金支持；另一方面是"做管家"，管理好公司的费用成本。

做杠杆要踏准市场节奏，从某种意义上说，巴菲特"在别人恐惧时贪婪，在别人贪婪时恐惧"的理念同样适用。赵汝泉以两次发债为例，说：“2017 年 10 月的时候，我们明显感觉到市场氛围在变化，所以比预定计划提前启动，发了一次可转债。”

可转换债券，是指持有者可以在一定时期内，按一定比例或价格，将之转换成一定数量的另一种证券的债券，具有债权和股权双重特性。对于企业而言，可转换债券是另外一种募集资金的方式。对于投资者而言，可转换债券是有本金保证的股票，是另外一种投资方式。

华住发债之后一个月，2017 年 11 月，发改委出台了相关文件，那时候再发债就已经很难募集到资金了。“这就是对市场节奏的把握。”赵汝泉伸出右手的食指和中指，又连续弯了几下，做了一个招财猫的动作。

2020 年 5 月 8 日，国内疫情防控形势刚刚开始明朗化的时候，没人有敢发债，生怕得不到市场认可。底气十足的华住又发了一次可转债。“我们发了之后，华住的股价就开始上涨。”赵汝泉重复了一次招财猫的动作说，“后面大家才跟着发。”

赵汝泉“做管家”的原则是该省的省、该花的花。什么叫该省的省？“华住员工出差，住宿肯定选自己家的酒店。同样选自己家的酒店，也有讲究，首先要选那些入住率低的酒店，可以同时去考察一下为什么入住率低，有什么方法可以帮助提升入住率。”

“再比如团建，不必单独安排专门时间、专门地点搞，完全可以在开会的时候顺便做一下团建。”

“该省的省”这一原则，适用于所有人，包括季琦。“上市之前我们去美国路演的时候，选的航班都是开会前一天的下午四五点钟到达，确保睡一晚之后能把时差问题同步解决，然后选晚上到达的航班回国，这样一来一去就节省了两晚的住宿费用。”赵汝泉说。

什么叫该花的花？赵汝泉说，只负责省钱，那叫抠门，不叫管理，管理还要做到能花钱、会花钱。“疫情期间出差，可能高铁二等座的乘客比较多，人流太密集，从保证员工健康安全的角度，我们会建议员工提高出差标准，改乘一等座，避免出现在人群密集的地方。”

从“黑猫警长”到“合作伙伴”

季琦给内控与内审部设定的工作目标是“守底线、保驾护航”。

首席合规风控官陈慧将这一目标拆解为三方面内容：“通过廉洁及内控文化建设，为集团守思想及文化的廉洁合规底线；通过对系统、流程、安全、效能、合规等的审计及优化推进，为集团守经营管理的风险底线；通过对业务的审视分析及效益的关注，减少跑冒滴漏，和全体华住人一起守收益的底线。”

传统的公司内部审计，因为长期“纠错”和“挑刺”，容易给人留下“黑猫警长”的刻板印象。华住的内控与内审部也有过这样一段时期。

公司每年对酒店开展内控合规检查打出的分数，会影响店长、城区总经理等酒店运营人员的年度考核绩效。当时公司刚在美国纳斯达克上市，各方面治理还不太完善，大家的关注点更多在分数，而非问题的真正改善上。这样一来，大家都对内控检查人员或多或少是抗拒的，或者有各种负面意见，而内控检查人员常年出差奔波，还要承受这种无谓的心理压力，往往出现被检查人员哭、检查人员也一起哭的局面。

2012 年年底，内控与内审副总裁陆晔敏接手部门管理后，开始思考如何通过角色定位的延展来扭转此前工作中的困境。

“我们内控内审团队和店长、城区总经理的目标是一致的，就是大家一起提高酒店的内控管理水平，最终符合上市公司的治理要求。”陆晔敏进一步阐释说，“如果把 SOX 合规检查当作每年一次的‘校外统考’，那么公司内部的门店合规检查就是‘校内期末考’。内控检查人员就是校内老师，给所有门店提供培训辅导，针对一些新开的门店和一些基础较薄弱的门店做一些帮助性检查。”

通过角色定位的延展，内控与内审部将检查人员和被检查人员原本的对抗关系，转变为为了建立公司良好的内部控制环境这一共同目标而一起努力的“合作伙伴”关系。全新的工作局面由此打开。

渐渐地，除了例行的年度门店合规检查，各区域的运营负责人对有些门店不放心时，会主动邀请内控检查人员上门做摸底检查。

与此同时，内控与内审部也培训内控检查人员，上门检查不只是简单机械地对照标准打钩打叉，或对不合规的情况进行扣分，更重要的是告知门店管理人员为什么要扣分，这些合规项目未完成对酒店的负面影响是什么。

如此一来，大家都不是只盯着分数，而是更关注问题本身。有一次，某区域的内控人员在一家加盟门店进行合规检查时，将发现的问题逐一和门店管理人员沟通分析，正巧这家加盟店的业主当时也在。事后，加盟商主动联系内控人员，称赞了她的专业和用心，并邀请她经常到门店来检查。

“守底线”始终是内控与内审部的重要职责。多年来，内控与内审部查处了多起舞弊案件，有些人被开除，有些人被移送至司法机关，其中不乏曾为公司开疆拓土立下功劳的老员工。

基于对舞弊三角理论（压力、机会、自我合理化）的分析，内控与内审部将视角从“事后”转移至“事中”甚至“事前”，通过协助各业务部门发现流程或系统中存在的风险和漏洞，并推进改善优化，构建风险预警机制，降低系统性风险，从而减少员工犯错的机会。内控与内审部也因此与各利益相关方成为良性业务伙伴，努力为公司和各业务部门“保驾护航”。

某区域内控团队在门店进行内控合规检查时，发现个别门店的充电宝收入直接绑定了员工个人账户，半年下来，酒店颗粒无收。进一步跟踪调查发现，设置充电宝的初衷是总部某部门为了客户便捷推出的活动，但后面因为疏于管控导致舞弊和收入流失。内控团队立即和总部相关部门沟通，再一起和充电宝供应商沟通，一方面优化系统和流程，进行系统直连对接，另一方面将历史遗漏结算的收入逐一核实，最终为公司追回 165 万元。

从 2015 年到 2020 年 10 月，据不完全统计，内控与内审部已向 IT 部提交并在 IT 部伙伴们的配合下，修复优化了 154 项系统中的漏洞，也就是说，帮助公司关闭了 154 扇容易造成跑冒滴漏的“小门”，减少了大量资金损失。

工欲善其事，必先利其器。2016 年年底，因看到各大会计师事务所都开发并开始使用能帮助提高审计效率的内部审计工作平台，内控与内审部在进行了充分的头脑风暴之后，结合自身的痛点和需求，在 IT 团队的支持下，自主研发了华住内部审计工作平台——内控 360 平台，不仅实现了检查任务分配和跟踪、缺陷整改跟踪和分析，还集成审计需要的各项工具（远程监控、BI 风险报告、网站平台等），实现审计一站式工作平台，同时支持一键查询和自动生成并推送各项审计报告，如收入审计报告、内控报告等，大大优化了内部工作流程。

后来，内控与内审部还引入了 Tableau 工具，专项审计时可以利用工具自主快速取数分析，除了提升自身审计效率，还帮 IT 部的 BI 团队节省了为内控与内审部取数支持 76% 的时间。

2017 年，内控与内审部自主研发了行业首创的酒店收入风险管理利器——内控小助手软件，基于大数据风控，店长们第二天就能收到针对前一天 PMS 业务的风险预警，将处于萌芽状态的问题解决。目前，升级版区域内控管理工具“易控”正在研发之中。

“跌”成全球前三

截至 2020 年 9 月 21 日，华住总市值为 128.5 亿美元，已经进入世界酒店集团总市值前列。同期，世界其他主要酒店集团的市值情况分别为：万豪酒店总市值为 304 亿美元，希尔顿酒店总市值为 232.1 亿美元，洲际酒店总市值为 94.25 亿美元，雅高酒店集团总市值为 68.6 亿美元。华住位居第三。

“我们的市值，本来在全球酒店行业排在第五名的样子，但疫情来了之后，大家的市值都有不同程度的缩水，洲际、雅高等的股价缩水幅度尤其大。而华住的股价比较扛跌，所以此消彼长，华住现在总市值应该是第三名。”金辉说，大家对此调侃说“跌成了全球前三”。

季琦虽然不太在意股价的短期波动，但他对华住的市盈率引以为豪。市盈率也称“本益比”“股价收益比率”，是指股票价格除以每股收益的比率。截至 2020 年 9 月 21 日，华住的市盈率为 50.01，甚至高于同在美国上市的阿里巴巴（29.69）等互联网公司的市盈率。

季琦说：“如果是在不成熟的资本市场，市盈率太高的话，说明股票的价格有泡沫，价值被高估。但对于美国股市这种以专业投资机构为主的成熟资本市场，高市盈率意味着投资者非常看好华住的发展速度以及未来业绩增长。”

这次疫情期间，因为业绩受到冲击，华住股价不可避免出现下跌。在这种情况下，股东而且是很大的股东，主动买进华住股票。“他们不在乎一时的得失，坚定看好华住长期发展，我非常感动。”季琦说。

“华住的什么最值钱？”季琦表示，华住的品牌、华住的系统、华住的骨干和员工们最值钱，“店可以关，只要这些东西在，我们任何时候拉起来，都是一支很强的队伍。”

可口可乐传奇总裁罗伯特·伍德鲁夫曾说过一句非常经典的话：“假如可口可乐的所有工厂在一夜之间被大火全部烧毁，它也能一夜之间起死回生。”季琦对华住的信念，与罗伯特·伍德鲁夫对可口可乐的信念异曲同工。

引领行业发展方向

一家企业的经营和发展，离不开所在社区和国家的稳定繁荣，跟宏观经济和区域经济也密切相关。在发展壮大的15年里，华住提供了10万就业岗位，拉动投资120亿元，达成了50亿元的中央采购。

华住非常注意使用环保材料，爱护环境，绿色健康；遵守法律，尊重当地习俗和风土人情；一心向善，充满正能量，通过自己的奋斗为世界创造美好。

“我们跟国家和社区的关系，在疫情中表现得特别特别明显。”季琦连用了两个“特别”加以强调。他说：“如果把湖北看作一个大的社区的话，当整个湖北陷入最困难境地的时候，哪怕我们产品再好、工作再努力，也很难取得什么好的运营成绩。”

反之，在中国经济蓬勃发展的基础上，华住有不断迭代的酒店产品、不断提升的运营能力，就一定能够得到很好的发展。“中国市场是世界上最好的市场，华住一定要利用我们取得的各种规模优势、技术优势、品牌优势、资本优势，步步为营地做好中国市场。在这个基础上，再去探索国际化和全球化。”

“2010年以后，华住在中国本土酒店集团里面，一直名列前茅，没有离开过前三名的位置。尤其是最近五年，华住稳居第二。特别是2019年，华住虽然仍然排名第二，但含金量提高了很多。”长期关注华住发展的中国旅游协会副会长张润钢表示，2019年华住的规模增长率超过了30%，这证明华住在能力建设方面有独到之处。

在张润钢看来，华住最独到，其实也是最根本的一点，就是按市场规律办事。他说：“国内差不多有100多家酒店管理公司，华住为什么能够脱颖而出？战略清晰、理念坚定、路径正确、执行力超强、团队优秀、引入前沿技术比较快等成功因素，归根到底就是按规律办事。”

张润钢将中国酒店业的迭代划分为三个阶段：20世纪70年代末至80年代初，第一代酒店人的特征是管理好一家知名的饭店；从20世纪80年代中期开始，第二代酒店人开始接触国际先进理念和技术，已经有明显的品牌效应，他们的特征是能管理好一些品牌酒店；21世纪初，第三代酒店人随着经济型酒店的崛起登上历史舞台，他们不但拥有专业知识，而且掌握金融知识、互联网知识，知识结构比前人丰富得多，敢于与国际酒店集团共舞，甚至实现超越。

“季琦是第三代酒店人中比较杰出的代表。”张润钢说，“他身上有一股不达目的不罢休的劲头，既重细节，又关注宏观，学习能力很强。在这样的核心领军人物的带领下，华住还能做得更好。”

中国故事，世界共享

华住的市值，与华住发展的不同阶段互为映照。而华住的发展壮大，与区域经济以及中国宏观经济更加密不可分。

从 2005 年 8 月开第一家店，到 2020 年 3 月 31 日共有 5 953 家营业状态酒店以及 2 375 家未开业的筹建中酒店，华住狂飙突进的 15 年，同样是中国经济突飞猛进的 15 年。

2005 年，中国 GDP 总量为 2.285 9 万亿美元，居于美国、日本、德国、英国之后，排名世界第五。离排名第一的美国（13.036 6 万亿美元）相距遥远，在全世界 GDP 总量（47.517 2 万亿美元）中的占比仅为 4.810 8%。

经过十几年经济高速发展，2019 年，中国 GDP 总量为 14.342 9 万亿美元，仅次于美国，位居世界第二。大幅缩小与美国 GDP 总量（21.437 7 万亿美元）的差距，在全世界 GDP 总量（87.751 5 万亿美元）中的占比大幅跃升至 16.344 9%。

华住总部所在的长三角区域，则是整个中国经济的强力引擎和发展龙头。华住扎根中国市场，深耕中国市场，将中国市场当成世界市场来做。中国是世界上最大的单一市场，同时也是世界上经济增速最快的经济体之一，她澎湃的动力和跃动的脉搏，印证和回馈了季琦的眼光、华住的胆识，以及无数个像季琦一样有眼光的企业家、无数家像华住一样有胆识的企业。

奥地利作家茨威格在《人类群星闪耀时》一书中，展现了14个决定世界历史的瞬间，“那些被命运高高举起、送入英雄殿堂的人，无一不是以强烈的个人意志与跌宕的历史宿命碰撞，成就一代伟业”。

华住的“一代伟业”，就是要成为世界级伟大企业。季琦强烈的企业家精神，与英姿勃发的中国经济，碰撞出耀眼夺目的火花。

季琦和华住的故事，是创业的故事，更是创新的故事；是创业者实现自我价值的故事，更是利益相关方实现美好生活的故事；是中国的故事，更是世界的故事。

这个故事，发生在东方，是延续五千年的东方文化与东方哲学在服务领域的生动体现。这个故事，生长在全球，坚持以客户为中心的价值创造，平等共生，以奋斗为本，取法乎上，结果导向，共同创造美好生活，这就是凝聚了中国智慧和中国力量的中国服务。

季琦说，我们没有赶上抗日战争、解放战争，也没有赶上人类科技大爆发的年代，我们成不了牛顿、爱因斯坦这样的人。“在今天这种和平年代，所谓的伟大，还是让人们生活得更好，住得好一些，吃得好一些，听到更好的音乐，精神上好一些，更好地跟别人相处，对环境好一些……这其中大部分都要通过商业来实现。我们很幸运，能够生在这个时代。因为大部分时间，不需要牺牲生命去做那些改变世界的事。我们通过自己的努力，成为一家世界级的伟大企业，可能是这个时代给我们的机会、给我们的使命。”

“华住从我出发。”季琦用一种平静却充满力量的声音说，“我希望团队的所有人，都有这么一股雄心、一股力量去做成这么一件事，那这一生就值得我们去过。不管是老了回忆过去的时候，还是有一天离开这个世界的时候，我们都可以说，这一生没有白活。”

尾声

为道也屡迁，变动不居，周流六虚，上下无常，刚柔相易。

——《周易》

一

2020 年 7 月 30 日晚上，“致同行，赢逆战”华住疫情表彰特别活动直播盛典隆重举行。

从前台、客房，到厨师、保安、工程……每一天，十余万华住人，在几千家酒店的平凡岗位上做着不平凡的事情，这才是最令人钦佩的华住精神。

疫情还在反复，商务和旅行并未完全恢复。多年不遇的洪水，淹没了很多人的家园。不断升温的地缘政治矛盾，压抑着很多人的心。从经济上看，贸易保护主义甚嚣尘上，全球化浪潮正面临前所未有的严峻考验。

谁都不知道，下一只“黑天鹅”会从哪里飞起。唯一确定不变的，是变化本身，恰如《周易》所言，“为道也屡迁，变动不居”。

华住在求真、至善、尽美的道路上，还将遭遇无数挑战。企业家精神，永远在路上。在路上，看见上下求索，看见未尽之美。

二

很多年前，季琦拜访过无印良品社长金井政明。季琦的梦想，是做一个适合中国中产阶层的酒店，这和无印良品的审美及趣味很像。但出乎预料，无印良品不打算开太多酒店，季琦当即觉得兴味索然。

“当一个商业能触达更多人时，你的内心感觉是不一样的。我完全可以做一个特别豪华的酒店，但有什么意义呢？如果我们能影响整个人类的文明进程，影响旅行中的文明，那才是重要的。”

约瑟夫·熊彼特说，所谓经济发展，并非在于为女王提供更多丝袜，而是在于使丝袜的价格低到工厂女工都能购得。

拼多多创始人黄峥说，所谓消费升级，不是让上海人去过巴黎人的生活，而是让安徽安庆的人有厨房纸用，有好水果吃。

季琦有同样的抱负。他认为，商业机构就应该做这样的事，用市场化、普惠化和有品质的商业力量，改变更多人的生活，进而助益文明的进程。

三

有一次，季琦和雅高创始人之一保罗·杜布吕在北京后海的一家咖啡馆里聊人生。

季琦问他：“你一生如此辉煌，有什么遗憾的地方吗？”

曾经是法国参议员，还担任过枫丹白露市市长的保罗·杜布吕回答说：“一是在从政上花的时间太多，二是家庭上有些遗憾。”

季琦心下默然。他想，假如我也是一个 70 多岁的老头，坐在北海边，有位后生问我同样的问题，我也这么回答，那我这一生挺悲哀的。

保罗·杜布吕的回答，宛如当头棒喝。季琦决定以前辈为鉴，努力做得更好。

“现在，我的人生目标非常清晰。”季琦说，“第一，要和伙伴们一起，把华住做成全球最大也最好的酒店集团，实现‘一群志同道合的朋友，一起快乐地成就一番伟大的事业’的理想；第二，过我自己想过的生活，不以物喜，不为名累。”

季琦说，这才是自己创业最有收获、最有价值的地方——随着我们的成长，我们在向善，而且变得单纯和简单。

四

2020 年 9 月 22 日上午，华住集团在香港交易所上市的庆祝仪式在上海市吴中路 699 号一层中庭举行。

当天，华住集团（01179.HK）以 305 港元开盘，报收于 311 港元，上涨 4.71%，市值达到 1 000 亿港元规模。

2018 年香港联合交易所公布的重磅上市改革，允许同股不同权股权架构的企业在香港上市，成为中概股回归浪潮的推动力之一。华住躬逢其盛。

15 年前，第一家汉庭开业。10 年前，汉庭赴美上市。这一次，华住在香港二次上市。

创办汉庭的时候，季琦说，他不会再创办第四家、第五家企业，这将是他“一辈子的事业”。

山河辽阔，万里初心。唯有热爱，不负韶华。

乔布斯说过：“成就一番伟业的唯一途径，就是热爱自己的事业。如果你还没能找到让自己热爱的事业，继续寻找，不要放弃。跟随自己的心，总有一天你会找到的。”

当强烈的热爱，与一个人内在生命的本能发生碰撞的时候，他就会拥有超越现状的无穷力量，绽放生命中的未尽之美。

在这个意义上，到底是季琦成就了华住，还是华住成就了季琦，已然不再重要。

一如我们很难分清，没有了乔布斯的苹果，或者没有了苹果的乔布斯，还能不能成为传奇。

五

奥地利作家卡夫卡在《午夜的沉默》中说过：“人要生活，就一定要有信仰，信仰什么？相信一切事和一切时刻的合理的内在联系，相信生活作为整体将永远继续下去，相信最近的东西和最远的东西。”

季琦非常喜欢这段话。在一篇题为《生命的两个假设》的文章里，季琦有过类似思考：“假如你的生命只剩下三天或者三个月，又假如还要活上 150 年，你会分别怎样决定自己的人生？”

他自己接下来回答道：“三天或三个月的假设告诉我们，一生中哪些事情是应该去做的；150 年的假设告诉我们，一生中哪些事情是不应该去做的。”

季琦说，他最近正在重读《中国哲学史》和《西方哲学史》，“只有把自己放入一个更大的时空中，才能看到当下生活里所没有的大美”。

最近和最远，最长和最短，最大和最小，最细节和最宏观，就这样矛盾又和谐地集中在季琦身上。

《了不起的盖茨比》的作者菲茨杰拉德有这么一句名言：“一个人能同时保有全然相反的两种观念，还能正常行事，是第一流智慧的标志。”

这就是季琦，AB 血型、天秤座。这就是华住，脚踏大地，仰望星空。

一个追求未尽之美的企业家，创办了一家追求未尽之美的企业。

他们的故事，从 2020 年再出发。

正念、大志与企业家创新

秦朔

一

2020 年 9 月 22 日凌晨 1 点，晚点的飞机终于落地上海虹桥国际机场，我放心了：今天早上 9 点可以去看季琦敲锣了。

敲锣即上市。

这是季琦创业生涯中的第四次上市。华住酒店集团从纳斯达克回到香港，二次上市。

1999 年，季琦和梁建章、沈南鹏、范敏联合创立了携程，2003 年在纳斯达克上市。

2002 年，季琦作为创始人之一和首任 CEO，代表携程用 500 万元启动资金创办如家，如家 2006 年在纳斯达克上市。

2005 年，季琦创立汉庭，2010 年汉庭在纳斯达克上市，2012 年汉庭改名华住。

三家纳斯达克公司，四次上市，连续创业者季琦给这个时代交上了他的答卷。

敲锣的地址是上海市闵行区吴中路699号全季酒店一层中庭。9点半港交所正式开始交易。这是新冠肺炎疫情后，企业在海外上市的常见场景。

但季琦本人并没有敲锣，而且看起来波澜不惊，并没有特别兴奋。他说："其实我的三次创业都不容易，携程遇上了互联网泡沫崩溃，如家遇上了'非典'，华住遇上了金融危机，今年的疫情更是一场考验。我们能走过来，是因为我们始终能看到美好的东西，看到光明，相信好的东西，相信价值创造。"

9月22日晚，季琦在朋友圈了发了一段话："人要做对世界、对自己的一生有价值的事情。我希望每个人、每个公司、每个单元时刻保持正念，保持美好。问问自己，为世界创造了什么？带来了什么？不是遗憾，不是怨恨，而是美好向上的力量！当碰到困难与乌云的时候，只要飞得够高，就不会被乌云蔽目，因为没有乌云能遮挡太阳。所以，我们心中要有阳光，有正念，只要内心正直、取法乎上，愿意创造价值、成就美好，我们就会无所畏惧！"

二

我和季琦相识多年，从携程到华住也一直在关注他的创业历程。

他出身贫寒农家，身上有强烈的奋争精神，毕业于上海交通大学，是IT男，技术和系统是他在运营管理企业时的信仰。但他最吸引我的，是浓厚的人文精神和对商业文明的不断求索。

季琦对企业的理解，不是简单的"赚钱"，他觉得企业应该和宗教、艺术一样，服务于人，让人快乐，让生活美好。

季琦出生于江苏南通如东县，家里几代都是农民，小时候生活很苦，住的房子很差，外面下雨时家里也下。冬天睡不暖和，薄薄的被子上要再压很多衣服保暖。父母经常吵架，也让他觉得没什么家的感觉。他曾说："因为痛苦的童年，我在自己做酒店后，就希望通过我的努力，让不在家里的人能有家的感觉，这个家是安全的、可靠的。"

季琦的经历孕育了他的人生哲学，又演变成华住的企业哲学，即求真（探求真理）、至善（谨行善业，认认真真做好的事、对的事）、尽美（追求极致，永远创新）。

在我认识的企业家中，季琦是比较少见的从认真思考生命的意义出发，然后去做企业的人。

他在大学读书时就仔仔细细想过："我生也有涯，在有限的生命里，我们应该如何将有限的时光花在那些值得做的事情上？"

季琦很早前写过一篇文章《生命中的两种假设》。他假设生命有两种可能性，一种是有来生，一种是没有。这个理科生是这样分析的：

"假如有来生，不管是按照佛教的因果报应，还是量子力学的量子纠缠，我们都应该扬善避恶，不要去伤害他人、他物，那些算计和虚荣都是虚妄，毫无价值和必要。

"假如没有来生，只有这一辈子。更应该趋善避恶，不作恶，不蹉跎，顺从自己的内心，做自己。将自己仅有的时间花在那些值得花的地方，将自己的时间、智慧、物质跟身边有缘、相爱的人分享、共度。"

无论有无来生，最后的结论都是"我生也有涯，而美好无涯""人的一生应该‘真实、善良、美好’”。

三

从上述价值观出发，季琦在创办和经营企业的过程中，也投注了人文色彩。

比如，他认为商业的意义就是以人为本，普惠众生，服务的人群越广阔，商业越有价值。他喜欢熊彼特的一句话：“所谓经济发展，并非在于为女王提供更多丝袜，而是在于使丝袜的价格低到工厂女工都能购得。”华住做小而美的品牌，更做大而好、好而惠的品牌，因为这样才可以让更多人过得更好。华住的目标是成为世界上规模最大的酒店集团。

又如，作为一个产品主义者的季琦高度重视品质和顾客体验。汉庭创立之初，就在细节上进行了很多创新，如床头多设置一个宽带接入口和3.5米超长网线，让住客冬天可以窝在被子里使用笔记本电脑；设计一面是荞麦、一面是海绵的双面枕，减轻商务人士的颈椎压力；推出“零秒退房”和房卡、会员卡、门禁卡“三卡合一”的一卡通，让住客轻松方便；虽然是经济型酒店，也给马桶加上电热垫圈和自动清洗设备，采用屏幕更大的电视，带给住客多一分惊喜。这种“做得好一点、不同一点”的气质延续到了汉庭之后的每一个品牌之中。

在人文化之外，华住的另外一个特征就是用技术提升价值。

季琦在上海交通大学读本科和硕士时是狂热的技术发烧友。现在华住所有的管理软件都是自己开发的，如会员、供应链、IT、云服务、品牌、市场、金融、投资顾问、品质控制、产品、培训、经营管理等等。

以华住的忠诚度计划“华住会”为例，通过从一开始就建立奖励积分等计划，持续培育，目前每 10 个中国人中就有一个华住会的会员，大部分还是付费的。这些会员贡献了 76% 的间夜量，也极大抵御了 OTA 的冲击。

华住的自助入住、自助选房、华小二前台、送物机器人等，看上去不那么起眼，但加在一起大约可以为每家门店节省 1.6 人，6 000 家店一年就可以节省人工成本 6 亿元。

华住开发的收益管理系统目前可以做到 58% 的酒店客房定价由系统自动做出，根据酒店周围 3 公里的大数据将价格精细调整，实现最优。

这样的例子可以举出很多，以至在一些国际投资者眼中，华住并非一家传统酒店公司，而是一家酒店业的创新型技术公司。用季琦自己的话，华住的关键创新在于用三种复合材料打造一个未来型的酒店集团，这三种材料分别是品牌、流量和技术，分别对应华住的三个关键战略——线下大王、会员主导、全流程数字化，也代表华住所强调的三种关键能力——产品力、回报力、创新力。

四

华住 15 年，走过了欧美酒店集团用 50 年乃至更长时间走过的路。

这里的奥秘是什么？我曾经请几位华住人给我“一句话答案”。

华住中国 CEO 金辉说，奥秘是敢闯敢干、迭代改进的创业者文化。“华住是民企，我们捕捉到百分之五六十的市场信号时就开始行动了。”

华住集团首席产品官周光明说，奥秘是中国文化和东方美学的复兴。“华住希望表达的美，并非是摆放在博物馆中高高在上的精英文化，而是让绝大多数人感受到舒适与温暖，并恰到好处地融入东方美学气质。”

华住集团首席信息官刘欣欣说，奥秘是技术。“技术能把过去需要 5 年完成的工作缩短到一两年完成。”

季琦本人则说，是这个时代和中国市场带来的机遇，加上向善而行的坚持。

善并不是高大上的价值，而是很普通的常识。

季琦说：“找到意义，找到真理，才能让我们分辨善恶，此所谓‘至善’。在华住，不作恶是底线。不能为了多开店，忽悠加盟商；不能为了省钱，使用有污染、对环境有害的材料；不能为了一己之私，损害合作伙伴的利益。华住对善的理解包括住客热爱、员工美好、加盟商发财、社区和谐等等，不仅不作恶，而是行善业而得昌盛（Do well by doing good）。真和善的自然结果，就是创造美好。”

五

15 载光阴，风雨兼程；任山河远阔，蓄势再发。

一部华住的历史，就是一部中国服务业现代化的进化史、创新史。华住，是服务业的“中国创造”的杰出代表。

要真正了解华住，当然不是“一句话答案”这么简单。

于是我们看到了《未尽之美》这本书。它朴实，详细，生动，感人。

读《未尽之美》，让我深深体会到：商业的本质是用市场化的方式对社会的善意表达，是为了持续地提升国民福祉，促进人的全面发展。

人见目前，天见久远。久远的东西，就是光明、美好的东西。

中国需要季琦这样的企业家，中国服务业需要华住这样的好企业。

如果你想透彻地理解创新与企业家精神，把握服务业和企业成长的规律，感受那种永不歇止的奋争和创造力量，《未尽之美》会是你的好伙伴好向导。